广州市天河区教育科研资助项目

郑文富 著

U0782753

真实阅读
理论与实践

ZHENSHI YUEDU LILUN YU SHIJIAN

广东高等教育出版社
Guangdong Higher Education Press

·广州·

图书在版编目（CIP）数据

真实阅读理论与实践/郑文富著. —广州：广东高等教育出版社，2019.5

ISBN 978 – 7 – 5361 – 6280 – 8

Ⅰ. ①真… Ⅱ. ①郑… Ⅲ. ①阅读课 – 教学研究 – 中小学 Ⅳ. ①G633.332

中国版本图书馆 CIP 数据核字（2018）第 202901 号

真实阅读理论与实践

ZHENSHI YUEDU LILUN YU SHIJIAN

出版发行	广东高等教育出版社
	社址：广州市天河区林和西横路
	邮编：510500　　营销电话：(020) 87553335
	http://www.gdgjs.com.cn
印　刷	广州市穗彩印务有限公司
开　本	787 毫米 ×1 092 毫米　1/16
印　张	16.75
字　数	309 千
版　次	2019 年 5 月第 1 版
印　次	2019 年 5 月第 1 次印刷
定　价	38.00 元

目　录

引　言

　　课内阅读和课外阅读，本来只是对发生在不同时空的阅读的区别性称呼而已。但不知从何时起，人们开始认为这是两种不同的阅读。

　　课外阅读和课内阅读在本质上是相同的，都是真实阅读。

　　站在阅读教学的角度看，无论阅读教学的目标是什么，目标的实现都必须建立在真实阅读基础之上——学会真实阅读并通过真实阅读实现阅读目标。站在日常阅读的角度看，真实阅读是阅读的常态，阅读者必须通过真实阅读才能获得所期望的一切。

　　站在真实阅读理论之上考察课堂阅读教学实情，我们发现，真实阅读是一个不能割裂为"课内"和"课外"两部分的混沌整体。现在被分割出来的课堂阅读教学，不能孤立地存活，它必须在走回真实阅读的路途上求得有机的发展；而现在以课内阅读为参照命名的课外阅读，有时会因受到课内阅读教学的某种影响，实现不了阅读的真实价值。

　　站在教学实情角度来考察课堂阅读教学，我们发现，课堂阅读教学实际上从来未能远离课外阅读，它自以为站在了课外阅读的头顶上，自认为高于课外阅读，引导着课外阅读，但实际上一直因为能以课外阅读为凭依、为基础、为背景、为目标而有活力。

　　语文课堂阅读教学必须重新回到真实阅读体系中，并重新审视自己在真实阅读中的定位，才能够真正地找回自己的价值——教学目标、教学内容、教学方式的意义和效果。异化了的课堂阅读教学的怪异形态必然被排斥在真实阅读体系之外，成为另外一种名为"阅读"，但实际上不是阅读的东西，一些阅读课也可以称为"为考试的答题训练课"。

　　同样，课外阅读也必须受到足够的重视，明确它的价值和起作用的方式，才能够真正成为课堂阅读教学的背景和课堂阅读教学的目标。异化了的课外阅读也只会因其与异化了的课堂阅读教学的特殊关系而成为一种形式上的阅读，而不是原汁原味的阅读。例如，学生在某种思想、思维约束之下课前做阅读预习、课后做"阅读练习册"，这种阅读行为虽然在时空上发生于课堂之外，但其本质仍是变相的课内教学阅读；再如，以完成考试任务为目的的"名著阅读"，虽然阅读篇目仍是经典名著，但是实际上并不是真实阅读。

给真实阅读教学定位，我们起码要面对以下几个问题：完整的真实阅读和真实阅读教学体系是怎样的？课外真实阅读、课内真实阅读在这个完整的真实阅读教学体系中的地位是怎样的？它们之间的相互关系如何？还有没有另外形态的真实阅读需要关注？在此基础之上，我们还要思考：在这个体系中教师、阅读教学应该起什么作用？应该怎样起作用——阅读课应该怎样上？

在思考这些问题时我们发现，即使我们现在和学生共同经历的理想阅读状态都是真实阅读，但运用惯常的把真实阅读分成日常真实阅读和课内真实阅读两部分，并站在课内、课外这两个视角上考察问题的方式，我们仍然无法认识真实阅读的真实面目。

惯常的视角是怎样的呢？

第一个视角：课内视角。如果我们认为课堂阅读教学是阅读的主体，那么课外真实阅读就是课内真实阅读的准备、铺垫、基础，是课内真实阅读的延伸、拓展、迁移、补充。

第二个视角：日常视角。如果我们认为日常真实阅读是阅读的主体，那么课内真实阅读就是日常真实阅读的辅助、引导、提高、升华，是日常真实阅读的典型形态。

站在这两个视角上看问题而得出的结论，看上去都已经解决了主要问题——真实阅读在运作了，也能够解决随阅读教学出现的各种问题——只要坚持真实阅读的理念和正确的做法，有些问题一时解决不了，将来也能解决。如果我们教师安于搞好课堂教学，或安于"用教材教"，我们甚至会认为我们已经把真实阅读问题解决得很好了。

但是，学生期望的真实阅读能力，是否能通过课堂阅读学习获得呢？实际情形是"课内的海明威没有课外的海明威精彩"。课内真实阅读从未真正向课外真实阅读"屈服"，即使是那些以真实阅读方式开展的课堂阅读教学，也一直是高高在上，采取引领、教导的姿态在运行着自己的机制，真实阅读并未成为阅读教学的应然和实然。课外真实阅读和课内真实阅读并未真正地联结在一起，它们始终若即若离，或根本油水两清。

造成这种情况的根本原因在于，无论站在两个视角中的哪一个来认识

"两种"阅读，对"两种"阅读的关系的认识结果，都是一主一从，而且主者不是作为阳光照亮了从者，而是用阴影掩住了从者的光彩。

那么，交错地站在两个视角上看问题，即在阅读课堂上认为阅读教学是主体，课外阅读是辅助；在课外阅读中认为课外阅读是主体，阅读教学是辅助，二者互为主从，行不行呢？还是有问题的。问题在于教师只管课内阅读怎么教，学生却既要注意在阅读课上怎么学，又要注意在课外怎样读，当课内所学与课外所需不相一致时，就有一者被放弃了。放弃了课堂学习，考试时考不好；放弃了课外真实阅读，则课内所学的除考试外没有价值。

只有当教师认意到了阅读教学必须与学生的真实阅读需要、真实阅读规律相一致，并采取相应的教学策略时，问题才能够得到解决。也就是说，我们必须明白，课外阅读与课内阅读的关系本来就不是谁引领谁、谁服从谁的关系，而是二者本来就是同一个整体，二者都是认识真实阅读这同一个整体的不同角度而已。

要透彻地理解这一点，我们需要第三个视角。

这种视角其实早就被使用，使用者也从这个角度看到了真实阅读，看到了教育的真实面目。如魏书生老师的"育人"视角。魏书生老师是站在育人的高度审视和实践语文教学的，无论是课内阅读，还是课外阅读，或者是其他教学活动，都是统一在育人这一总体目标、总体情境之下的，所以在魏书生老师的教育理论和实践体系中，课外阅读是一个必然的部分。再如于漪老师的"综合性"视角。于漪老师认为语文能力培养的综合性很强，所以要同时抓好课内、课外两个板块不放松。又如张孝纯老师的"大语文"视角。张孝纯老师认识到语文教育是一个大的系统，在这个系统中，课内阅读与课外阅读是不可或缺并且不可分割的，前者是体，后者是翼。在教学理论上，赖瑞云先生取"元读"视角来统一审视课内真实阅读与课外真实阅读的相同本质，建构了"揭秘"式阅读教学理论体系。

这种视角，超越于课内阅读与课外阅读，揭示了课内阅读与日常阅读的关系。这种视角观照阅读时有如下特点：

一是整体性。从教育的整体角度看待教学中的每一种元素、每一种行为，使得这些元素和行为指向共同的目标，因而建立起内在的联系，而不是停留于研究它们在物理时间、空间上以什么关系共同存在。

二是全面性。全面审视所有问题，务使各种元素、行为在纳入同一体系后，它们之间不存在尖锐矛盾。

三是精细性。不仅能认识阅读行为、元素之间的关系，而且找到解决问题的办法。例如，魏书生老师通过建立班级图书馆的方法解决书的来源问题，使课外阅读的育人功能得以发挥；于漪老师通过开展丰富多彩的课外语文活动实现课外阅读的功能；张孝纯老师用"参读"教学积极地把课外阅读与课内阅读联结起来；赖瑞云先生通过"三美"教学把课内阅读与日常阅读融会成一个混沌整体。

四是客观性。教师不是主观地设计教学行为及其模式，即使提炼出某种模式，也尽量保持着教学模式的动态性，模式变化的依据是学生的实际学习状况和学习需要。

五是开放性。不封闭地看待问题和解决问题，使得教育教学系统永远保持着吸纳状态。

以整体性、全面性、精细性、客观性和开放性为原则，本书拟从真实世界中作为真实的人的阅读者的视角出发，考察真实阅读系统，以期进一步认清真实阅读这个系统的整体结构、其内部要素及要素之间的关系，以及我们在教学中要怎样做才能让这种关系显露出来等问题，期望能够在真实阅读系统中建构真实阅读教学体系。

研究的操作方法是，先尝试认识真实阅读的整体结构，然后站在这个整体结构的立场上去审视结构中的要素，包括四个层面真实阅读在内的多种元素及其之间的关系，厘清多种关系后，再探讨教师应该如何介入各种层面的真实阅读开展教学实践的问题，并尝试建构一些教学策略。

研究的技术路线是：审视过往经验，分析现实问题，然后得出初步结论，再根据初步结论建构问题解决模型，并尝试用这个模型解决实践中的问题。

第一章　真实阅读

以培养学生真实阅读素养为旨归的阅读教学，在不同时期、不同研究者和实践者的思想和实践中，因被观照的角度、层面、维度不同，而显示出的过程各有差异，形态各有特色，理论表述各有侧重。但能够称得上真实阅读教学的实践和理论，在一点上是相通的，那就是都以真实阅读为前提、过程和目标——基于真实阅读，依靠真实阅读，为了真实阅读。

第一节　真实阅读理论

20 世纪末期的"新课改"启动后，理论研究者和一线教师对真实阅读进行了多方位的研究，取得了丰硕的成果。赖瑞云直接提出了"真实阅读"概念，并把"真实阅读"作为一种阅读理论和阅读教学方法进行了深入的探讨。

一、"真实阅读"的概念

"真实阅读"是真实情境、真实任务的原汁原味的阅读①，又称"元读"。其基本意思是学生在实际生活和"真实世界"（真实情景、真实情境、真实任务）中直接阅读原文，透彻地了解和欣赏原文，产生不受外来干扰、制约的真实的感受和体验的阅读过程。赖瑞云认为，阅读教学中立足于具体

---

① 潘新和. 新课程语文教学论［M］. 北京：人民教育出版社，2005：193 - 238.

作品的"元读"活动，具有"第一性地位"①。

赖瑞云从不同角度解说这个概念的基本内涵，如："各实验教材设置教学目标、教学内容的立足点发生了重大变化——由过去立足于某一知识点转变为立足于原汁原味的真实阅读，立足于学生的阅读体验。"②"新课改就阅读方面主要做了一件事，就是把立足点移回到原汁原味的真实阅读。"③"从读者的角度看，真实阅读应是原汁原味的阅读。"④"真实情境、真实任务的阅读，特别是日常的自由阅读，是面对作品本身的原汁原味的阅读。"⑤"古代阅读教材的最大特点是面对作品本身，老老实实就是要你读好入选诗文本身，读出入选诗文的'意思好处'。我把这称之为'元读'。"⑥"通过这些解说，把阅读的立足点移回到原汁原味的真实阅读，移到了'尊重学生在学习过程中的独特体验'上，阅读教学目标和内容因此从相对单一走向多维，从相对虚拟走向真实情境。"⑦

二、"真实阅读"的内涵

"真实阅读"这个概念的关键点有两个：真实阅读是发生于真实生活情境中的实际阅读，真实阅读是"原汁原味"的阅读。下面，从不同的角度谈谈对这两个关键点的理解。

1. 真实阅读的主体是学生

教师所关注的真实阅读必须是学生以主体的身份进入阅读，产生独特体验的阅读。从学生阅读的角度看，"只要学生自觉自愿沉迷于其中（文质兼美的优秀读物——笔者注），教育的一大半任务就达到了"⑧。从阅读教学的角度看，"一切解读活动，一切助读设计应立足于学生的'审美自失'"⑨。这样，真实阅读就建立在一种学生立场之上，这是与新课程的精神相符合的，也是与教学实际需要相符合的。不仅如此，"各个年龄段的青少年'经验'的状况不同，读物也应有所区别"⑩，"'读者也应该有相当的程度'，我们应该着眼于此，着重考虑提高中学生的鉴赏水平"⑪，对阅读主体和学习主

---

① 赖瑞云. 混沌阅读 [M]. 福州：福建教育出版社，2010：193.

② 潘新和. 新课程语文教学论 [M]. 北京：人民教育出版社，2005：231.

③⑦ 潘新和. 新课程语文教学论 [M]. 北京：人民教育出版社，2005：232.

④ 潘新和. 新课程语文教学论 [M]. 北京：人民教育出版社，2005：238.

⑤ 潘新和. 新课程语文教学论 [M]. 北京：人民教育出版社，2005：194.

⑥ 赖瑞云. 混沌阅读 [M]. 福州：福建教育出版社，2010：186.

⑧⑨⑩ 赖瑞云. 混沌阅读 [M]. 福州：福建教育出版社，2010：204.

⑪ 赖瑞云. 混沌阅读 [M]. 福州：福建教育出版社，2010：206.

体的关注，使得真实阅读教学理论有了坚实的基础和鲜明的针对性。

2. 真实阅读发生于真实情境

真实阅读是发生于真实生活情境中的实际阅读。"人们日常的真实阅读很少先入为主地以某个理性的知识点作为其出发点；再说，由于这些知识点是按某一学科知识的体系（比如记叙文的知识体系）布设的，往往很难与读者的实际阅读感受相一致。"① 这样的表述告诉我们，真实阅读主要含义之一是日常生活中的阅读。而"真实"一词，指向人的真实生活，但不仅仅指实际生活，还指向与教学相关的真实情境。赖瑞云引用杜威的话说："学习是基于真实世界（真实情境）中的体验。"② 真实既是指生活中的"实际阅读""日常阅读"行为，这种行为是"自主自由"③ 的，又是指"真实世界"，即"真实情境"。

真实阅读理论特别强调真实阅读的情境真实性，强调真实情境的重要意义在于强调课程改革至为重大的意义之一——求真，强调真实阅读是在新课改"求真"理念之下的一种客观现实和必然追求。

3. 真实阅读是自觉自愿的

"学生的课外阅读是一种自觉自愿的自由阅读。这种阅读有它自身的很多特点，而其中最主要、最基本的一条就是前面反复谈到的，被读物的'深厚趣味'所吸引，'自失于对象之中'。这就是真实世界的阅读"④，阅读学习中，学生是"自觉自愿沉迷于其中"的。

真实阅读理论也没有把这种自觉自愿完全当作学生自发的、自然的一种行为、意识来对待（无论是在应试背景下还是在一般情况下考察，这对于相当多的学生来说是不现实的），而是从多个角度考察这个问题：一是要增加读物的吸引力，选择优秀的读物当作教材；二是教学活动要立足于审美自失；三是要提高学生的鉴赏力；四是要努力建立真实的情境。这些意见是建立在对真实阅读的复杂性的分析研究的基础之上的："真实阅读的情形是复杂的。一是读者的阅读状态，可分为消遣的和理性的两类。二是读物的质量，有'吸引力大于排斥力'和'排斥力大于吸引力'两种情况。三是读者的阅读水平，这就是鲁迅说的'读者也应该有相当的程度'，一些专业著述、学术名著，部分读者读不懂，并非这些图书的吸引力小于排斥力，而是读者的阅读水平不相当。至少是以上三方面的因素，构成了阅读活动千姿百

① 潘新和. 新课程语文教学论［M］. 北京：人民教育出版社，2005：230 - 231.
② 潘新和. 新课程语文教学论［M］. 北京：人民教育出版社，2005：231.
③ 潘新和. 新课程语文教学论［M］. 北京：人民教育出版社，2005：233.
④ 赖瑞云. 混沌阅读［M］. 福州：福建教育出版社，2010：203 - 204.

态的复杂状况。"① 这样客观地认识问题，符合实际，为建构基于真实阅读的阅读教学体系打下了基础。

4. 真实阅读的目的

关于真实阅读的目的，赖瑞云一方面从读者的角度指出真实的阅读应该没有先入为主的目的。"从读者的角度看，真实阅读应是原汁原味的阅读。即使带着某种理性目的的阅读，也应直面读物原貌；如果先入为主带着既定目的，阅读就可能失真。"② 另一方面又结合阅读教学的目的，指出真实阅读的目的既包括"透彻地了解和欣赏"，获得真实的秘妙，也包括学习隐性知识。前者如他在分析了朱自清的观点后指出："朱自清先生特别强调对经典作品加以透彻地了解和欣赏（甚至提出要达到咬文嚼字的地步），认为这'了解和欣赏'本身就是语文教育的目的。"③ 后者如他在《混沌阅读》一书第二章里以大量的事实阐述了诗文元读的背后隐藏着知识理论，第二、第三章里或明或暗几次谈到隐性知识的教材及其隐性型知识的教学有其所是，有其所长。强调隐性知识作为真实阅读的目的，是因为他认为真实阅读不仅是日常阅读的状态，而且有着巨大的教学意义。"要把过去处于边缘位置的具体作品的元读活动（原汁原味阅读）请回来，把被放逐的隐性型知识的学习活动请回来。我们不是要倒过来反而排斥显性知识系统的教学，而是如前所述的'否定之否定'，是达到两者的和谐统一。"④ 是为了实现"元读"活动与新课改的接轨。前一个方面指向学生的阅读过程，后一个方面指向阅读教学过程，二者看似矛盾，实则统一。真实阅读理论希望这二者在日常实际阅读和阅读学习过程中能够高度统一。

5. 真实阅读的读物是文质兼美的原文

"原汁原味"的一个重要含义是阅读内容（教材中和生活中自主选择的）是原文。"我国古代语文教育中诵读'四书五经'、品读文选、背诵名篇都是这种传统的体现。"⑤ "选入必学的规定篇目（王、倪称为'定篇'）在国外的母语教材中也是通例，也是'直接地、原汁原味地搬进，并且成为该部分的教材其他内容的环绕中心'。"⑥

在日常实际阅读中，真实阅读的内容可能是任何读物。但是真实阅读理论强调，在教学中应当选择文质兼美的优秀读物。"读物是否具有吸引力，

---

① 潘新和. 新课程语文教学论［M］. 北京：人民教育出版社，2005：237－238.

② 潘新和. 新课程语文教学论［M］. 北京：人民教育出版社，2005：238.

③⑤ 潘新和. 新课程语文教学论［M］. 北京：人民教育出版社，2005：231.

④ 赖瑞云. 混沌阅读［M］. 福州：福建教育出版社，2010：193.

⑥ 潘新和. 新课程语文教学论［M］. 北京：人民教育出版社，2005：231－232.

是'阅读'能否存在的主要原因。具有吸引力的读物所形成的最基本的阅读状态是'审美自失'。"① 在真实阅读中，"人们之所以着迷，好作品之所以使人手不释卷，是因为书中的每一页里使人'得着深厚的趣味'（鲁迅）。也就是说，'阅读'之所以存在，'阅读'之所以一直延续下去，是因为读物具有吸引人的魅力，有着无穷趣味，因而使人手不释卷，乃至如痴如醉，废寝忘食，'三月不知肉味'。理论上，把这种状态称为'自失于对象之中'"②。所以，真实阅读理论所讨论的阅读教学也主要是指提高学生阅读水平的特殊的阅读活动，把真实阅读现象引入课堂教学，首要的任务就是向受教育者提供文质兼美的优秀读物。

值得注意的是，真实阅读理论在强调真实读物的时候，并没有仅仅限定在文学作品范围内，而是强调真实阅读是针对所有读物的。例如："小说作为极致的例子，当然更能体现优秀读物的最基本的阅读状态——审美自失。其实，其他文学作品和非文学作品也一样……最重要的就是读物的吸引力对读者来说是否足够大。"③ "即使是科技读物也一样。优秀科技读物以知识新颖、信息重要、理论精辟（或其中一项）激起读者某种共鸣、共识（心中有）。无疑，读者的阅读水平必须与之相当。科普读物有科普读物的读者，专著有专著的读者。读者深感作者说出了自己能够理解（至少是感悟）但又是自己所不知道的东西（笔下无）。优秀科技读物也有文字表现力的问题，不少科学家能够深入浅出，阐说自己专业领域的知识、理论，这往往是他的读者做不到的，华罗庚的《统筹方法》就是典型的一例。还有，这类知识、信息、理论虽是读者知道（心中有）的，但作者找到了一种相对'最好'的表达方式（笔下无）。"④ 赖瑞云还引用《如何阅读一本书》中的话说："这个规则（原书中的提法是'粗浅阅读'，即真实阅读——笔者注）也适用于论说性的作品。"⑤

真实阅读关注的也不仅仅是内容，而且包括形式。"这吸引力可能来自思想内容，也可能来自表达形式，或者两者兼备。"⑥ 这就比语言学习理论的观照角度更加全面，也更加符合学生阅读的实际情况和中国语文教学的实际情况。

真实阅读理论还非常重视教学读物与学生的经验密切结合的问题。"各

---

① 赖瑞云. 混沌阅读［M］. 福州：福建教育出版社，2010：193－194.
② 赖瑞云. 混沌阅读［M］. 福州：福建教育出版社，2010：194.
③⑥ 潘新和. 新课程语文教学论［M］. 北京：人民教育出版社，2005：240.
④ 潘新和. 新课程语文教学论［M］. 北京：人民教育出版社，2005：244.
⑤ 潘新和. 新课程语文教学论［M］. 北京：人民教育出版社，2005：241.

个年龄段的青少年'经验'的状况不同，读物也应有所区别。"不恰当的读物"与学生的生活经验、阅读经验难以接轨，即使是经典名作，入选为基础教育的材料也不一定妥当"①。

对于真实阅读内容的关注，使得真实阅读理论和实践融入阅读教学有了全面的适应性。

6. 真实阅读的心理状态

真实阅读理论对阅读的解析，进入到了阅读者的审美心理体验深度。

"原汁原味"的一层重要意思是指不受外来干扰、制约的真实的感受和体验。该理论详细地分析了读者对优秀读物的真实阅读的规律，深入地揭示了读者真实阅读的心理状态。

一是真实阅读最基本的阅读状态是"审美自失"。在原汁原味阅读的前提下，当优秀读物的内在魅力吸引力足够大时，将使读者"自失于对象之中"，乃至如痴如醉，废寝忘食。赖瑞云引用文学理论家顾祖钊的话描述这种状态："读者已浑然不觉哪是客体，哪是主体，哪是人物，哪是自己，已经忘却现实的存在而沉迷于艺术世界。这里的主体已经变得无牵无挂、自由自在，忘记了现实，忘记了物质功利，同时也忘记了自我。在文本提供的精神家园中让人性舒展，让灵魂升华，并获得最大的审美享受。"赖瑞云指出，这种状态就是"审美自失"。

二是真实阅读指向"人人心中有，个个笔下无"之秘妙。审美活动既是感性的、直觉的，同时又是理性的、思维的。"审美自失"的理性指向，就优秀读物而言，就是那个"人人心中有，个个笔下无"的秘妙。被优秀读物的"人人心中有，个个笔下无"所吸引，既是读者真实阅读时的实际体验，也是读者理性认识的实际指向。阅读教学在拟设其目标、内容时必须考虑这个基本情况。

三是真实阅读中的焦点意识和附属意识问题。在阅读和写作过程中，知识、能力、方法、情感、态度、价值观，乃至意志、性格等因素都会在读者解读作品或撰写诗文时起指导作用；但此时，读者的注意力集中在原汁原味、专心致志乃至如痴如醉阅读作品本身，集中在目标明确、凝神静思乃至一气呵成撰写诗文本身。读者不宜分心去想有关的知识、方法等，一想，就可能中断读、写感兴，整体感、灵感、精微感都可能遭受破坏。隐性知识的储备靠的是平时有意识地养成和培育。以上分析告诉我们，立足于真实阅读，教学目标和内容完全可以也应当包含知识理论；相反，立足于知识点目

---

① 赖瑞云. 混沌阅读 [M]. 福州：福建教育出版社，2010：204.

标，则可能出现失真的阅读，还可能造成目标的单一。①

在分析真实阅读的这些规律时，赖瑞云也探讨了真实阅读中的另一重要现象——"多元有界"的问题，指出多元解读并非是绝对相对主义的任意乱读。

7. 真实阅读是一种阅读教学理念和教学方式

具体阐述详见下文。

三、"真实阅读"理论的教学价值

1. 日常实际阅读导入课堂教学

与诸多研究者一样，赖瑞云所说的真实阅读的基本含义是日常生活中的实际阅读，是真实世界的阅读，是最基本的阅读状态。这种阅读是自由自在的，自觉自愿。赖瑞云也强调这种阅读应是大量的。

对于这种日常实际阅读的作用，赖瑞云在大量的事实和深入地进行了理论研究的基础上指出："大量阅读、熟读，乃至背诵优秀读物，是语文素养提高的一条基本途径。""只要能不断地进入'审美自失'的阅读状态，不断地感受到读物中的美（秘妙）之所在（存在），并不要求读者非要说出这'美'（秘妙）是什么（以及为什么），只要不断有所感受，有所积累，语文素养就可能有所提高。"② 赖瑞云指出，这是一种教育内机制、自我教育的内在机制——不断读书，不断积累本身就会自动发展、提高、改造自身的认识水平；书读得越多，以书解书，以书化书，就越会读书，阅读水平就越高。

日常实际阅读的积累作用，是建构真实阅读教学模式的基础。在这一点上，赖瑞云与其他阅读教学理论研究者和实践者并无根本不同。不同之处在于赖瑞云以此为基础，论证了"元读"进入阅读教学，并成为阅读教学的主导和主要状态的重要性、必要性和可行性。

（1）诗文元读背后隐藏着知识理论。这种"具体知识"，是生机常在的活知识，是抽象知识的源泉，是激活知识世界之"酶"，是理论知识得以兑现的黄金储备。学生在元读状态的自我摸索，既包含第一途径中的经验积累、体验积累，也包含第二途径中的某种理性顿悟。而这种元读，是学生自由自愿的，是兴趣使然，因而更容易完成阅读能力提高所需要的"积累"。在阅读教学中导入这种真实阅读，则可以使阅读学习置于一种真实情境中，

---

① 潘新和. 新课程语文教学论 [M]. 北京：人民教育出版社，2005：238－247.

② 赖瑞云. 文本解读与语文教学新论 [M]. 北京：北京师范大学出版社，2013：107.

使学生在真实的阅读体验中，建立真实的阅读经验，形成真实阅读效应。"立足于真实阅读，教学目标和内容完全可以也应当包含知识理论；相反，立足于知识点目标，则可能出现失真的阅读，还可能造成目标的单一。"①

（2）从建构主义视角来看，真实阅读符合新课改的要求。这既是课改的呼吁，也是对课改的响应、推动。赖瑞云在他的论著中，充分论证了真实阅读理论与新课程标准之间的关系。如他指出，《义务教育语文课程标准》"基本理念"部分第二条关于"真实性"和"原汁原味"的提法是"让学生更多地直接接触语文材料"。[《义务教育语文课程标准（2011年版）》中修改为"让学生多读多写、日积月累"。]他的理论体系中的"'美'的积累"和"'美'在此处"，讲的就是课标要求的多读书、读好书、好读书。② 他还就分析能力是阅读能力中的核心能力问题作了深入的阐述，解释了课标修订稿中"提高学生发现、分析和解决问题的能力"这一重要新提法的由来。③ "三'美'教学"体现了课标正式稿说的既"不能以教师的分析代替学生的体验"，又要"不断提高学生发现、分析、解决问题的能力"。④ 在这种充分认识的基础之上，赖瑞云提出真实阅读与阅读教学接轨的理念。

（3）建构主义理论的重要理念和马克思主义的实践第一的思想观念相通。"现象是客观真实世界的原貌（这里不讨论'假象'问题），现象中隐含着知识理论，从现象出发不仅可以获得乃至发现知识，而且往往更为可靠。建构主义理论的这个重要理念是和马克思主义的实践第一的思想观念相通的。"⑤ 赖瑞云指出，这种相通性是建构主义在我国引起广泛共鸣的重大原因之一。在此基础上，新课改要把过去处于边缘位置的具体作品的元读活动（原汁原味阅读）请回来，把被放逐的隐性型知识的学习活动请回来，并使之与显性知识系统的教学达到和谐统一。

在这种重要性、必要性、可行性分析的基础之上，赖瑞云对真实阅读教学进行了深入的探讨，而这种探讨又是建立在大量的真实阅读教学实践者的事实、真实经验基础之上的，所以理论与实践设计都是坚实的。

如同我们在前面所提到的，所有对阅读教学的研究与实践，旨归都是培

① 潘新和. 新课程语文教学论［M］. 北京：人民教育出版社，2005：246.

② 赖瑞云. 文本解读与语文教学新论［M］. 北京：北京师范大学出版社，2013：86－87.

③ 赖瑞云. 文本解读与语文教学新论［M］. 北京：北京师范大学出版社，2013：125.

④ 赖瑞云. 文本解读与语文教学新论［M］. 北京：北京师范大学出版社，2013：124－125.

⑤ 赖瑞云. 混沌阅读［M］. 福州：福建教育出版社，2010：193.

养真实阅读的素养，但是谁能正面认识真实阅读应有的地位、价值，就不仅仅是个认识角度的问题，而是涉及教学观念、教学实践、教学效果的重大问题。

2. 真实阅读教学

赖瑞云把日常真实阅读导入了课堂教学，深入地探讨了"真实阅读教学"的相关问题。

（1）真实阅读教学的目标。基于优秀篇目的真实阅读教学，其目标和内容包括四个方面：一是感悟、把握、领会读物的秘妙[①]，同时关注与此活动紧密相连的阅读能力以及情感、态度、价值观等情志类素质[②]；二是向写作转化，形成读写互动；三是了解、掌握各类读物的基本知识；四是学习运用一些阅读方法。前两方面的目标（指向秘妙，指向写作）是最为重要的，可以说是基本任务。[③]

（2）真实阅读教学的基本内容和基本过程。"阅读教学首要的和根本的任务就是要引导学生感悟、把握、领会优秀读物的'秘妙'。从审美的角度，也是从便于教学操作的角度，我们把这'秘妙'称为'美'。那么，阅读教学的基本任务、基本内容就是'美'的积累、'美'在此处、'美'的发现。"这三"美"既是教学基本目标，又是教学基本内容，而三者循序渐进，又构成了真实阅读教学基本的"序"。[④]

一是"美"的积累。"美"的积累是语文学习的一条规律。"大量阅读优秀读物，是个体语文素养提高的一种基本途径。只要读者能不断地进入'审美自失'的阅读状态，就能不断地感悟到读物中的美（秘妙）之所在。当然，并不要求读者非要说出这'美'是什么，只要不断有所感悟，有所积累，语文素养就可能有所提高。"[⑤] 这一积累过程之所以在课外阅读中特别明显，原因是多方面的："一是课外的自由性、自主性（如无外加的评论指引），使得这仅为'积累'、为原汁原味阅读的性质更为突出。二是积累需要一定的量，而这'量'往往是有限的课堂难以做到的。三是课外阅读是自觉自愿的，无学习之压力，是兴趣使然，即鲁迅说的'嗜好的读书'，国外

① 在《文本解读与语文教学新论》一书中，赖瑞云称之为"揭秘"，见该书第80页。

② 在《文本解读与语文教学新论》一书中，赖瑞云称之为"分析"，见该书第100 – 103页。

③ 潘新和. 新课程语文教学论［M］. 北京：人民教育出版社，2005：246 – 247.

④ 赖瑞云. 文本解读与语文教学新论［M］. 北京：北京师范大学出版社，2013：104 – 105.

⑤ 潘新和. 新课程语文教学论［M］. 北京：人民教育出版社，2005：247.

所谓的'课外的海明威比课内的海明威有趣'。"所以赖瑞云认为应当要求学生熟读乃至背诵一定量的规定篇目（基本篇目），尤其是经典篇目。这项工作也包括根据教材实际情况补选、另选优秀篇目和向学生推荐较多的优秀课外读物，并将之列入教学目标进行检查，以扩充"美"的积累。

二是"美"在此处。"美"在此处是指知道文本的秘妙所在，好在哪里，妙在何处，知其然。阅读是内隐的黑箱活动。我们不知道某一读者的感悟水平如何，学生是否真正"知其然"，阅读教学就应想办法检验学生"知其然"的状况，并以适宜的方式帮助不知其然者知其然。古人进行"美"在此处的阅读教学的方法主要有"暗引"和"明引"两种。而现代语文教育应当抓住这"美"在此处的实质，并加以改造和发展，以开展阅读教学。首先是备课，教师应努力地比较好地把握文本究竟"美"在何处。其次，教师应检查学生是否把握了读物的"美"之所在。最后，如果文本之"美"确需让学生了解，而学生又浑然不知，教师就应以适当方式指出"美"在何处，给了必要的点拨。

三是"美"的发现。"美"的发现是知其所以然。用文本解读的话语，就是揭示出了文本的艺术奥秘，实现了揭秘、解密、解码。"美"的发现，秘妙的揭示在中学教学中既是最重要的，又是完全可能的。这也是现代教学论指出的"教什么，怎么教，都重要，但教什么更为重要"的生动例证。在具体教学中，教者要发现这个"美"（最终把握了文章的精髓），并把这个"美"转化为课堂教学。"美"的发现的全部工作在于对文本进行具体的分析，揭示出藏在其中的艺术奥妙。文本分析不是用来做理论学习的例证，世界上没有一个作家的作品是用来给人们做例证的；只展示文本分析的范例是不够的，重要的是让学生分析一个个活生生的文本本身。

三"美"教学是赖瑞云为真实阅读设计的基本过程模式，他认为这个过程模式在有序教学上具有典型性。三"美"教学不仅与课标要求的体验、探究、鉴赏、分析紧密对应，而且表现了循序渐进、先易后难、因材施教的教学秩序。有序化的教学体系在三"美"教学里得到了最基本的体现。①

（3）真实阅读教学的原则。

一是生活实际阅读与课堂真实阅读教学相结合。这是实践真实阅读教学的前提和基础，又是真实阅读教学的基本形态。赖瑞云的真实阅读教学理论体系，是以生活实际阅读为原型，并在生活实际阅读中提炼了核心元素后升华出来的。所以，这个理论既是以实现真实阅读为目标的，又是以真实阅读

---

① 赖瑞云. 文本解读与语文教学新论［M］. 北京：北京师范大学出版社，2013：125.

为方式和手段的。不同于以往"课外阅读＋课内阅读"教学模式之处在于，课外真实阅读既是课堂真实阅读教学的前提，又是整个真实阅读教学过程中的一个重要环节；课堂真实阅读教学既是课外真实阅读的延续，又是具有独立意义的提升过程，而二者在本质上是同一于"审美自失"这个基本点上的。"引导、提高应立足于学生的体验，应指向读物的魅力所在，应一切建立在学生'审美自失'的基础上。"①

二是综合与分析相结合。真实阅读教学理论体系中，建构了一个以"审美自失"为基点的"揭秘"式教学过程模式，赖瑞云称之为三"美"教学，三"美"教学实际上是"综合—分析—综合"这种当代语文教学新三步分析法的一种形态，是语文教学传统和教学改革成果的典型概括。新三步分析法的第一步"综合"是直觉体悟，是分析的起始和深入分析的基础。第二步"分析"是内外部矛盾、关联的深入分析。这第二步之分析并非只注意分析局部，而不注意联系整体，相反，它不时回到整体，回到综合，联系全局，进行深入分析。第三步"综合"是引入资料助解，当第二步的自身分析已山穷水尽之后，实行开放，从当今丰富的理论知识和他人的解读中引入相关资料帮助解读。赖瑞云指出，当代阅读能力应确立以分析能力为其核心的能力体系。这样的分析体现在我们的阅读领域就是分析文本，即通常所说的文本解读。对照新三步分析法来考察三"美"教学过程模式，综合与分析在每一个环节中相互交融，共同指向文本的秘妙，而在第二、三环节中，分析的作用尤为突出。②

三是"暗中摸索"与"明中探讨"相结合。在真实阅读教学理论体系中，一个重要的理论是立足于学生审美自失的体验状态提高其鉴赏水平。有两条途径：一条是大量阅读。"阅读积累越多，各种思想情感、人物形象、表现手法、词汇表达接触越多，'内存'越丰富。"③ 另一条是依靠理性分析。"如果缺失了'理性分析'一环，缺失了理性领悟上的豁然贯通，不仅对作品的理解程度有限，而且对作品的经验深度也有限，长此以往，他的总体'体验'水平的提高也有限。"④ 赖瑞云认为，引入"理性"一环，读者自身也可以做，但是如果这种有效的"暗中摸索"与"明中探讨"（教师的帮助、引导）相结合，效果会更好，他还提出了感性式引导帮助、理性点拨

---

① 赖瑞云. 混沌阅读 [M]. 福州：福建教育出版社，2010：205.

② 赖瑞云. 文本解读与语文教学新论 [M]. 北京：北京师范大学出版社，2013：125 - 152.

③ 赖瑞云. 混沌阅读 [M]. 福州：福建教育出版社，2010：206 - 207.

④ 赖瑞云. 混沌阅读 [M]. 福州：福建教育出版社，2010：208.

式引导帮助和理论指导式引导帮助三种助读模式。赖瑞云同时指出："'明中探讨'不能过度，帮助、引导不应是强扭，否则，'自失中的体验'就可能遭到搁置冷遇，学生的主体性的发挥就可能受到限制。"①

赖瑞云的真实阅读教学理论，在当代中国阅读教学领域独树一帜。它建构了完整的日常真实阅读的理论；建构了完整的真实阅读教学理论，这个理论是系统的、全面的、深入的；同时也建构起了真实阅读教学的实践参照体系，这个体系是可操作的，对阅读教学实践是富有引领性和指导性的。

赖瑞云对真实阅读教学理论的建构，对我们更富有启发意义的方面在于：阅读教学、语文教学在走向其本质的过程中，必须沿着属于它自己的道路前行，如用阅读的方式教阅读而不是用其他方式，在阅读实践中教阅读而不是选择其他的路径。再如，深入到阅读的本质、语文的本质，而不是移植其他理论或套用某种模式。

沿着这条思路，我们会继续做一些探索。

第二节　真实阅读教学经验

在中国当代语文阅读教学的发展历程中，真实阅读理念一直是一条重要线索，有时虽被某种现象淹没，但从未缺乏情怀真挚的探索者从不同的角度、层面、维度进行研究与实践。研究这些成果，提炼经验，对我们进一步发展真实阅读教学大有好处。

一、于漪：培养学生独立的阅读能力

于漪老师重视培养学生独立的阅读能力。她认为语言材料、佳文美作在脑海里形成的立体画面，所蕴含的丰富的深刻意义，所包含的情感与趣味，不是靠教师的讲解就能掌握的，而是要靠学生积极思考，主动发现，赏析琢磨。因而要引导学生学会读书，对读书有感觉，有自己的看法与思考，对语言的形象、意蕴、情趣有所领悟。②

她认为对学生语文读写能力、口语交际能力的培养综合性很强，只靠课内教学的机械烦琐的练习无法取得良好效果。因而，教师要同时抓住课内、

---

① 赖瑞云. 混沌阅读［M］. 福州：福建教育出版社，2010：211.

② 于漪. 我和语文教学［M］. 北京：人民教育出版社，2003：113.

课外两个板块不放松；而且要做到课内"放手"，课外"不放羊"。"一是课内要放手让学生自己读、自己说、自己写，教师千万不能越俎代庖，削弱他们的语文实践；二是课外阵地绝不能放羊，放羊的结果往往是放弃。课堂教学要抓在点子上，起举一反三的作用，课外要延伸、扩展、深化，充分发挥学生自主学习的积极性。"① 如于漪老师为《范爱农》一课做了如下教学设计②：

第一步，学生独立阅读，熟悉课文。（课文涉及的人和事距今已70多年，为使学生正确理解作者的写作意图和表现手法，在独立阅读课文前可做一些指导。）

第二步，组织学生就重点问题开展讨论，突出重点，攻克难点，正确理解课文。

第三步，要求学生在理解课文的基础上，就主题、人物、结构、语言等方面的某一点深入钻研，谈学习体会。通过交流，互相启发，加深理解。

于漪老师的课注重引导，但是并不约束学生的思维。相反，她不是为了把学生的思维引导到某一预设的"观点""结果"上，而是注重引导学生自主学习，自主思考，得出自己的结论。她说："学生辨疑、析疑时，教师不能以自己思考问题的范围教学生'就范'，使得学生'画地为牢'，学生往往有自己的思路，有时能够突破习惯的羁绊，闪发创造性的火花。教师只要善于发现，真诚鼓励，学生就活跃非常。这些课堂上的'神来之笔'往往是教学中最精彩的，它反映了学生长知识与长智慧相互结合的智力活动过程，它使学生情绪昂扬，内心喜悦，求知的欲望倍增。在阅读教学中，教师要善于铺垫，帮助学生孕育智慧的火花，积极地组织讨论，鼓励学生施展语文才能，超水平地发挥。"③ 她讲授的《晋祠》一课，在这方面堪称典范。赖瑞云曾说："于漪经常强调的具有积累功能的作为古今中外文学宝库精品的名篇佳作，更不应被外加的知识点、训练点干扰、破坏其整体原貌的原汁原味的阅读。"④

于漪老师的教育教学理论和实践，鲜明地体现着对真实阅读的重视。

①　于漪. 我和语文教学［M］. 北京：人民教育出版社，2003：115.
②　于漪. 我和语文教学［M］. 北京：人民教育出版社，2003：302－307.
③　于漪. 我和语文教学［M］. 北京：人民教育出版社，2003：350.
④　赖瑞云. 混沌阅读［M］. 福州：福建教育出版社，2010：18.

二、魏书生：尊重学生个性

魏书生老师的民主教育思想表现在语文教育教学中，最突出的特点之一是对学生个性的尊重。尽管他的教学理念受到时代发展的制约，比较注重"教教材"，但是他在那个时代超越了教材的束缚，他的教法超越了对"教师教"的迷信，值得研究。顾黄初先生说："他重视培养学生的自学能力，因为他确信学生在未来生活中求发展，必须凭借'自学'，凭借足够的自学能力和良好的自学习惯。然而，自学能力不是说培养就能培养起来的，它必须同时培养自我教育能力，即要求学生学会自我认识、自我勉励、自我控制，使之形成推动'自学'的一种强大的内驱力。对于教学内容，魏书生有自己独特的处理方法，他说：'中学教材选了许多名篇，学生应该认真读，但学生毕业后在工作岗位上接触较多的，主要是比较实用的，离自己生活比较近的，直接有助于自己工作思想水平提高的文章。为使学生具备自学这些文章的能力，近八年来我每学期都用 50 左右课时指导学生自学完统编教材，剩下的时间除了加强基础知识复习和能力训练之外，还增加一些学生感兴趣的，对他们今天和明天的工作与学习都比较实用的五方面教学内容。'那就是：引进心理学、教育学方面的知识，介绍现代科技发展概况，引进其他学科内容，联系名篇时文，讲授科学的学习方法。这些，多数看来似乎是'非语文'的，但从'贴近生活'的角度看，从'语文学习与社会生活紧密联系'的要求看，恰恰是提高语文教学效率的匠心独运的做法。"①

魏书生说："尊重学生的个性，发展他们的特长，就不必逼着100%的学生都去按统一的模式去进行高难度训练了。""同学们都应该从自己的特长出发，通过不同的途径，掌握尽可能多的语文知识，提高听说读写的能力。"②"老师讲书，讲得再好，也是在讲教师怎样读书，怎样理解。具体到学生怎样读一篇新文章，他们怎样理解一篇新文章，他们便各有自己的一套习惯。他们的注意习惯，不同性格的人会对不同作品有不同的注意程度；他们的观察习惯，粗心的学生和细心的学生、兴趣广泛的学生和只会死读书的学生从同一篇文章里观察到的事物，常常相差很悬殊；此外他们的记忆、理解、想像习惯都决定着他们读书的能力。教师讲书时企图把全班同学的认识程度提到同一水平上，用意无疑是好的，实际很难成为现实。即使凭着背诵把大部

---

① 顾黄初. 贴近生活：语文教学改革的一种趋势 ［M］//张国生，丁之凤. 大语文教育论集. 北京：人民教育出版社，2002：296 – 297.

② 魏书生. 语文教学 ［M］. 沈阳：沈阳出版社，2000：114 – 115.

分学生暂时提到教师的认识程度了，时隔不久他们也会很快遗忘。"① "为使学生在实践中能尽快增长能力，我适当地教给学生一些读书方法……学生参考这些方法去读书，在读的实践中运用、掌握、修改、补充方法，渐渐就能形成有自己特色的读书能力。这样，学生们不仅能读教材上那几百篇文章，更重要的是能读广阔的文章海洋中有关有益的文章。"② 向学生介绍读书方法，与赖瑞云所说的提高学生的分析能力在思想上是一致的。

魏书生的"六步法"虽然在学习内容上局限于对教材和知识点的学习，但不可否认，学习过程是由学生自己完成的，学习目标也是因人而异的。例如，他说："（六步法的）目标呢？千万别让所有的学生都一样。一般我们一堂课做那么四五件事，好同学除了这四五件事，你还可以找更难的题来做。张军、李健、赵伟，你们到前边来定向。张军一定三件事，赵伟一定三件半，我说你们就做这些事。语文课堂上常见这事，什么事呢？后进同学因为完成不了五项任务，所以一项也不完成，这不开玩笑吗？我说：张军、李健、赵伟，你们这五六个人干什么呀！当大家完成五项任务的时候，你努力奔第三项，一项二项你抓住了，奔第三项，第三项完成了，有余力，你完成第四项，没余力，后两项你看都不看，人常常毛病就出在这儿，什么？他同时想抓五件事，五个东西，因为这五个东西，抓了半天抓不住，干脆一个也不干，这是最耽误事的干法。我教学生的办法是：有本事狠狠抓这一件事，有了余力再抓第二件，再有余力抓第三件。这件没余力连想都不想，别因为抓不住它，怎么呢，前几项咱都不去抓，那你不把自个儿坑了。所以定向啊是有区别的，不是定完向大家都要做这些事。"③

"四遍八步"读书法，也是动态的，以符合学生个体的学习实际为变化的基本原则。"每篇文章都要读四遍吗？当然不是。有的浅显的文章，如《人民的勤务员》读两遍就能完成八步任务了，何必再多读呢？有的文章如《岳阳楼记》读了五六遍，也还是不能全部理解其中的妙处，自然还应再读。读每篇文章也不是非要完成八步任务不可。有的文章只要能记住梗概、复述大意即可。如《连升三级》，又如课外阅读报刊杂志上的大部分文章。有的则除了八步任务以外，还要完成其余的任务，如《论语六则》，我还要讲一讲《论语》在世界文化史上的地位。""'四遍八步'读书法是适用于经过训练的学生的方法，决不是适应所有学生的方法；是适用于大部分文章的方法，决不是适用于所有文章的方法。""也有的同学，一开始就细读、精读，

---

① 魏书生. 语文教学［M］. 沈阳：沈阳出版社，2000：202 – 203.

② 魏书生. 语文教学［M］. 沈阳：沈阳出版社，2000：203 – 204.

③ 魏书生. 语文教学［M］. 沈阳：沈阳出版社，2000：279.

然后再速读、跳读，他这样读惯了，就一直坚持下来效果也不错。但对还没养成读书习惯的同学来说，还是先跳读、速读，更适合当今时代的需要。因为报刊上的许多文章，在跳读过程中，觉得无深究价值，就不必再支付时间细读、精读了。"①

魏书生老师重视课外阅读，他的班级里自有一个小型图书馆，他经常买书给学生看，读报刊给学生听。

魏书生老师的真实阅读教学，是一个完整的体系。我们今天借鉴其经验，要跳出当时的时代看问题。

三、钱梦龙：因势利导

钱梦龙老师主张"三主"教学，其中"教师为主导"一句话经常被人误会，其实钱梦龙老师讲究和实践的是"因势利导"，即在学生主体充分自学的前提下进行引导。

他的"导读法"，实践的也是一种"真实的阅读"的教学。他说："至于怎样'教会学生阅读'，我想起了叶圣陶先生在给一位语文教师的信中的一段话：'语文老师不是只给学生讲书的。语文老师是引导学生看书读书的。一篇文章，学生也能粗略的看懂，可是深奥些的地方，隐藏在字面背后的意义，他们就未必能够领会。老师必须在这些场合给学生指点一下，只要三言两语，不必啰啰唆唆，能使他们开窍就行。老师经常这样做，学生读书看书的能力自然会提高。'这段朴实无华的话，可以作为叶老的名言'从教到不需要教'的注脚，说得实实在在，却又蕴含着先进的教学观念。在这段话中，既有对学生主体地位的尊重，又具体指出了教师如何发挥指导作用——在'学生自己读懂'的基础上，就'隐藏在文字背后的意义'给学生'指点一下'：这种'指点'，必须是要言不烦、富于启发性的，目的仅仅在于'使学生开窍'——开窍者，学生自悟自得也，而不是'全盘授予'。我想，如果我们实实在在地按照叶老的这些话去做，那么我们的阅读教学就真正变成了一种以课文为对象、以教会学生阅读为目标的'多重对话'（师生对话、生生对话、师生与文本对话）。当我们的学生从这种多重对话中真正学会了阅读，达到了'不需要教'的境界，那么，'语文素养'的提高就是一件水到渠成的事了。"②

例如，他自己特别在意的课例《一件小事》，"实验班采用学生自读、

① 魏书生. 语文教学 [M]. 沈阳：沈阳出版社，2000：164－165.
② 钱梦龙. 我和语文导读法 [M]. 北京：人民教育出版社，2005：413.

思考、讨论，老师只作重点指导的教法"①。

钱梦龙老师所希望的学生的阅读，是一种"真正的阅读"。如他所说："这里所说的'阅读能力'，是真正的阅读能力，是那种善于从读物中获取丰富信息和精神养料的能力，是那种善于和文本、作者进行心灵对话的能力，而不是只会依照刻板的套路'分析'文章的所谓'能力'。我相信，当我们的学生在语文课上学会了真正的阅读，从而爱读书、多读书、读好书，'语文素养'就不再是一个朦胧而遥远的目标了。"② 而他的语文导读法"强调学生在学习过程中的主体地位，重视学生自己的阅读实践，注意培养学生在阅读实践中所表现的自主意识、情感态度以及判断评价等与个性发展密切相关的心理素质，因此，导读对于学生发展的作用，不仅在于知识的获得，也不仅在于能力的培养和智力的开发，而且必然对学生整体素质的提高乃至人格的形成，都将产生深远的影响"③。

钱梦龙老师是重视学生的真实阅读过程的。

四、张孝纯：大语文教育理念下的阅读教学

张孝纯老师的"大语文教育"理念，突出的贡献是把语文教育与社会实践深度结合起来，让语文教育直接深入到社会实践这个"第一性"上，是至真语文、至真阅读的一种。

"大语文教育"以语文课堂教学为轴心，向学生生活的各个领域开拓、延展，全方位地把学生的语文学习同他们的学校生活、家庭生活和社会生活有机结合起来，把教语文同教做人有机结合起来，把发展语文能力同发展智力素质和非智力素质有机结合起来，把读、写、听、说四方面的训练有机结合起来，使学生接受全面的、整体的、能动的、网络式的和强有力的培养和训练。④

"大语文教育"的课程构造由"一体两翼"三部分组成：语文课堂教学、第二语文教学渠道、语文学习环境。第一项是主体，包括范文教读、参读教学、习作教学、语文考查考试等项，而其中又以范文教读为核心。第二、三项是两翼。第二项包括以课外阅读为重心的有目的、有计划、有组织

① 钱梦龙. 我和语文导读法 [M]. 北京：人民教育出版社，2005：26 - 27.
② 钱梦龙. 我和语文导读法 [M]. 北京：人民教育出版社，2005：407.
③ 钱梦龙. 我和语文导读法 [M]. 北京：人民教育出版社，2005：23.
④ 张孝纯. "大语文教育"的基本特征：一谈我的"大语文教育观" [M] //张国生，丁之凤. 大语文教育论集. 北京：人民教育出版社，2002：20 - 27.

的多种多样的语文课外活动（其中又可分为"校内语文课外活动"和"校外语文社会活动"）；第三项包括对学校语文环境、家庭语文环境和社会语文环境的利用，而各种语文环境又都可以分为口头的和书面的两种。开辟第二语文教学渠道和强化语文环境的积极影响，这两项似同而实异。张孝纯老师把开辟第二语文教学渠道比作借清水浇花，意思是不只靠教师本人这"一桶水"，费力不多，而收获常常出人意料的大，实在是事半功倍；但"借水浇花"总需提水之劳。把强化语文环境的积极影响比作借沃土育苗，意思是土中自含肥料，用不着园丁再去施肥，只要撒下种子就能自生自长，可谓"师逸而功倍"。张孝纯老师认为这"一体两翼"不可或缺，无体则失去主导，无翼则不能奋飞，当然两翼也不可喧宾夺主。①

从阅读和教学两个角度来看，都能发现"一体两翼"的大语文课程体系鲜明地体现了对"真实"的追求。虽然在张孝纯老师那个时代，语文课堂教学对学生主体性的尊重程度远不如今天，但是，在张孝纯老师的实际教学中这种追求还是非常明显的、实在的。

在这个"一体两翼"的整体格局（模式）之下，张孝纯老师设计和实施了多种教学模式，如范文阅读教学模式、参读教学模式、说写教学模式、最基本的语文规律教学模式、语文测试的教学模式、语文课外活动指导过程的模式、学生课外独立学习和应用语文的促进过程的模式等。范文阅读教学模式是这样的，包括预习见疑—质询研讨—巩固深化三个阶段（或步骤）。在这三个阶段里面还有更小的阶段，如定向、自学属第一阶段，讨论、答疑属第二阶段，自测、自结属第三阶段；自读属第一阶段，教读属第二阶段，作业、复读属第三阶段。

这些模式，处处渗透出真实阅读精神。例如，在范文阅读教学的每个阶段、步骤中，张孝纯老师都注意尊重学生的学习情况。"预习见疑"阶段主要是让学生充分感知教材，并向下一步的理解教材过渡。"质询研讨"阶段主要是让学生深入理解教材，发展思维能力，形成概念、判断和推理，同时也随时巩固知识，包括：①组织学生进行多向性质疑。②组织好集体研讨：第一是顺应学生思路、文章思路和教学重点来筛选问题；第二是要善于挑起矛盾冲突，并穿针引线使研讨顺利展开；第三是组织好答疑——生答、师答、师生共答。"巩固深化"阶段主要是为了巩固新知，并把知识开始应用于实践，要引向实践（课外阅读实践、课内外习作实践以及家庭语文生活、社会语文生活的实践等）。

---

① 张孝纯. "大语文教育"刍议［M］//张国生，丁之凤. 大语文教育论集. 北京：人民教育出版社，2002：2－19.

结合具体课例来看，这种尊重是比较充分的。如他的课例《美猴王》，整篇课文的教学是通过"预习见疑""质询研讨""巩固深化"等活动指导学生练习自学语文的过程。

品味这些活动和教师的落实要求，我们能够感受到张孝纯老师在教学中注重培养的是学生能动的自学能力和学习习惯。他注重发挥学生在学习中的主体作用，注重发展学生的自学能力，注重学生日常真实阅读的意义。他说，大语文教育的各种渠道之间不断地发生着双向的作用，而最后全都导入学生个人在学习、工作和生活中广泛的、完全独立自由的读、写、听、说活动中去，即"终身语文学习"和"终身语文实践"的洪流中去。他认为要引导学生做"从语文环境中学语文"的有心人，要养成学生的这种习惯。

我们也可以在张孝纯老师的教学中发现他对学生主体感受、体验的特别尊重，这是难能可贵的。

顾黄初先生说："他的'大语文教育'观，具体说来是四句话：联系社会生活，着眼整体教育，坚持完整结构，重视训练效率。核心在第一、第三两句。所谓'联系社会生活'，就是要充分利用现代的条件，通过多种渠道和方式，使语文课同社会生活联系起来，打破以往封闭式的格局；所谓'坚持完整结构'，就是要把语文教学置于社会教育系统、学校教育系统之中协调地活动。"①

张孝纯老师的研究和实践也在启发我们：在好老师的心中和实践中，尊重学生是一种必然的取向，重视学生的真实阅读、真实学习也是必然的取向。今天继续认识张孝纯老师的"大语文教育"，仍是非常重要的。

五、李镇西：培养学生独立思考的能力

李镇西老师关于语文阅读教学中的真实阅读观点是基于他的民主教育理念的。而他对民主教育的认识是与他全面发展人的认识紧密联系在一起的。"简言之，'民主教育'是'关于民主'的教育——是充满民主气息的教育，是对学生进行民主精神的教育，是为民主社会培养公民的教育。"② 李镇西认识到："正如'民主'的对立面是'专制'一样，'民主教育'的对立面无疑是'专制教育'。"③ 因而指出，专制教育是"非人教育""听话教育"

① 顾黄初. 贴近生活：语文教学改革的一种趋势［M］//张国生，丁之凤. 大语文教育论集. 北京：人民教育出版社，2002：293.

②③ 李镇西. 民主与教育［M］. 桂林：漓江出版社，2007：52.

"共性教育""等级教育""守旧教育"①，在对专制教育和对源远流长的民主教育思想的梳理之中，李镇西提出了自己对民主教育的认识。如他说："新课程改革所倡导的师生平等、自主合作探究、尊重个性等等理念，都是民主精神的鲜明体现。"②

落实在语文教学，特别是课堂教学上，则表现为对学生独立、自由精神的追求与发展之上。如他说："无论把'语文'理解成'语言文字''语言文学'，还是'语言文化'，其核心都是'语言—思维—人的发展'的相互作用及其相互促进。而离开了学生富有个性和创见的独立思考，这一切都谈不上！……知识传授绝不是最终目的，我们的目的是通过教学，为学生的未来开辟一个广阔的文化空间，让学生自己去探寻、研究、发展和创造。"③

在李镇西的教学实践中，对"真实的阅读"的追求，既体现为对真实学生的真实阅读过程的阅读体验、阅读成果的尊重上。如他讲授的《在马克思墓前的讲话》一课。在他以一个参赛者的身份给那个班的学生上这篇课文时，学生已经学习过这篇课文了。所以他当即决定和学生一起以一种新的方式、从一个新的角度学习这篇课文。他不愿意上一堂假课，他要上一堂真实的课。他说："课堂的许多讨论和碰撞，远远超出了我事先的预想……正是在处理这些意想不到的问题中，这堂课显示出了来自学生心灵的真正的活力。"④ 李镇西对真实阅读教学的追求是自动自觉的，是"自失"于其中的。而在这种真实阅读教学方面，他达到了比较高的境界。

而《致女儿的信》这一课例则表现了他对语文教学生活化的追求。在这堂课的开始，李镇西有这样两段话："哪些同学在阅读时遇到不认识的字？然后查过哪些字词？大家交流一下。如果你们没有，李老师就要问你们了。""这篇文章是苏霍姆林斯基写给女儿的信，同学们读了一遍以后你们第一个感觉是什么？有什么想法？大家不妨谈谈。"李海林评价这些细节时说："通过'如果你们没有，李老师就要问你们了'这一句话，把学生带入了'李老师'与'我'的一种'交往情境'中，于是这堂'教学'变成了'李老师'与'我'的一种'真实交往'。'同学们读了一遍以后你们第一个感觉是什么'这一句话，问的不是课文如何，而是'你'如何，'你'的回答是对'我'（李老师）和其他同学而言，是'你'与'李老师和其他同学'的交往，是'你'与'李老师和其他同学'交换某种生活的感受。李镇西通

① 李镇西. 民主与教育 [M]. 桂林：漓江出版社，2007：53－60.
② 李镇西. 民主与教育 [M]. 桂林：漓江出版社，2007：210.
③ 李镇西. 民主与教育 [M]. 桂林：漓江出版社，2007：114－115.
④ 李镇西. 听李镇西老师讲课 [M]. 上海：华东师范大学出版社，2005：28.

过一系列类似的设计，暗示学生：你们进入了一种'生活情境'，你们和'李老师'一起在'过自己的一段生活'，在'真实地'而不是'模拟地'生活。——这就是所谓'语文教学生活化'。"①

六、郑逸农："非指示性"语文教育

郑逸农老师的"非指示性"语文教育中的阅读课，有着鲜明的真实阅读的特点。在他的理论和实践体系中，真实阅读的理念非常好地融入到了课堂教学之中。

"非指示性"教学形式以"二不""四自"为标志：不指示学习目标，不指示问题答案；用自己的心灵去感悟，用自己的观点去判断，用自己的思维去创新，用自己的语言去表达。

"非指示性"教学的基本内涵是：教师不指示学习目标，不指示问题答案，引导学生根据文本特点（内容特点和形式特点）和自身特点（认知特点、情感特点和心理动作特点），自主（或独立或共同）选择学习内容、确定学习目标，自主（或独立或共同）探究问题答案。强调学习目标的自主性和差异性，强调问题答案的自主性和理解多元性。在学习过程中，让学生用自己的心灵去感悟，用自己的观点去判断，用自己的思维去创新，用自己的语言去表达。既不以教师为中心，也不以学生为中心，从教师中心、学生中心转向师生对话，在互为老师的平等对话中让学生自主生成对文本的理解与感悟，自主生成语文素养，自主走向精神成长。师生间相互教育，共同成长。

"非指示性"是一种教育理念，其核心命题是"把人当作人"。其中蕴含着三层要义：师生平等、真诚对话、自主成长。②

什么是"把人当作人"呢？郑逸农老师在书中阐述道："把人当作人"，不仅意味着把学生当作平等的人、对话的人，还意味着把学生当作自主成长的人。"非指示性"教育中的"二不""四自"，意在促进学生的自主成长。"不指示学习目标"，是指教师对学生的课堂学习内容和目标不做单向性的预设，不以教师的判断代替学生的思考，而让学生在课堂上自主（或独立或共同）选择适合自己的学习内容，自主确定和生成学习目标。"不指示问题答案"，是指教师不对问题答案做现成的标准化的灌输，而让学生在生生之间、

---

① 李海林. 生活化与语文化：评李镇西《致女儿的信》课案［J］. 教育科学论坛，2005（1）：47-50.

② 郑逸农. "非指示性"语文教育初探［M］. 杭州：浙江教育出版社，2006：5.

25

师生之间、师生与文本之间的多重对话中，自主（或独立或共同）探究和建构问题答案。两个"自主"后面的括号中有"或独立或共同"的说明，意为学生的自主形式或表现为个人独立进行，或与同伴、教师共同进行；而不管是哪种形式，最后都还要由他（她）自主确定，都要通过自主能动性来实现，不管是学习目标还是问题答案。①

"非指示性"语文教育的基本教学过程应包括课前、课内、课后三段，其中课内的"二不"教学基本流程完整型常式如下：教师激趣导入；学生初读文本，并说说各自的初读感受（即原初体验）；学生再读文本，自主（或独立或共同）确定学习主题（内容、目标）；学生围绕学习主题，研读欣赏；学生交流研读心得，并提出问题，现场讨论；教师补充提问，并介绍自己和专家、研究者的研读心得；学生聚焦优美的语句美读品味；每人反省自己的学习得失，并提出调整对策；教师提供课外作品，让学生比较阅读，拓展深化；下课前每人说一句结束语，总结本次学习的感受与收获；教师推荐课外阅读篇目。用简要的词语来概括上述教学流程，大意为：激趣、初读、交流、再读、定向、研读、交流、提问、交流、美读、反省、拓展、总结、荐读。② 在这个常式的基础上，实际教学过程又有很多变式，这里不一一介绍。

在这个课堂基本教学过程中，每一个环节都表现着教师对学生主体的尊重，对学生感受、体验的尊重，而又处处表现着学生"暗中摸索"与"明中探讨"的结合，还表现出对学生个体真实阅读策略建构的引导。在郑逸农老师早期的《荷花淀》和后来的《雨巷》等众多教学课例中，都体现出这种真实阅读教学精神。笔者认为，在目前的语文教学中，这是非常典型的真实阅读教学。

在评价郑逸农的"非指示性"语文教育理论与实践时，著名语文教育专家王尚文先生指出："非指示"并不是"虚化目标""不要目标"，它强调目标的确定要顾及学生的原有基础、自我发展方向、学习需求、个性特征等因素，建立在师生对话基础上共同选择，而且，这个目标并不是一"标"定音，一成不变，它随着师生与文本对话的逐渐深入而不断发生变化，新的目标也可以不断生成。"非指示"也并不意味着教师"不引导"，但这种"引导"的目的和实质是"让学"，是"激励思考"。他说："在语文教学中，以

---

① 郑逸农．"非指示性"语文教育初探［M］．杭州：浙江教育出版社，2006：21 – 22.

② 郑逸农．"非指示性"语文教育初探［M］．杭州：浙江教育出版社，2006：109.

阅读教学为例，引导首先就是教师激发学生与文本对话的兴趣、欲望，鼓励学生真正参与到对话的进程中来，一起探索，一起发现；其次是教师与学生一起分享各自的阅读心得，互相携起手来共同进入一个新境界。"[①]

第三节　真实阅读系统

实践经验和理论研究成果告诉我们，认识真实阅读不能通过在"阅读"的概念上加一个"真实"的定语来解决问题，而是要深入到阅读过程的内部，在考察阅读过程本体中揭示其本质。

一、阅读过程

阅读过程是怎样的呢？宏观上，我们可以从哲学、心理学、语言学、教育学、社会学和更多的角度去探讨，但我们更需从具体的阅读行为过程角度进行考察。

对阅读过程最基本的认识就是看书思考。唐代韩愈在《上襄阳于相公书》中说："手披目视，口诵其言，心惟其义。"宋代陈亮在《送吴恭父知县序》中说："侪辈往往口诵心惟，吟哦上下，记忆不少休。"眼睛看书，嘴里读书，心中思考，手下批注，这就是阅读过程。但是我们要用最大限度去容纳这种思考的宽泛性、丰富性和可能性。吉布森和利文（Gibson & Levin）认为："阅读乃是从课文中提取意义的过程。"[②] 章熊说："阅读就是通过视线的扫描，筛选关键性语言信息，结合头脑中储存的思想材料，引起连锁性思考的过程。"[③] 在这个连锁性思考的过程中，发生了什么呢？

1. 理解

"读，抽也。""抽释其义蕴至于无穷，是之为读。"[④] "阅读是由视觉摄入语言符号并反映到大脑，经过转化、整合，对语言符号进行感知、理解，获得意义的动态过程，它具有明显的交融性、思维性、情感性和实践性。"[⑤]

① 王尚文. 师生合作　共同成长 [J]. 中学语文教学，2004（3）：3 - 5.
② 董蓓菲. 语文教育心理学 [M]. 上海：上海教育出版社，2006：166.
③ 章熊. 谈谈现代文阅读的能力要求 [J]. 中学语文教学，1989（1）：3 - 4，27.
④ 段玉裁. 说文解字注 [M]. 上海：上海书店出版社，1992：90.
⑤ 潘纪平. 语文教育新论 [M]. 北京：开明出版社，2002：114.

"阅读是人从已有的书面信息符号中提取意义的心智活动。"①

2. 体验

"阅读的本质是根据语言符号理解文本的精神内核，即以文本为媒介，借此体验、感悟和理解作者在文中流露的情感和思想。"② "阅读是'吸收'的事情，从阅读，咱们可以领受人家的经验，接触人家的心情。"③

3. 学习

"阅读是一种从书面言语中获得意义的心理过程。阅读也是一种基本的智力技能，这种技能是取得学业成功的先决条件，它是由一系列的过程和行为构成的总和。"④ "一般指默读和朗读，主要指默读。是从书面语言获得文化科学知识的方法，信息交流的桥梁和手段。"⑤ "阅读文章是透过书面语言，领会其意义，从中获取思想和学习语言的活动程序，是人们学习和认识世界的一种基本手段。"⑥ "阅读是阅读主体对读物的认知、理解、吸收和应用的复杂的心智过程，是现代文明社会人们所不可或缺的智能活动，是人们从事学习的最重要途径和手段之一。"⑦ "'阅读'总的说来，是从以文字为主体符号的书面材料（文章或文学作品组成的文献）中获取信息（事料、思想和情感）的过程。"⑧

4. 建构

"阅读的过程无非是一种根据作者及其创作环境以及文字语法修辞特征而进行的'释义'过程而已。"⑨ "阅读是以了解文字意义为中心的一种复杂的智力活动，读者先用视觉感知文字符号，然后，运用分析、综合、概括、判断、推理等思维活动将感知的材料进行加工，把经过理解、鉴别的内容归

---

① 韦志成. 语文课程教育学 [M]. 武汉：华中师范大学出版社，2005：68.

② 王松泉，韩雪屏，王相文. 语文课程教学概论 [M]. 北京：高等教育出版社，2007：156.

③ 叶圣陶. 叶圣陶教育文集：第三卷 [M]. 北京：人民教育出版社，1994：89.

④ 中国大百科全书总编辑委员会. 中国大百科全书：教育卷 [Z]. 北京：中国大百科全书出版社，1985：505.

⑤ 顾明远. 教育大辞典 [Z]. 上海：上海教育出版社，1998：4659.

⑥ 朱绍禹. 中学语文教育概说 [M]. 呼和浩特：内蒙古人民出版社，1983：59.

⑦ 王继坤. 现代阅读学教程 [M]. 青岛：青岛海洋大学出版社，1999：1.

⑧ 曾祥芹. 阅读学新论 [M]. 北京：语文出版社，1999：252.

⑨ 顾晓鸣. 阅读学：拓展阅读研究的广度与深度 [J]. 语文学习，1987（3）：40－42.

入或并列于已有的知识结构中，贮存起来，根据需要随时提取并加以运用。"① "阅读是以书面信息符号为对象的外部语言的内化过程，它存在于人脑这个'黑箱'之中。"②

5. 改造

"阅读是从书面材料中获取信息并影响读者的非智力因素的过程。"③ "阅读是读者以书面语言为依据，凭借已有的知识和经验，利用自己的内部语言去理解和改造原文的思维过程。"④

6. 交流

"阅读是从文字符号中获取意义、信息的心理过程，是读者通过文本和作者进行交流的过程，是一个积极的、复杂的、活跃的、充满创造的心智活动的过程，也是一种基本的智力技能。"⑤

在我们进行接下来的分析之前，我们先要做一个必要的解释：上述关于阅读过程的阐释，每一种都可能独立支撑阅读教学，它们之间存在着相互交叉、相互包含的元素。以上列举方式并非本书对这些定义进行的单一角度的"定义"或归类，只是为了方便读者从某一角度理解阅读过程的本质而做的提示而已。

通过上面的研究，我们首先认识到的是阅读是一个复杂的过程。专家们对这种复杂性有着深入的认识。例如：阅读是物质活动与精神活动、心理活动与生理活动、言语操作技能和言语心智技能的统一，还是一种审美实践活动。⑥ 再如：阅读既是个体的社会性的活动，是一种复杂的语言认知活动，一种复杂的心智活动，一种情感活动；又是复杂的社会活动，就阅读主客体之间的关系而言，是一种披文得意的建构与创造，从阅读主体与作者的关系来看，是一种缘文会友的交往行为，从阅读主体与人生社会的角度而言，阅读是一种精神文化的消费活动，从阅读主体与自我的角度而言，是人类素质的生产过程，是主体寻求理解与自我理解的活动。⑦

所以，站在阅读过程的角度考察真实阅读的含义，我们必须坚持两个原则：

① 冯钟芸，黄光硕，张鸿苓. 中学语文教学指导书（人教版）[M]. 北京：人民教育出版社，1988：31.

② 韦志成. 语文课程教育学 [M]. 武汉：华中师范大学出版社，2005：74.

③ 张必隐. 阅读心理学 [M]. 修订版. 北京：北京师范大学出版社，2004：3.

④ 刘永康. 语文教育学 [M]. 北京：高等教育出版社，2005：72.

⑤ 王文彦，蔡明. 语文课程与教学论 [M]. 北京：高等教育出版社，2002：129.

⑥ 李新宇. 语文教育学新论 [M]. 南京：南京师范大学出版社，2006：235–236.

⑦ 刘淼. 当代语文教育学 [M]. 北京：高等教育出版社，2005：167–169.

一是我们不能仅仅关注阅读过程中的某些元素的运动状态而不计其余，必须兼容并包，以确保对真实阅读的理解是真实的、全面的、准确的。

二是我们必须抽取阅读过程中至为关键的元素，研究其发展形态和运作路径，以期能够建立可操作的、有效的真实阅读指导策略。

基于第一条原则，各种真实阅读理论和实践已经为我们展示了成果，如张孝纯老师从课程角度建构的"大语文教育"体系。再如阿尔维托·曼古埃尔从阅读者个体角度对阅读过程所做的描述：

> 当我坐在案牍之前时，我不只感知到构成文本内容的文字之字母与空格。为了从那套黑白符号系统撷取一则讯息，我首先必须用一种表面上不规则的方法来理解这套系统，透过飘忽莫测的眼睛，然后，透过头脑中的一连串接续的神经细胞来重建符号的符码（这个连接链根据我正在阅读的文本性质而有所不同），并将文本与某种东西——情感、身体感知能力、直觉、知识、灵魂——浸染在一起（这取决于我的身心和我如何更顺当日之我所是）。"为了理解一篇文本"，莫林·威特洛克医生在 1980 年代写道："我们不只'阅读'（依此字的名目上意义来说）它，还为它建构出一道意义。"在这个复杂的过程中，"读者处理了这篇文本。他们创造出影像和言辞的转换来呈现它的意义。最令人印象深刻的是，阅读时，他们靠着在知识、对经验的记忆，与书写的句子、段落之间建立起关联来产生意义。"[1] 所以，阅读不是一种捕获文本的自动过程，像是感光纸捕获光线那般，而是一种令人眼花缭乱、迷宫般、平常，但又是具有个人色彩的重新建构过程。[2]

基于第二条原则的研究成果，我们也可以看到阅读教育者所做的各种努力。例如，阅读心理学家通过研究自下而上的模式、自上而下的模式和相互作用的模式，而从阅读心理的角度揭示阅读的过程。艾登·钱伯斯希望通过揭示阅读过程，并通过改善阅读环境而推进真实阅读。莫提默·J.艾德勒和查尔斯·范多伦希望通过这样提纲挈领的描述来帮助人们认识阅读过程的全貌："这是一个凭借着头脑运作，除了玩味读物中的一些字句之外，不假任何外助，以一己之力来提升自我的过程。你的头脑会从粗浅的了解推进到深

---

① 原书注：参考拉贝格与塞缪尔.《阅读中的自动讯息处理理论》（Toward a Theory of Automatic Information Processing in Reading），见《认知心理学》（Cognitive Psychology），6，伦敦，1974。

② 曼古埃尔. 阅读史［M］. 吴昌杰，译. 北京：商务印书馆，2002：45.

入的理解。"① 赖瑞云先生希望通过对阅读过程的寻美揭秘的过程，实现课外真实阅读与课内真实阅读教学的接轨。再如《义务教育语文课程标准（2011年版）》指出："阅读是运用语言文字获取信息、认识世界、发展思维、获得审美体验的重要途径。"

同样遵循这两条原则，我们从最宽和最窄两个视角考察阅读过程，得出对真实阅读最基本的认识：

一是从最宽的视角看，凡是发生的阅读都是真实的，凡是阅读过程中发生的现象、出现的问题都是真实的。只要它出现了，我们就要加以研究。举例来说：学生没有书读，我们要不要重视呢？学生没有时间读书，我们要不要重视呢？学生不爱读书、暂时不会读书，我们要不要重视呢？这些问题，过去我们可能认为是发生在阅读过程外部的，但是站在最宽的视角上来看，这些也是决定真实阅读过程的重要因素。

二是从最窄的视角看，发生了上述的理解、体验、学习、建构、改造、交流的行为，经历这样的过程，产生了这样的效果的阅读，才是真实阅读，否则就不是真实阅读。如艾登·钱伯斯认为消遣性阅读不是真正的阅读。

在此基础上，我们解析对阅读过程及其要素的认识。

二、真实阅读过程

1. 从最宽视角看真实阅读过程构成因素

（1）阅读主体。阅读主体是具有主体意识的人，站在学校教育的角度看是学生。建立教师的学生意识非常重要，这一方面是因为我们必须根据学生的年龄状况等因素所限定的"学情"考虑阅读的相关问题；另一方面我们也要考虑到在校学生的阅读行为过程中，自然而然地带有一种学习愿望，而未入学校的幼童和走出学校的成年人，他们对阅读的理解和阅读对他们的要求又有所不同。

（2）阅读目的。即使限定在学生这个主体身上，阅读目的也是复杂的。阅读本身、具体阅读过程的具体目的和凭借完成阅读过程而客观上会达到的某种效果，都可以理解为阅读目的。这些目的，有时是清晰的，有时是模糊的，有时是显性的，有时是隐性的。

（3）阅读工具。宽泛地说，人的阅读器官，人特有的思考、感受系统都是阅读工具。

---

① 艾德勒，范多伦. 如何阅读一本书［M］. 郝明义，朱衣，译. 北京：商务印书馆，2014：14.

（4）阅读媒介。岩壁、竹简、纸本书报、电脑网络以及各种承载信息的媒体，都是阅读的媒介。在今天，阅读媒介是多元并存的，媒介本身没有好坏之分。

（5）阅读内容。我们统称为读物，关注的重点是文字读物。

（6）阅读环境。时间、场所、拥有读物的情况、阅读态度、阅读动机、阅读心境、具体阅读时的外在氛围、指导者的态度和水平甚至阅读评价的要求等，共同构成了阅读环境。阅读环境有时是真实的，如真实世界中师生双方共同营造的真实情境，但有时并不真实，如单纯为了分数的考试情境。在今天，我们特别强调阅读环境的真实性。

（7）阅读过程。对于具体的人和整个人类社会来说，阅读过程都是无限的。我们可以在宏观上把阅读前、阅读中、阅读后与阅读相关的行为都纳入阅读过程来研究。

（8）阅读成果。现代阅读学对阅读目标和功能的研究，都可以纳入阅读成果关注的范围。看了读物，理解了读物，并通过阅读实现的一切，无论是显性的还是隐性的，都是阅读成果。从阅读学习者的角度看，解读了读物，产生了丰富的感受体验，获取了信息，掌握了阅读方法，提高了阅读能力，建构了阅读策略，提高了阅读素养，学习和积累了隐性知识等，都是阅读成果。

综合以上要素，我们可以对真实阅读做一个宽泛的概括：真实阅读是真实阅读主体——在真实阅读环境中——带着真实阅读目的——利用真实阅读工具——通过真实阅读媒介——阅读真实读物——经历真实阅读过程——取得真实阅读成果的阅读过程。至于对每个要素的内涵如何理解，不同的阅读学派有不同的研究成果，不同人在不同阶段也有不同认识，按照最宽原则，各种理解可以并存。

这些要素怎样构成了阅读的行为过程呢？

一些阅读教学专家和阅读研究专家有时会把阅读过程按照某种线性顺序排列出来，以方便教师设计阅读教学时加以参照。如认为："根据对阅读过程的纵向考察，阅读能力是由认读、理解、鉴赏、活用四种基本能力构成。这四种基本能力构成了阅读活动的四个不同阶段，也标志了阅读能力的四个不同层次。"[①] 再如认为根据阅读过程中不同的心理历程和外在的行为表现予以提纯概括，可分为"前后相连"的几个阶段，包括："认读—感知阶段"

---

① 钱威，徐越化. 中学语文教学法［M］. 修订版. 上海：华东师范大学出版社，2000：146.

"理解—联想阶段""评价—思维阶段""积累—记忆阶段""运用—迁移阶段"。① 再如将阅读心理过程分为四个逐步深入的层次：①字面的理解：对词语、句子、观点最初的、直接的、字面意义上的理解；②解释：进行概括、比较、论证等，发现潜在的意义；③批判性阅读：对读物做出个人的判断、反应；④创造性阅读：在读物以外搜集答案，发表超出读物之外的新思想、新见解，创造性地解决问题。②

但他们也认识到阅读过程其实并不是一个线性的过程，而是各种要素相互交融，随机起作用，并共同支持阅读完成的过程。"读者在阅读的过程中，需要同步完成许多不同层次的认知活动。"③

语言心理学认为阅读是从读物中提取信息的过程，阅读者把看到的书面语言通过其内部语言的加工编码，然后用自己的话语来理解、改造原文的词句、段落、文章结构，从而将读物的思想变成自己的思想。

阅读心理学家对这一过程进行了深入的研究和分析，在经历了高夫（Philip B. Gough）的"自下而上模式（bottom up model）"和古德曼（Kenneth E. Goodman）的"自上而下模式（top down model）"后，鲁姆哈特（David E. Rumelhart）提出的"图式理论"和罗森布拉特提出的"交易（transactional）阅读模式"成为"交互作用模式（interactive model）"的代表，更加真切地揭示出阅读过程的面貌。

"自下而上模式"和"自上而下模式"都认为，视觉信息与非视觉信息不存在相互作用，阅读加工过程的每一个阶段都是独立的，每一阶段的任务都只是把加工结果单向传递给下一个阶段，高级阶段的信息不能影响低级阶段的信息加工。这两种模式理论虽然也有利于阅读者在某种程度上掌握特定的阅读方法，但是并没有揭示出阅读过程的本质。而"交互作用模式"则认为阅读不是一个单一的"自上而下"或"自下而上"的过程，而是一个二者相互作用的过程，任何高一级的信息都在影响着低一层级的信息加工过程，任何层次理解上的缺陷可互相填补。例如，某位阅读者认字能力不足，那么他对所阅读文章已有的一些概念可"由上而下"地帮助他理解，而他若缺少一些知识，认字能力则可帮助他"由下而上"地理解文章。我们前面提到顾晓鸣对阅读的认识是"释义"，这就是一种基于"交互作用模式"的理

① 韦志成. 语文课程教育学 ［M］. 武汉：华中师范大学出版社，2005：74 - 77.

② 史密斯. 阅读中理解的多样性 ［M］//教育心理学全国统编教材编写组. 教育心理学参考资料选辑. 济南：山东教育出版社，1985：202.

③ 倪文锦，谢锡金. 新编语文课程与教学论 ［M］. 上海：华东师范大学出版社，2006：147.

解，阅读者原有的知识结构与读物"新"的知识结构相互联系和作用，在阅读者头脑中建立更新的知识结构，或者对原有的知识结构进行调整、补充、丰富、修正。"交互作用模式"强调外界阅读情境和阅读者心境的和谐与协调，阅读过程不仅仅是机械的知觉过程，更是阅读者的认知和情感过程。

而我们尤其要重视阅读过程中，读者与阅读对象之间的关系的动态性、交融性问题。韩雪屏说："在阅读过程中，读者决不是被动地接受，他必得调动自己原有的知识和经验、情感和态度，才能从读物中有所获取。中国作家萧乾曾经明白地指出过：阅读是经验的汇兑。这实在是一个千真万确的真理。德国的阅读研究者也指出：有创见的阅读的突出特点，就在于读者的自我意识程度、综合想象能力、阅读的兴趣和技能等等必须全部展现在文章的信息面前。美国的学者们则以各种不同的言辞，称阅读是一个'选择的过程'、'猜测的游戏'，或者说'阅读过程充满了期待和预测'。而弗兰西斯·格瑞莱特更明确地指出：'阅读是读者积极活动的过程。读者带入这一过程的东西，往往比他从读物中所找到的东西还重要。'"[①] 在我国新课程理念中，作者与读者的关系，就其本质而言，体现了人与人之间的精神联系，阅读行为也就意味着人与人之间确立了一种对话和交流的关系。这种对话和交流是双向的、互动的、互为依存条件的，阅读成为思维碰撞和心灵交流的动态过程，是主体与客体之间的关系。读者的阅读，尤其是阅读文学作品的过程，正是一种共同参与以至共同创造的过程。所以读者绝对不是消极的，读者也是文学活动的主体。[②]

于此，我们对真实阅读的认识得到进一步深化：真实阅读是一个复杂的思维、心理、情感相互交织、反复作用的过程。在这个过程中，阅读者全身心地投入到读物中，调动一切可以调动的因素"解读"文本，在解读文本的过程中，"自失"于文本之中。真实阅读水平是不断提高的，艾登·钱伯斯的"阅读循环"理论和赖瑞云的"三美"阅读过程模式，都是基于这种深刻的理解建构起来的。

2. 从最窄视角看真实阅读过程内部因素

艾登·钱伯斯从打造阅读环境的角度提出，在影响阅读过程的所有要素中时间的作用是决定性的，没有时间阅读就不能发生。这是从阅读的外部条件来谈论问题。在实际阅读过程中，能够帮助阅读者最终走进文本深处的重要内部因素是什么呢？本书认为是阅读爱好、阅读能力和阅读策略。

（1）阅读爱好。我们从阅读兴趣、阅读习惯和阅读态度三个方面来考虑

---

① 曾祥芹，韩雪屏. 国外阅读研究［M］. 郑州：河南教育出版社，1992：6.

② 王世堪. 中学语文教学法［M］. 2 版. 北京：高等教育出版社，2005：163.

阅读爱好问题，这是影响阅读的非智力因素中的重要方面。

第一，阅读兴趣。无数在各行各业、各方面取得成就的人都强调过兴趣的重要性。关于兴趣的名言多不胜数。经典的名言是爱因斯坦说的："对一切来说，只有热爱才是最好的教师，它远远超过责任感。"如果说苏秦"锥刺股"更多的是源于一种责任感，那么王冕放牛时偷偷跑去学堂听人家读书就是一种兴趣。只有从兴趣出发的阅读才是自由自在、自觉自愿的，而只有在这种阅读中，阅读者才会无拘无束地融入读物，才能得窥秘妙。陶渊明所进入的"每有会意，便欣然忘食"就是这样一种境界。历史学家麦考莱说自己宁愿做一个穷人，住在藏书很多的阁楼里，也不愿意当一个不能读书的国王，也是这样一种痴迷读书的心态。赖瑞云强调真实阅读是"原汁原味"的，也包含着这样一种意思。英国谚语说："兴趣是不会说谎的。"

我们强调兴趣的重要性，还有一层认识，是兴趣的产生是源于个体的天性，就像张洁所说的那样："任何一种兴趣都包含着天性中有倾向性的呼声，也许还包含着一种处在原始状态中的天才的闪光。"循着兴趣的教育才能协助阅读者建构真实的自己。

有没有一种人天生对阅读没有丝毫兴趣呢？或许有吧。他们怎么办呢？他们要培养阅读兴趣。兴趣有的是天生的，有的是后天培养的。对于真实阅读主体来说，主要靠自己增强兴趣。

当然，这也涉及一个教育者要不要干预学生兴趣的问题。一般情况下，阅读教育者没有权利也没有必要干预学生的正常阅读活动。但这个话题的另一个认识角度是学生的阅读情趣即阅读倾向问题，例如，如果有的学生受了环境的影响，在某种情况下喜欢读一些不够健康的书，这就需要教育者及时发现并善加引导。不仅要引导学生爱读书，还要引导学生读好书。

第二，阅读习惯。阅读习惯，一个方面是指好读书的习惯，另一个方面是好的读书习惯。阅读者不但要有读书的习惯，而且要养成各种有利于取得良好阅读成果的好习惯，例如，勤奋读书的习惯、刻苦钻研的习惯、广泛涉猎的习惯、读经典书籍的习惯、质疑问难的习惯、全神贯注的习惯、独立克服困难的习惯、使用工具书的习惯、多方求教的习惯、与人交流的习惯、参与各种读书活动的习惯、厚积薄发的习惯、随时反思的习惯、思行结合的习惯等。

还有一个是不动笔墨不读书的习惯。国外现代真实阅读理论一般强调教师不要强加给学生"阅读"之外的其他任务，如写读后感等，以避免破坏阅读过程的流畅性和愉悦度。这个问题要辩证地认识。我们认为个体阅读过程不受到外来因素干扰才能成其为真实阅读，但我们也认为学生自己养成随时标注、记录、批注等习惯，不仅与真实阅读不相矛盾，相反会提高个体真实阅读水平。

第三，阅读态度。这里主要强调阅读者能够持续阅读、大量阅读、深入思考、自我评价的态度。

在阅读兴趣、阅读习惯和阅读态度三者之中，我们认为影响阅读过程最重要的因素是阅读兴趣。亚里士多德说："古往今来人们开始探索，都应起源于对自然万物的惊异。"赞科夫说："对所学知识内容的兴趣可能成为学习动机。"莱辛说："好奇的目光常常可以看到比他所希望看到的东西更多。"木村久说："天才，就是强烈的兴趣和顽强的入迷。"有了兴趣，另外两者都能随之养成。没有兴趣，阅读活动不会真实展开并持续、深入进行。

（2）阅读能力。关于阅读能力结构，当代阅读学的揭示是比较深入的。

艾伟把默读能力解析为四项：迅速浏览，摄取大意的能力；精心详读，记取细节的能力；综览全章，挈取纲领的能力；玩味原文，推取含义的能力。[①] 叶圣陶把精读能力分解为六项：翻查、参考、条分缕析、综观大意、辨析言外之意、指出疏漏。[②]

章熊认为有效的阅读应该具备四种能力：认知和筛选能力；阐释能力，即对具体材料加以抽象、概括，或使抽象、概括的语句具体化，或正确地把握文句的隐含信息；组合和调整能力，即把阅读所获得的信息纳入自己的原有的知识系统；扩展能力，即对作品的是非、得失、优劣加以判断。[③] 董味甘认为阅读能力包括七项：阅读选择力、阅读感知力、阅读理解力、阅读想象力、阅读思考力、阅读评判力、阅读表述力。[④] 倪文锦、谢锡金主编的《新编语文课程与教学论》则从纵、横两个角度解析阅读能力结构。他们认为阅读能力的纵向层级包括阅读感知力、阅读理解力、阅读鉴赏力、阅读迁移力、阅读创造力，阅读能力的横向贯串包括阅读选择力、阅读思考力、阅读想象力、阅读记忆力、阅读时效力。[⑤]

国外阅读心理学家注重对阅读能力结构的解析。科林（Collin）等人提出阅读能力结构应包括词义、词义（上下文）、字面理解、推断（简单）、推断（综合）、隐喻、重点、估计等八个方面。法里德（Fareed）认为阅读

---

① 顾黄初. 顾黄初语文教育文集：上 ［M］. 北京：人民教育出版社，2002：662 - 670.

② 叶圣陶. 叶圣陶教育文集：第三卷 ［M］. 北京：人民教育出版社，1994：246.

③ 章熊. 谈谈现代阅读的能力要求 ［J］. 中学语文教学，1989（1）：3 - 4：27.

④ 董味甘. 阅读学 ［M］. 重庆：重庆出版社，1989：118 - 276.

⑤ 倪文锦，谢锡金. 新编语文课程与教学论 ［M］. 上海：华东师范大学出版社，2006：139 - 141.

能力由以下七种因素构成：了解所陈述的事实与细节的能力；掌握主要思想的能力；理解事件步骤顺序的能力；做出推论，得出结论的能力；组织思想与关系的能力；运用阅读所获得的知识去解决问题与检验假设的能力；评价的能力。①

对学生阅读能力结构的研究是我们要关注的重点。例如：莫雷运用"活动—因素分析法"研究中小学生语文阅读能力，提出阅读能力结构分为三个年级段，各年级段的能力构成因素不同。小学六年级学生的阅读能力结构为以下六个因素：语言解码能力、组织连贯能力、模式辨别能力、筛选贮存能力、语感能力、阅读迁移能力；初中三年级学生的阅读能力结构为以下八个因素：语言解码能力、组织连贯能力、模式辨别能力、筛选贮存能力、阅读概括能力、评价能力、语感能力、阅读迁移能力；高中三年级学生的阅读能力结构为以下十个因素：语言解码能力、组织连贯能力、语义情境推断能力、语义理解能力、模式辨别能力、筛选贮存能力、阅读概括能力、评价能力、语感能力、阅读迁移能力。② 钱梦龙站在学生角度考察阅读学习实情，曾提出"阅读能力目标体系"，包括四个方面：阅读常规（使用工具书、圈点勾画、质疑问难）；阅读方式，有音读（朗读、背读）、视读（扫读、跳读、精读）、抄读（提要式、摘录式、类书式）；阅读步骤（认读、辨体、解题、提要、问答、述评、复习）；阅读心理（内驱力、注意力、意志力、记忆力、思考力、想象力）。③

在一个完善的阅读能力结构中，核心能力是什么呢？

章熊认为是理解能力。张志公认为包括理解、记忆、速度三个方面。他说："阅读，首先要读懂，并且能够记得，进而还要读得快，这才算是有较高的阅读能力。"④ 赖瑞云认为是分析能力。他说："当代阅读能力应确立以分析能力为其核心的能力体系。"他所说的"分析"的科学内涵是："'具体问题具体分析是马克思主义的活的灵魂'意义上的分析，亦即是立足于解决问题的分析活动，因而也是必然包含了综合步骤在内的广义的分析活动，是马克思主义辩证法特别重视分析矛盾的具体分析活动。"⑤ 这样的分析体现在

---

① 董蓓菲. 语文教育心理学［M］. 上海：上海教育出版社，2006：176.

② 董蓓菲. 语文教育心理学［M］. 上海：上海教育出版社，2006：177 – 179.

③ 钱梦龙. 语文导读法的理论设计和结构模式：上［J］. 课程·教材·教法，1989（12）：12 – 17.

④ 曾祥芹. 阅读学新论［M］. 北京：语文出版社，1999：290.

⑤ 赖瑞云. 文本解读与语文教学新论［M］. 北京：北京师范大学出版社，2013：125.

我们的阅读领域就是分析文本，即通常所说的文本解读。在如此文本分析、文本解读实践基础上所形成的分析能力，应当成为阅读能力中的核心能力。

（3）阅读策略。阅读策略深层次地涉及阅读者对自身主体性的认识，因而在阅读过程要素中，占有特殊的地位。对阅读策略的认识有以下几种：阅读策略是阅读者用来理解各文章的有意识的可灵活调整的认知活动计划。① 阅读策略是阅读主体为保证阅读任务的完成、阅读效率的提高，对阅读活动进行调节和控制的一系列谋略。② 阅读策略是阅读主体在阅读过程中，根据阅读材料特点、阅读目标等因素，所选用的调控阅读行为及程序的恰当方式。③ 这些认识的基本方向和所涉及的主要内容是一致的，研究涉及信息选择策略、阅读理解策略、监控阅读策略等几个方面。"阅读者确定阅读目标，选择策略，监控进展情况。"④

本书认为，阅读者建构个体阅读策略重点在两个方面：一个是根据阅读目标建构自己的阅读方法策略，另一个是建立阅读自我监控策略。前者关系到如何能够深入解读文本，后者关系到如何评价自己的阅读状况并据之调整阅读行为过程。在引导学生建立学习策略方面，丁有宽老师的策略是引导学生认知自己的学习过程。他说："学生有效地掌握任何知识成果，必定要经过特定的、合理的学习过程。学习过程和学习成果两者同样重要。学习成果可以验证并促进学习过程的合理化；另一方面，只有合理的学习过程，才有可能带来正确的学习成果。而引导学生认知自己的学习过程，与掌握学习方法密切相关。因为学习过程是学习方法、学习程序和智力活动方法的总称。任何学习方法，必定体现为特定的程序，而贯穿于学习过程的始终。学习过程实际上是学习方法的动态展开。因此，通过对自己学习过程的总结，可以使学生从动态的角度灵活地和合理地把握学习方法，提高学习效率。"⑤

我们进一步明确对真实阅读的认识：真实阅读是阅读主体充满兴趣地用自己的阅读策略解读文本的过程。在这个解读文本的过程中，阅读者直接地或间接地、显性地或隐性地获取，他（她）不仅建构文本，也建构自己。正所谓"腹有诗书气自华"。

---

① 樊华强. 语文阅读策略教学探微［J］. 宁波大学学报（教育科学版），2003（8）：131－133.

② 曾祥芹. 阅读学新论［M］. 北京：语文出版社，1999.

③ 周龙兴. 小学生阅读的策略发展及教学研究报告［J］. 教学理论与实践，1999，19（3）：47－53.

④ 董蓓菲. 语文教育心理学［M］. 上海：上海教育出版社，2006：166.

⑤ 丁有宽. 丁有宽与读写导练［M］. 北京：北京师范大学出版社，2006：85－86.

在这种认识的基础之上，我们很容易找到比较先进的阅读教学模式的合理性，如对话式教学、点拨式教学等，在这些模式中，教学者在真实的情境中，站在学生视角设计阅读教学；而我们也容易明白过往那种过于注重外在训练式的阅读教学的失误，那种模式偏离了真实阅读常轨，违背了人的天性。

三、真实阅读的层面

最宽视角中的真实阅读和最窄视角中的真实阅读，其关系是怎样的呢？本书认为，前者包含了后者，后者是前者的典型形态。

对于阅读学习者来说，前者是习得形态，后者是学习形态，二者都是实践形态。二者统一的方式就是各自定位准确，并且使得前者和后者形态统一——从阅读教学角度考察，现在应该采取的方式是后者趋向于前者，这样真实阅读教学才得以实现。

对于阅读教学者来说，生活中的真实阅读是我们研究阅读教学问题的背景和起点。研究的方法是全面关注前者，突出后者——在研究前者的基础之上建立并实现后者，同时通过实现后者推动前者。让前者真实发生，让后者水平再高。只关心两者中的其中一个，真实阅读教学都实现不了。

真实阅读时时发生着，教学者该如何介入其中？在有些环境中，有些人身上，真实阅读不能发生，或者是能够发生但是其中的关键元素运作不理想，教学者该怎么办？我们要在实现后者的基础上，建构指向前者的真实阅读教学策略——而这二者统一于真实阅读实践。

1. 真实阅读系统的四个层面

讨论到这里，我们需要明确地提出与真实阅读相关的四个概念：

（1）日常真实阅读。它是最大的概念，它指向我们前面所说的"凡是发生的"。基于各种内容的、各种媒介的、各种层次的、各种过程的、各种目的的、各种结果的阅读都是日常真实阅读。有一种观点是"阅读即学习"，我们也可以说一切学习行为都应含有阅读的因素。再放大一点范围说，非学习行为的"看书"，也可以理解为阅读。站在这个意义上看，我们可以说，阅读是一种生活方式。

（2）课外真实阅读。这个概念是包含在日常真实阅读这个范围里的，是为了研究与学习关联较为紧密的那部分阅读而建立的。例如，它不仅包括语文阅读，也包括数学阅读。它包括对一切书报、多媒体的阅读。它是一种自由自在的、自觉自愿的原汁原味的阅读。叫它课外阅读，是因为它在显性方面或隐性方面可能与课内学习有关系，或能够间接地建立起联系来，所以以"课内"为参照，把它称为课外真实阅读。

（3）语文关联阅读。它是与语文学习，特别是与课内阅读学习关联紧密的课外真实阅读，主要指向语文学习，在某种程度上来说，也是一种课内阅读。语文关联阅读的对象限于文字媒介。这个概念是一个重要的参照，通过它，我们更加明了一个语文教师在实际教学行为中可控的课外阅读范围——这个范围是与语文课堂教学有关的范围。

一些阅读教学者不认为课外阅读应该纳入阅读教学的关注范围之内来考察，或者课内真实阅读教学不应该纳入课外真实阅读范围之内，对于他们来说，建立一个"语文关联阅读"的概念是没有必要的。

（4）课内真实阅读。即发生于学校里课堂内的真实阅读。现在我们假设它在每一堂语文课中都是"真实"的。

这四个概念的关系可以用图 1 - 1 来表示：

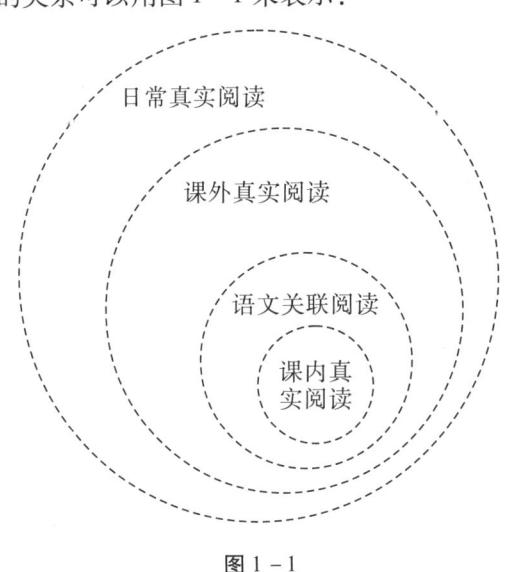

图 1 - 1

图 1 - 1 中的每个集合，都用了一个虚线的圈来表示，这是表明本书这样一种认识：这四者并不是四种阅读，而是同一种阅读——真实阅读——在不同层面的认识，无论站在哪个层面上考察，我们看到的都是真实阅读本身。

这时要强调一下"层面"一词的含义，以帮助大家认清"层面"与"层次"的差异，即层面往往是多个层次的共性所指。层面可嵌套，可平行，可交叉，不可孤立；高的层面包含低的层面，同级层面相互平行，不同层面间也会有相互交叉的情况——就好像数学中的集合，大集合可以包含小集合，同级集合可以互相平行，也可以互相交叉（不同级之间同样可以互相交叉）。层面在事实上的级别关系并不一定很清晰，例如，一个高层面包含低层面，但是该层面可能同时与其平行甚至是与其上层面平行；再如，一个层面未必只出现在一个地方，层面理论是包含本身的；又如，不同层面在某些层面内可能是平行关系，在另一些层面内则是从属关系。我们还要注意，没有任何一个层面能够脱离外界而存在，即层面是不可孤立的。

在真实阅读系统中，每个层面与另外的层面之间都是相通的，例如，课内真实阅读直接指向日常真实阅读，日常真实阅读直接指向课内真实阅读。它们的内容甚至也是相同的。它们本来就是同一个事物、同一个过程，有同一个性质，就是"真实"，划分出"界线"来的原因，只是为了方便认识。

2. 区分真实阅读系统层面的依据

这个真实阅读的系统及其结构，也不是我们纯粹地通过理论研究"感悟"出来的或凭空"想象"出来的，我们有着实践和理论的依据。

（1）实践依据。在我们多数语文教师的阅读教学实践中，这个结构都是清晰的。如在某个教师的阅读教学中，会有这样四项内容：

A. 精读课。

B. 阅读与本篇课文紧密相关的文章，以实现巩固、迁移。多数教师采用的方式是选用或编写"同步阅读"材料。张孝纯老师称之为"参读教学"。

C. 鼓励学生课外阅读文学名著或时文或自选的读物，有时组织相应的阅读活动以激发阅读兴趣，培养阅读习惯，丰富积累，提高阅读素养。客观上对课堂阅读教学有好处。

D. 有时关心学生那些不可控的阅读，如与学生谈论一些阅读现象，如建议学生要或不要读某类书籍。

这四种阅读教学和指导，客观上指向了上述四个层面的阅读。A 类就是课内真实阅读，B 类指向语文关联阅读，C 类指向课外真实阅读，D 类指向日常真实阅读。这四种教学和指导行为的关系是什么样的呢？如果在这位教师的实践中，每一种都是真实的，那么它们的关系就如前所述：课内真实阅读的目标、内容、过程、方法等是建立在关联真实阅读基础之上的，语文关联阅读是建立在课外真实阅读基础之上的，课外真实阅读是建立在日常真实阅读基础之上的。但这四者之间没有明确的壁垒，每一层都可以直接影响另一层。

（2）理论依据。对于真实阅读的这种内在体系，叶圣陶先生就有明确的认识和表述，在《〈精读指导举隅〉前言》《〈略读指导举隅〉前言》等文章中，他把这四个层面的真实阅读分别称为"精读""参读""略读"和"更就兴趣选取旁的书籍（阅读）"。

关于这几者的关系，叶圣陶说："就教学而言，精读是主体，略读只是补充；但是就效果而言，精读是准备，略读才是应用。"[①] "精读文章，只能

① 叶圣陶. 叶圣陶教育文集：第三卷［M］. 北京：人民教育出版社，1994：254 – 270.

把它认作例子与出发点；既已熟悉了例子，占定了出发点，就得推广开来，阅读略读书籍，参读相关文章。"① 概括起来说就是，几种阅读是平等的，但在不同的情境中，起作用的方式不同。

关于这几者并存的客观性和必要性，叶圣陶说："如果只注意于精读，而忽略了略读，功夫便只做了一半。"② "略读是国文课程标准里面规定的正项工作，哪有不需要教师指导之理?"③ "精读文章，只能把它认作例子与出发点；既已熟悉了例子，占定了出发点，就得推广开来，阅读略读书籍，参读相关文章。"④概括起来说就是，精读、略读、参读一样都不能少，而且每种都要做好。而更重要的是，叶圣陶认为这几种阅读及其教学要求在本质上是一致的。例如，他说略读不是"粗略的""忽略的"阅读，不能随便。略读对于教师来说只需提纲挈领，但学生"还是要像精读那样仔细咬嚼"。我们前面所表达的四种真实阅读在本质上相同的观点，与此有类似之处。

但这几者之间又有鲜明的区别："略读指导与精读不同。精读指导必须纤屑不遗，发挥净尽；略读指导却需要提纲挈领，期其自得。"⑤ "参读"又与二者不同，"参读"是精读后"多多接触"和"多多比较"式的阅读，是"在敏捷上历练"。这几者在实践上要做到"各如其分"。

虽然叶圣陶所讨论阅读体系中的精读、参读、略读和更就兴趣选取旁的书籍阅读与我们今天所说的各种阅读方式、内涵有所不同，并不能与前文所述的四种真实阅读一一对应，但是我们仍然可以看出，这四者的层次关系和每种阅读的基本内容与功能，还是有相同之处的。

而且，我们还能发现叶圣陶所讨论的阅读体系也是建立在真实阅读基础之上的。例如，他认为：①课前预习要由学生充分认真地阅读课文，要求预习的成果"是他们自己参考与思索得来的结果"。②上课的时候，令学生讨论，教师做讨论的主席、评判人与订正人。学生上课发言时要"听取人家的话，评判人家的话，用不多不少的话表白自己的意见，用平心静气的态度比勘自己的与人家的意见"。学生讨论的时候，教师对其错误给予纠正，疏漏给予补充，疑难给予阐明，全班都有份儿，但教师责任大，"教师自当抱着客观的态度，就国文教学应有的观点说话"。③考查的方法如背诵、默写、简缩、扩大、摘举大意、分段述要、说明做法、述说印象等，多是基于对课文的真实理解基础之上的，而不是像现在某些考试那样出些莫名其妙的题目。

---

①④ 叶圣陶. 叶圣陶教育文集：第三卷［M］. 北京：人民教育出版社，1994：229－243.

②③⑤ 叶圣陶. 叶圣陶教育文集：第三卷［M］. 北京：人民教育出版社，1994：254－270.

现代阅读教育对这个真实阅读体系的认识也是越来越清楚。如建立在群文阅读理念与实践基础上，对真实阅读教学发展过程的反思，就颇有代表意义："在群文阅读之前，就有不少人尝试多文本的阅读教学，这种尝试大体上分为五个层级：第一个层级以教材为主，但是强调单元整合，以增加阅读教学的整体性，提升语文教学效率，以'单元整组'阅读教学为代表；第二个层级突破了教材，强调以课内、教材内的文本为主，增加课外、教材外的语篇阅读，'一篇带多篇'基本上是这个思路；第三个层级和上述思路一样，但是把范围扩展到整本书的阅读，强调'整本书阅读'或者'一本带多本'的阅读；第四个层级实际上是在上述基础上进一步深化，提出一篇带多篇、一本带多本需要有一个核心主题，阅读教学围绕这一主题展开，以'主题阅读'为代表；第五个层次（级）把课内和课外阅读打通，引导学生走向更加宽广的阅读世界，具体形式以'班级读书会'为典型，更加灵活的则以'书香校园'的建设为典型。"①

在这个角度上考察阅读过程，我们说：真实阅读是一个多层次的系统，对日常真实阅读的认识是课内真实阅读的认识背景和目标。由于学校教育的存在，系统内的各个层次之间显示出相对的界线。

（3）认识真实阅读系统及其结构的意义。建立这样一种对真实阅读的认识，目的是在明确认识真实阅读系统的基础之上，明确课内阅读教学的实际地位和内容范围。

课内真实阅读是阅读教学的核心、主体，但并不是真实阅读的主体，而只是真实阅读系统中起重要作用的一个元素，是真实阅读的一种典型形态。它必须遵循真实阅读的规律来运作，否则它就脱离了真实阅读体系。例如，某种阅读教学只是为了完成特定的考试题目，完全异于真实阅读，那它就脱离了真实阅读的范畴，它虽有它存在的理由，但它实际上已经不是"阅读"。再如，语法教学中，文本只是语法的样例，如果语法学习不指向阅读，那么这种对文本的理解就不是"阅读"行为。

真实阅读教学的涉及范围，应该包括课外真实阅读、语文关联阅读和课内真实阅读三个层面。有的教学专家只重视或过于重视课本内课文的精读、略读教学，他们的研究和实践是不完整的。实现真实阅读的教育教学方式可以探讨，但是真实阅读的地位不可动摇，教学中课外真实阅读和语文关联阅读不能缺失。

既然课内真实阅读只是真实阅读的一部分，那么课内真实阅读教学的目标、内容、过程、方法等，就必须与真实阅读统一，进一步说，要与课外真

① 于泽元，王雁玲，黄利梅. 群文阅读：从形式变化到理念变革 ［J］. 中国教育学刊，2013（6）：62－66.

实阅读、日常真实阅读相统一。

对于这个问题，我们还可以从另外两个角度来考察。

一个是阅读课程的角度。现在，包括中国在内的世界各国、各地区，各种层次的阅读研究机构，对语文阅读课程的认识都在真实性这一点上有着共同性。

> 阅读是一个读者与文本相互作用、构建意义的动态过程。构建意义的实质是读者激活原有的知识，运用阅读策略适应阅读条件的能力。（美国宾夕法尼亚州阅读能力评估咨询委员会）

> 应鼓励学生做充满热情的、独立的、反思的阅读者。应指导学生具体深入地思考读物的质量和深度，鼓励他们运用自己的想象力对作品的情节、人物、思想、词汇和结构做出反应。（英国的英语课程大纲）

> 阅读为学生提供了解他人观点、看法和经历的方式。通过有效运用阅读技能、策略，学生建构各种语篇意义，对这些语篇进行思考和批判性解释。（加拿大中小学语言艺术标准）

> 阅读教学的根本目标不在于让学生掌握课文本身内容，而是通过训练，使学生掌握阅读方法，培养分析、推理能力，以及探索和创造精神。（法国语文教学目标）

> 学生能够通过阅读和视读获取信息、进行娱乐，并对语篇中的美学、文化和情感观点提出批判性看法。通过阅读获取意义是主要目的。帮助学生不断提高准确阅读的技巧和策略能有效帮助学生为获取意义而阅读。阅读（包括视觉语篇和多媒体语篇）对语言发展、学习写作、娱乐、个人发展和认识周围世界都是必需的。（南非中小学母语课程标准）

> 阅读是一种极其丰富和复杂的人类活动。它激发思考、反省和富有想象力的思维，允许我们去创造和探索新的想法。它向我们介绍世界的不同表现形式。它满足我们对信息和交流的需要，使我们了解不同的学科，执行各种任务，参与工作场所并且了解和评价我们在世界上的位置。它也带给我们语言的内在乐趣和富有想象力的活动。（2010 年美国新颁通用核心标准）

这些文件对真实阅读的共同追求至少表现在三个方面：一是阅读教学必须建立在真实阅读基础之上，指向真实生活、现实世界；二是重视真实阅读能力的形成；三是重视能力形成过程的真实性。

在我们现行的教材结构中，我们很容易找到这种真实阅读体系结构。

一方面，从整体上来看，我们的语文阅读教材呈现出这样的结构特征：

A. 单元阅读（包括讲读课文和自读课文两类）。

B. 综合性学习（人教版部分单元和另外一些版本的教材中，综合性学习主题与单元阅读主题相配套）。

C. 课外古诗词、名著阅读（各版本教材中都有推荐篇目）。

D. 课标中"多读书、读好书"的要求及不同学段的阅读指标。

这样一种阅读内容安排与整体结构设计，正与我们前面分析的真实阅读系统的四个层面结构相一致。

另一方面，我们在主题单元的课文安排上，也能看到这个结构。倪文锦和王荣生把语文教材里的选文，分为"定篇""例文""样本"和"用件"四类，这四类选文各有不同特点，起着不同的作用，在主题单元的选文结构中，也是可以与这种真实阅读的层面系统结构形成对应的，只是有的单元相对完整，有的单元突出了其中的几个层面而已。

所以我们也可以认为，语文阅读课程是在充分认识真实阅读的理论与实践实情的基础之上建立的。

这个考察角度也就是教师教学的角度。站在这个角度上认识真实阅读，我们想说，阅读教学必须指向真实阅读，而且要全面包容真实阅读体系中的每个层面。

另一个是阅读者个体的角度。艾登·钱伯斯在他的《打造儿童阅读环境》一书中，构建了一个"阅读循环"模型①：

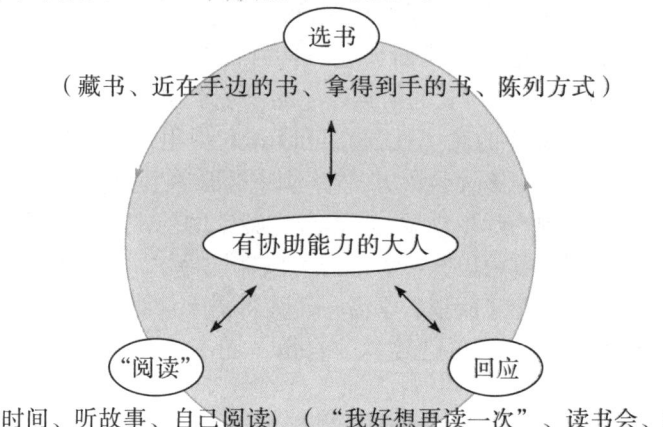

图 1-2

① 钱伯斯. 打造儿童阅读环境 ［M］. 许慧贞，蔡宜容，译. 海口：南海出版公司，2007：4.

这个模型告诉我们，真实阅读的情形确实是自由自在的，真实阅读者的思想是绝对自由的，思想发生在他的大脑"黑箱"中，外力不可控制，它也拒绝外力干扰。

对于一个阅读个体来说，发生在他脑海中的阅读是什么样的，真实阅读就是什么样的。

实际情形非常复杂。有专家从阅读目的学角度把阅读归纳成五种类型：消遣性阅读、理解性阅读、借鉴性阅读、评价性阅读、创造性阅读。[①] 而在另一个角度，专家们则按照阅读解读的方式把阅读分为语义学阅读（以文本为中心）、文体论阅读、社会学阅读（以作者为中心）、文化学阅读、接受学阅读（以读者为中心）五类。而受限于阅读者的阶段发展水平，阅读也有层次之分，如莫提默·J. 艾德勒和查尔斯·范多伦就把阅读分成了四个层次：基础阅读、检视阅读、分析阅读、主题阅读。[②] 他们强调这四个层次并不是四个种类，而是较高的层次都包含了较低的层次，且四者的实际功能是有区别的，发生在不同阶段的人的身上的。这些阅读都在人的成长中起作用，从语文学习与教学的角度看，这些阅读都直接、间接地影响着语文素养的发展，都直接、间接地发展着真实阅读能力——即使同样是真实阅读，但因为阅读者的心理机制是不同的，因此即使能够得到某种程度的调和，我们也要正视发生在不同阅读者不同阶段的种种现实情况。它对真实阅读教学提出的最基本的要求就是适应阅读个体的实际需求。真实阅读教学如果不能直面这种实际情况，就不可能对学生的阅读能力提高起到实质上的作用。

但是，这个模型也告诉我们，这个自由自在的思想过程也是需要外力"协助"的：①在阅读者需要的时候，它希望得到外来的帮助；②如果这个外来的帮助不干扰阅读的真实性，它可以介入得很深，可以以多种方式介入。（所以课堂教学能够发生，方式恰当时能被学生接受，方式不恰当时，也能被学生接受，因为学生需要。）③真实阅读的层次有别，需要提高到较高层次时，真实阅读则由以感性为主变为以理性为主，由一般的感受性阅读变成理性阅读。这就给了阅读教学者一个发挥教者主体性的空间——他也有根据真实阅读的特性设计自己教学的自由，而不是只能按照某种模式实施教学。

但是当教师的阅读协助不能适应所有阅读者个体时，教师应该如何选择自己的教学策略呢？他有两种选择：一种是按照最宽原则，满足所有阅读者

---

① 刘淼. 当代语文教育学［M］. 北京：高等教育出版社，2005：169 – 170.

② 艾德勒，范多伦. 如何阅读一本书［M］. 郝明义，朱衣，译. 北京：商务印书馆，2004：18 – 21.

的所有阅读愿望——对所有阅读者的所有阅读过程都不加干扰，这就是实现课外真实阅读；一种是按照最窄原则，满足所有阅读者的共同需要——在所有阅读者都必须具有的能力点、都必须理解的"秘妙点"上加以引导，这就是实现课内真实阅读教学。

以真实为基点，同时满足这两个要求，阅读教学者要进行第二次思考：在满足所有阅读者的所有阅读愿望的前提下，指导所有阅读者共同需要的能力、知识，这就是"真实阅读教学"。

通过上面的分析，我们基本上对真实阅读形成了比较完整、清晰的认识。接下来，我们要专门明确一下"真实"的含义。

从最宽的角度认识，凡是发生的和需要发生的，都是真实的。"存在的就是合理的。"这是我们客观地认识事物的基础。有些东西，它摆在那里，可教师就是不重视，不去解决它，阅读教学就不能走向真实。例如在过去的课堂上，有的学生提出了疑问，个别教师会置之不理；个别教师不解读课文，常常照本宣科，所以课堂经常解决不了真实的问题，只好归结为"考试时的答案是这样的"。阅读和阅读教学都是丰富的和复杂的，语文教师必须无限地丰富自己。从学生的角度说，学生的真实需要是无穷无尽的，教师必须在个人素养、课堂教学设计和把握学情等方面做好充分准备，"用一生备课"。从课程的角度说，阅读课程是无限开放的，课堂教学必须建立在这个无限开放的背景中，并且为了实现适应这种无限开放的阅读而努力。

从最窄的角度认识，"真实"是指阅读的各种要素及其相互作用而构成的阅读过程的真实。这种真实从原本的、原初的意念上生发出来，未经修饰、加工、改造、干扰，它只属于阅读者本人。这种真实是高质量的，它深深地扎入了阅读者内心和读物内部，并且改造了读物和阅读者本人。阅读发生在阅读者大脑中，但是这种真实是具体的、可见的，是可以验证的——阅读者自己和每个人都看到了它是真实的。这种真实是持续的、影响深切的。真实阅读，其客观面貌如此。

"真实"的意义是从真实阅读过程中提炼出来的，因而既是对真实阅读的要求，又是对真实阅读教学的要求。

第二章　真实阅读教学

在第一章中，我们解析了真实阅读系统的结构及其层面、要素，并且提出要基于这个真实的系统建立阅读教学体系，阅读教学要深入到真实阅读本质，并且指向真实阅读系统的每个层面。

在本章中，我们进一步探讨真实阅读教学系统是怎样的、系统中的因素的关系是怎样的和怎样起作用的、如何建构真实阅读教学系统等问题。

如同我们在第一章中谈到的，课本中自有一个容纳了四个层面的真实阅读的内容结构，教师们在教学中也不自觉地将教学行为和意图指向真实阅读的整个体系——那么，只要讲究策略地用好教材，更好地落实教学行为不就可以了吗？为什么还要探讨建构真实阅读教学体系的问题呢？这样理解也是有道理的。但是本书认为，我们需更好地把真实阅读体系"整体性"地纳入阅读教学视野——也可以理解为用真实阅读理念、体系改造阅读教学，看起来有点理想化，但是事实上是值得尝试的，或者说在一些学段、一些学段的一些时段、一些主题或内容上，是能够实现的。我们面对的重要的现实问题有如下几个：

一是阅读教学的整体性不强，结构不完善，四个层面的阅读的定位不准确。四个层面的阅读教学、指导，当然不能平均用力，从教学开展的角度说，重心肯定是在课堂教学——"课堂是主阵地"，主要问题是在大力研究课内阅读教学的过程中，课外阅读被忽略了。1992 年的《语文教学大纲》就将语文课外活动正式列入了教学内容，但是课外活动至今仍未得到一些教师的重视，课外阅读活动也仅限于培养兴趣、提高阅读量等层面，基本上还是停留在学生自行操作方面。综合性学习开展不顺利，甚至直接被抛弃，名著阅读指导也落实得不好。叶圣陶早就呼吁的"略读指导"问题，没有得到充分重视。

二是在四个层面的阅读教学、指导上全面地落实真实阅读原则——核心是落实阅读实践的问题。现在的阅读教学在四个层面上都有改革的空间。

（1）针对日常真实阅读的环境营造和"社会活动"参与问题。现在，全国上下都在努力营造书香社会，形式有打造书香城市、书香社区、书香校园、书香班级、书香家庭等，有些学校还会评比"书香个人"，效果也很明显。但是也有瓶颈，如阅读时间问题、读物筛选问题、效果验证问题等。

（2）课外真实阅读问题。现在有些语文阅读教学专家喜欢说"海量阅读"，但是一方面课标和教材中推荐的阅读篇目有的并不被学生所喜爱，学生读不下去；另一方面这部分课外阅读被扭曲了，例如，市场上有些针对名著阅读的考试指导书，这些书把考试中可能出现的内容筛选出来，编成了试题，这就极大地干扰了阅读的真实性——这样的书籍有市场，说明课外真实阅读部分并没有得到很好的指导——学生不用读原著，只是背要点、做试题就可以了；还有就是内容限于经典文学名著，时文、优秀科学读物、社会学读物进入不了学生的视野，学生越读越死气——还不如没有这种所谓指导的限制。

（3）与课文阅读联系最紧密的语文关联阅读问题。现在部分教师不能根据学生学习需要和教学需要有针对性地选择好的关联阅读文本，往往就是选择一两本"练习册"给学生，或者每个学期建议学生买一本"课外阅读练习册"，然后大量地去做题。其效果也不好。英国皇家文书局布洛克的报告提出："没有明确目的的阅读作业和一些随意性很大的阅读刺激，是没有多大价值的。"①

（4）课内阅读教学的定位问题。这是尤为重要的问题。我们承认，无论教师怎么教，教什么，只要与理解课文有关，实际上都会对提高学生真实阅读能力有影响，但是这里面有两个问题要重视：一个是帮助大还是害处大的问题——有种教学完全脱离了真实阅读的轨道，如针对考试的解题教学，其实无益于提高学生的真实阅读能力；有的教学限制了学生的思维、视野，掌握了某种能力，建立了某种意识后，阅读观念就受到限制了，如读什么文章都往某种思想上靠——这根本就不是阅读教学。另外一个是效率高还是效率低的问题，现在有一些问题不好解决，如学生的阅读量上不去，阅读课上学习的方法迁移不了，适应不了实际阅读，普通方法、共性方法对具体文本没有针对性，有针对性的方法适应不了其他文本——用不上，形不成个人阅读策略，适应不了个人阅读取向，等等。这些问题都与阅读教学没有针对真实阅读有关。

---

① 曾祥芹，韩雪屏. 国外阅读研究 ［M］. 郑州：河南教育出版社，1992：8.

三是在具体的教学、指导方法的运用上遵循真实阅读原则的问题。这个问题的本质是落实课程标准中的"求真"原则的问题，落实阅读实践，在尊重学生的体验、感受、认识的基础上开展阅读教学的问题。首要的问题是落实阅读实践——阅读实践是第一位的，阅读教学必须在学生的真实阅读的过程中展开，这个最重要、最基本也是最核心的问题还要进一步得到重视。如现在某些课堂上的情况是教师主观性的、灌输性的讲解少了，但是学生阅读的时间却没有多，多出来的时间用来研究问题了——还没有充分真实阅读，这样的讨论有什么意义呢？学生自己真实地读下去是实现优质课堂教学的前提。再如我们听某种鼓励学生质疑的课，经常看到的问题是学生提不出问题，或提的问题没有价值，为什么呢？原因还是学生没有深入到文本中去。又如结合上下文理解语义的问题，有些教师和学生总是突破不了，其原因有时简单到让人发笑：学生没有看到上下句。

往深一点说，这是个建立学生意识、根据学生的需要（问题）开展有效教学的问题——不在意学生读到什么程度，不在意学生有什么学习需求，只是关注自己想教什么、这篇课文需要教什么等问题，这样的阅读教学不仅低效，学生也不喜欢。

当然，我们研究的目的还在于更加清晰地认识阅读教学指向真实阅读的意义，使这种真实阅读教学的指向意识更加明确，更深入地认识和克服虚假教学的弊端，总结经验，探索更好的教学路线、模式、方法。

第一节　真实阅读教学

一、第三个视角

当我们习惯了从课内阅读教学和日常阅读教学这样两个视角审视真实阅读教学时，我们会因为这样看问题最方便，就忽略了从这样的视角看问题的缺陷。

站在语文教学的角度看，课外学习是课内学习的预备、延伸、补充——课堂学习才是学习的核心，因而落足点、重心要放在课堂教学之上。对于这一点，包括张孝纯老师的"大语文教育"在内的很多先进阅读教学体系，也持同样的看法。

站在日常阅读的角度看呢？课堂学习仍然可能会是另外一种阅读，与日常真实阅读不同的另外一种阅读。理论家和教师们常常能认识到这种"客观现实"，但他们并不十分注重认识日常阅读的价值，而是仍然站在课内阅读教学的角度看问题，认为推动学生阅读能力发展的关键是课堂教学，课堂教学的作用、水平高于课外阅读，教师的工作重心也要放在课堂教学上。

但如果我们站在第三个视角，即站在真实世界中阅读者作为普通人的视角出发考察阅读实践，我们就可以得到如下结论：

第一，对于阅读者来说，课外阅读与课内阅读同样重要。二者是同一种阅读在不同真实情境中的不同称呼，在不同的情境中有不同的任务和重点。学生既需要大量的真实阅读实践，在实践中也需要有协助、指导。

第二，对于阅读者来说，课内阅读应该适应课外阅读的要求。特别是要认识到组织好课内阅读与课外阅读是同样重要的。教师要认清一个基本事实，即课内阅读教学是真实阅读过程中的一部分，是其典型形态，而不是另外一种阅读。

二、真实阅读教学内涵

明确真实阅读教学的内涵，有必要先理解"阅读训练"与"阅读教学"的区别。

1. 阅读训练

韩雪屏认为："从阅读训练所涉及的时空领域看，它（阅读训练）既包含学龄前幼儿在家庭、幼儿园中所受到的早期阅读启蒙，也包括各级各类学校对学生所进行的正规阅读教学；还包括成人读者离校的在职阅读自学。因而，家庭、幼儿园、大中小学校以及社会职业岗位，都是进行阅读训练的场所。阅读作为人类重要的学习途径，将伴随一个人的'终身教育'过程。"[①]阅读训练的内涵大于阅读教学。从学生（阅读者）的角度来看，阅读训练可以理解为其个人的真实阅读。

2. 阅读教学

从学生的角度说，阅读教学是指与阅读教师共同进行的那一部分阅读活动；从教师的角度说，阅读教学是指针对学生的各种阅读指导活动，包括课堂教学行为，也包括课前、课后的阅读指导、阅读介入行为。本书中则指由语文教师进行的包括阅读课堂教学在内的各种阅读指导活动。

---

① 韩雪屏. 中国当代阅读理论与阅读教学［M］. 成都：四川教育出版社，1998：113.

3. 真实阅读教学

本书中所说的真实阅读教学是指建立在学生真实阅读体系之中的，以培养学生真实阅读素养为目的，以真实阅读为内容，以真实阅读为方式的阅读教学，是以实现学生的真实阅读实践为典型形态的教学。按照我们在第一章所认识的真实阅读体系，真实阅读教学包括课内真实阅读教学、语文关联阅读指导、课外真实阅读管理和关心日常真实阅读等四个层面的内容。

在真实阅读教学中，教学是真实阅读的实践模拟，带有一定典型化的倾向，是解决阅读真实问题，帮助学生实现自我，为学生的真实发展打下真实基础的实践过程。

三、真实阅读教学系统

真实阅读教学是一个以学生的真实阅读为基点的阅读教学系统，它以真实的学生为培养对象，以在真实情境中实践真实阅读为基本过程。学生是学习的主体，真实阅读是学习的主要方式，课堂教学也必须全面突出学生的阅读实践。真实阅读教学系统由以下要素构成。

1. 学生

学生是自然的人，是独立的、以个体的方式存在于社会和具体环境之中的、有个性且个性值得尊重的人。

我们说的学生，就是阅读个体本身，他既是"在场"的人，学习中的人，又是发展中的人。学生的发展是有阶段性的，在其成长过程中，阅读能力有一个由低到高的发展过程，他首先是提高中的阅读者，然后才是提高中的学习者。

学生是有着基本真实阅读能力和学习愿望的人，他们在阅读学习方面的愿望是学会真实阅读，他们有时在某些方面需要指导、协助。学生学习的天然的、基本的行为方式是阅读实践，他们是自己认同的阅读任务的执行者，以自己认同的方式实践阅读。

他们既是自由自在的，也可能受限于某种先入为主的目的。

我们必须清醒地认识到，真实阅读教学最终要落实在具体的学生个体身上，学生必须以个人的身份学会阅读。我们同时要认识到，真实阅读教学的终极目标是育人，特别要注重培养学生的民主精神、自主精神，培养学生的审美能力。

2. 读物

真实阅读教学系统中的读物指的是真实读物，学生可能面对各种读物，有浅显的，也有深奥的；有高雅的，也有低俗的；有貌似高雅而实际上低俗的，也有貌似低俗而实际上高雅的；有令人喜欢的，也有令人不能接受的；有自主选择的，也有因某种要求而必须阅读的。

但在真实阅读教学中，读物以文质兼美、适合学生发展阶段的名篇、名著为主。

教师有义务引导学生接受"读物是复杂的"这个事实，更有义务引导学生认清读物本质，区分好坏，区分真实与虚构，树立读好书的观念。

教师还要引导学生树立多读书，读整本的书的观念。

真实阅读教学以真实读物为出发点，凭借读物，不离读物，但是最终要引导学生跳出书本，走向生活实践和社会实践，不能因为教师的任务是阅读教学，就教学生死读书，读死书。真实生活才是一本真正的大书。

3. 环境

指真实阅读发生的真实情境，既包括实际生活，也包括师生共同创造的真实情境，有课堂意识的生活情境。

环境既指外在的物质环境，如生活条件、学习条件、时间、空间布置等；也指内在环境，如学生的心理环境、情感倾向、情绪变化、阅读兴趣、对任务的认同度、问题意识、目标意识、当下对读物的理解水平、当下的能力水平、阅读习惯等。

真实环境既是生活环境与课堂情境的统一，又是外在环境与内在环境的统一。

教师对真实阅读教学的认识水平及表现出的对学生真实阅读的尊重，也是环境的重要因素，它决定了教师能否认同一个以培养真实阅读能力为目的、基于真实阅读状态的学习过程环境。

教师要有环境意识，要努力为学生提供有利于真实阅读水平发展的环境，营造有利于解读文本的课堂情境，有利于学生主体充分发挥的自由自在的心理情境，特别是要注重培养学生的阅读兴趣、阅读习惯，培养学生带着真实目的、真实任务实践阅读的意识，因为主观环境有其特殊的重要性。

4. 教师

教师是"具有协助能力的大人"。

真实阅读教学对教师的定位是个协助者，教师的主要任务是在学生需要时加以指导、协助，对学生有偏差的思想、行为进行教导，教师的行为特征是"让读"。

教师要具有协助能力。一方面教师要有进行阅读教学、指导的本领，例如对教学内容研究充分，认识深刻，有教学能力，有引导具体问题的能力等；另一方面，教师要有协助意识，能够总是在真实阅读教学中摆正自己的位置，扮好自己的角色，不干预学生的真实阅读，不破坏学生的主体性。

5. 教学过程

在真实阅读教学系统中，教学过程即学生的阅读实践过程。从学生的角度看，相比于自己独立进行的阅读来说，它能够得到外来的帮助，特别是教师的引导，在具体某一堂课中，它也有可能有一个来自于教师的学习目标，这个目标可能与自己的需要不"合拍"，但要超越自己的内在秩序去容纳它、消化它。从教师的角度看，它是一个在学生的真实阅读过程中主动地开展"助读"活动的过程。

这个真实阅读教学系统运行的常态是怎样的呢？常态是学生在真实环境中阅读真实读物，在这个真实的过程中，教师有时以学生需要的方式起协助、指导作用。

四、真实阅读教学目标

真实阅读教学以培养学生真实阅读素养和语文素养为目标。《汉书·李寻传》中说："士不素养，不可以重国。"宋代陆游在《上殿札子》中说："气不素养，临事惶遽。"人的素养是能通过训练和实践获得的。

《义务教育语文课程标准（2011年版）》中说："语文课程应激发和培育学生热爱祖国语文的思想感情，引导学生丰富语言积累，培养语感，发展思维，初步掌握学习语文的基本方法，养成良好的学习习惯，具有适应实际生活需要的识字写字能力、阅读能力、写作能力、口语交际能力，正确运用祖国语言文字。语文课程还应通过优秀文化的熏陶感染，促进学生和谐发展，使他们提高思想道德修养和审美情趣，逐步形成良好的个性和健全的人格。"语文素养涵盖面非常大，阅读素养其实也包含着语文素养的所有方面。在这里，我们仅就培养真实阅读习惯、发展真实阅读能力和丰富真实阅读积累三个方面加以说明。

1. 培养真实阅读习惯

叶圣陶说，教育就是"养成良好的习惯"。在这里，我们重点强调"真实"的习惯。

什么是"真实"的习惯？如同我们在第一章中分析所得一样，从最宽视角来说，是要让阅读行为真实地发生的习惯；从最窄视角来说，是让发生的阅读表现为真实的行为的习惯。

要让阅读真实地发生。今天的语文教师，面临的教学问题太多了。在这众多问题中，最大的问题是学生"不读书"。不读书的原因，无非就是没时间和不爱读。没时间是客观原因，所以要求各方面配合调整出专门的时间来，一些学校和语文教师通过对课程的调整，在课内教学时间中安排出学生的自由阅读时间来。"SSR（持续默读）"教学计划认为孩子独立阅读的时间必须限定在相对固定的时间段内，教师与父母应根据班级和家庭环境的不同调整时间，以增加孩子的阅读熟练程度。不爱读是主观原因，所以要求教师努力培养学生的阅读兴趣。培养兴趣是一个漫长且需要耐心和技巧的过程。阅读专家建议从给幼儿讲故事做起，慢慢地发展成读故事，再慢慢地放手让孩子独立阅读。对于阅读教师来说，要以学生能够接受的最基本的事为起点培养学生的阅读兴趣。这两点是真实阅读教学必须正视的问题，是无可推脱的责任。

要让发生的阅读是真实的。这种阅读是独立的，没有外来压力的，阅读者按照自己的愿望，用自己的方式阅读；是无拘无束的，没有先入为主的目标的，即使有目标，这个目标也应该是指向内容的；阅读理解应该是深入的，指向读物的秘妙的；是有成果的，这个成果应该是带有个性化色彩的，即使它与大家的认识是相同的，也应该是由阅读者经过思考独立得出的。在这种阅读过程中，阅读者对读物和阅读过程是有深切体验的。阅读过程不仅建构了读物的意义，也建构了阅读者自身，所以这种真实，还应该表现在更高的层面，即对真理、对个人崇高修养的追求。

2. 发展真实阅读能力

发展真实的阅读能力，一个重点是发展学生深入解读各种文本的能力，另一个重点是发展学生创造性阅读的能力。阅读专家指出，阅读最终要走向写作，这是在语文学习的范围内来谈论问题的。跳出语文学习这个小圈子，我们说，阅读最终要走向生活实践、社会实践。在实际生活中，人的发展，特别是人的个体发展需要怎样的阅读能力，就要发展怎样的阅读能力。阅读教师不能依照阅读的理想境界塑造阅读教学目标和过程，而要根据真实情境、阅读的真实状态设计教学。从虚拟情境开始，在虚拟情境中运作的阅读教学，不可能获得真实的效果。

阅读教学在学生的真实阅读过程中，能引导学生掌握重要的读书方法，是形成真实阅读能力的重要手段，这使得阅读知识教学和阅读能力训练显得格外重要，但是我们在这里强调，真实的阅读能力不是通过外在的训练形成的，训练必须内在于文本，内在于阅读过程。也就是说，知识与能力的教学必须在学生的阅读实践中进行。

知识与能力发展的方向是形成阅读者个体的阅读策略。孔子说："吾道一以贯之。"这说明孔子形成了自己思考问题和评价事物的基本策略。著名特级教师程少堂认为："学者，尤其是著名学者，都有自己的话语系统。"①

---

① 程少堂. 程少堂讲语文［M］. 北京：语文出版社，2008：45.

程少堂所说的"话语系统"，实际上是个体的话语策略。

阅读策略教学是阅读教学发展的一个方向，一些理论专家和一线教师在这方面进行了有益的探索。

3. 丰富真实阅读积累

真实阅读教学的一个重要目标是丰富学生的阅读积累。

丰富积累是为了促进阅读中的习得。真实阅读是如何转化成阅读素养和具体知识的？一方面是在学生元读的"暗中摸索"中生成；另一方面是在阅读学习中，凭着师生共同参与的"明中探讨"形成。现在，阅读专家们普遍认为这二者是共存共生的。但这二者能够起作用的原因都是因为量的积累达到了转化的要求。量变是质变的必要准备，质变是量变的必然结果。

丰富积累本身就是阅读的价值所在。人的个体因为阅读不断升华，在这个个体发展的过程中，人类的文化得以不断地进步。学者王立群说："文化经典和精品是靠一代又一代的读者造就的，没有读者的作品就没有生命力，只会昙花一现，在时代前进的步伐当中落伍，被无情地淘汰。"①

五、真实阅读教学原则

真实阅读教学的基本原则是为了学生的真实阅读、基于学生的真实阅读、依靠学生的真实阅读。

1. 为了学生的真实阅读

借用郭思乐先生的一个比喻：一个合唱团的指挥，他可能是面对乐曲，也可能是面对听众。前者是他工作的本体，后者是类本体。如果他真正找到了本体，他就有可能达到工作的较高境界；如果他只是找到类本体，譬如，对组织团队向听众鞠躬的激动超过了指挥合唱的激动，他就有可能流于媚俗，而难以使其工作达到较高的层次。② 那么，教师工作的本体是什么？是学生。学生阅读的本体是什么？是真实阅读实践本身。因而在具体的阅读教学工作中，教师工作的本体是学生的真实阅读实践。

因而，真实阅读教学的目标要指向真实阅读的目标，内容要指向真实读物，方法要指向真实阅读方法，评价要指向真实阅读评价，教学过程要指向真实阅读教学过程，阅读教学理论的研究要指向真实阅读理论，阅读课程的建设要指向真实阅读实践。

为了学生的真实阅读，就是为了学生本身。

---

① 王立群. 全民阅读与文化传承［N］. 中国新闻出版报，2008－04－30.（12）.

② 郭思乐. 教育走向生本［M］. 北京：人民教育出版社，2001：35.

2. 基于学生的真实阅读

真实阅读教学活动的开展，要全面依靠学生的真实阅读。真实阅读是教学的起因，是教学的前提、基础，是教学的基本过程，也是结果，还是教学得以实施的保障。真实阅读教学就是真实阅读的一部分，与真实阅读称呼有别只是因为说话的视角不同，但目的、任务、本质都是同一个。所以落实真实阅读教学的关键点是在课堂上建立真实阅读教学的过程。

各师有各法，但在这个基本认识上要达成一致，即真实阅读教学要以学生的自我真实发展为目标，以学生阅读策略的建构为主线，以学生的自主学习为核心行为，最大限度地尊重学生，保持课堂的对话性、开放性。特别要认识到培养学生真实阅读的兴趣、自信和习惯，比教给方法更重要。

真实阅读教学要以学生的阅读为起点，要保证学生独立性的阅读能够真实发生，而这种阅读是对读物有所理解的，学生是有自己的见解的，这种见解是宝贵的。

在教学过程中，让学生继续保持真实阅读的状态，并在这个状态上有所提高，一不要另起炉灶，二不要干扰学生的真实思想、感受、体验的发展。教师要从思想上有一个认识：课堂教学所做的一切，都是为学生的真实阅读做保障，而不能以引导、传授为出发点。

以学生真实阅读的成果为成果，不要急于拔高学生的认识，不要扭曲学生的认识。

3. 依靠学生的真实阅读

这里涉及三个层面的问题：一是要"让学生更多地直接接触语文材料"，大量地、自由自在地"接触语文材料"，在阅读中无拘无束地思考，特别要强调读好书、读整本的书等问题。这个问题相当复杂，既涉及整个社会对阅读的重视程度问题，也涉及学校教育中的很多具体问题，如合理安排阅读时间问题、语文阅读与其他学科阅读内容比例的合理分配问题等。

二是在具体的教学指导行为中，特别是在阅读课堂上，教师要把真实阅读理念落实到教学活动的细节中。

首先，课堂的出发点要落在"读好这一篇"上，真实阅读的起点，就是从这篇文章出发，一切阅读成果都是从这篇文章中生发出来的，阅读行为要具体而真实。这里面有个特别重要的问题，就是注重读物的内容的问题。真实阅读最重要的任务和表现是理解读物的思想内容，并通过理解内容获取想要的一切，包括获取阅读能力和语言能力。语言本身的人文性也能通过形式表现出来，但最重要的是通过思想内容、意图和作者的态度、立场表现出来。

其次，依靠学生的真实阅读积累解决具体的问题，学生的每个理解，都应该在具体文本的恰当解读中得出，而不是机械地借助经验，更不是借助教师、同伴的授予或凭空想象。一堂课可能有一个主观目的，但是教师和学生并不能用这个主观目的去肢解原文——在原文中寻章摘句当作论据证明某个知识点的正确性和重要性。学生带着研究的目的进入原文，不是带着研究结论进入原文，这样学生实践的依然是没有特定目的的阅读，是"元读"。"阅读是一种复杂的心智活动，从认读文字形式开始，进入到对思想内容的理解，须臾离不开思维。教师在指导学生阅读的过程中，要千方百计使学生的脑子转起来，动起来，使他们眼看、耳听、口读、手写、心想，汲取知识养料，获得语文能力。"① 要保证学生个体思维的真实性。

最后，理想地说，真实阅读教学从起点到终点，中间的手段、方法、细节，都应该是真实的。

三是要特别尊重学生作为主体的人的价值。真实阅读的过程既建构读物的意义，同时也建构阅读者自己。阅读要形成学生的思想认识，最重要的是培养学生精神的独立和自由，要让学生自觉地认识到精神的价值。求诚向善是比较高的目标。一些有问题的阅读教学，问题就出在教师没有迈出这关键的一步——没有让学生自由自在地真实阅读，没有真正尊重学生的思想感情，没有尊重学生的精神独立自由。表面上，教师给了学生一些时间和一些读物，但他们仍然想通过阅读教学的某种目标和过程控制学生阅读，制造出一种表面上看起来真实，但实际上学生屈从于隐性权威而不自知的假阅读——仿佛是放弃了奴隶的名义，但实际上奴隶还在做着原来的事。

六、真实阅读教学方法

真实阅读教学的方法概括成一个词，就是"让学"。

"让学"是王尚文先生对语文教学本质和基本原则的概括。在《走进语文教学之门》一书中，王尚文引用海德格尔"他（教师）得学会让他们学"的论述，指出教学的本质是"让学"。② 进而指出"让学"分为两个层次：一个是让热爱，一个是让实践。前者是基础，后者是基础之上的上层建筑。③

"让热爱"是指让学生爱上汉语、文学，起码是让学生对汉语、文学产生兴趣。要使所学的内容在学生的心目中显得可爱，起码是在教师启发、指

---

① 于漪. 我和语文教学 [M]. 北京：人民教育出版社，2003：349.
② 王尚文. 走进语文教学之门 [M]. 上海：上海教育出版社，2007：5，359.
③ 王尚文. 走进语文教学之门 [M]. 上海：上海教育出版社，2007：369.

点之后学生觉得可爱。①

"让实践"有两层含义：一是勇于放手让学生去实践，不能总是抱着走、背着走、牵着走。二是善于给学生指点实践的门径和方法。②

本书认为，真实阅读教学的本质和基本教学方法就是"让学"，要想落实到真实阅读的四个层面，教师（教育者）要致力于解决以下三个方面的问题。

1. 营造"让读"环境

营造"让读"环境，涉及硬件环境和心理环境两个方面。在教师能力所及范围内，我们的建议如下。

一是合理安排课时，让学生有有效时间进行校内阅读，培养良好的阅读习惯，以拉动学生的校外自读。好的办法是在每周教学时间内安排一些课时，让学生自由阅读。

二是美化阅读场所。最重要的是布置好教室，在教室内设置图书角、读书园地、阅读布告栏、图书涂鸦板、定期或不定期地办阅读主题的黑板报等，让教室充满书香气息。还可以引导学生用好学校图书馆和公共图书馆。

三是营造热爱阅读的良好风气，让学生树立积极向上的人生追求，推动学生真实阅读活动的自我开展。肯定学生的读书行为，与学生讨论他们喜爱的读书话题，鼓励不爱读书的孩子等，都是营造阅读氛围的好办法。教师自己热爱读书，多读书，能随时与学生交流读书的话题，制造新的读书话题，这本身就是在营造良好的读书氛围。

在一些特殊地区帮助没有书读的孩子找到读物也是非常必要的，如可以倡议为学校、班级捐助图书，也可以在班级、学校开展图书交流活动。

2. 开展"让读"活动

语文教师结合语文课堂教学开展丰富多彩的课外阅读活动，既是一种责任，又是实现真实阅读教学的重要方法。南美英认为："老师在班里举行阅读活动、进行阅读指导时，如果能够站在一定的高度上，给学生强化这样一种理念、树立这样一种思想，即阅读是一种生命的自觉行为、一种生存的自发状态，则对于学生以后的人生来说，将是受用不尽的财富。阅读就会像一盏明灯，引领他们在生命的长河里远航。"③

---

① 王尚文. 走进语文教学之门［M］. 上海：上海教育出版社，2007：369－370.

② 王尚文. 走进语文教学之门［M］. 上海：上海教育出版社，2007：373－374.

③ 南美英. 会阅读的孩子更成功［M］. 宁莉，译. 南昌：江西美术出版社，2007：135.

"让读"的内容丰富多彩，形式多种多样。例如：

阅读成果交流活动，如故事会、讨论会、主题辩论会、朗诵比赛、讲故事比赛、读书演讲会、剧本改编表演会等。

读书方法交流活动，如读书方法讨论会、诗歌诵读方法讨论会、如何按主题搜集读物讨论会等。

图书鉴别活动，如选书讨论会、新书介绍会、不良书籍讨论会、热门书籍讨论会等。

读书创作展示活动，如把个人阅读成果用绘画、舞蹈、戏剧、歌唱、手工制作、微电影等形式表现出来。

开展读书社团活动，可以鼓励学生成立读书社、创作会等读写组织，也可以鼓励学生参加校内、社区内比较规范的读书组织等。

参与社会性阅读活动，如引导学生参加主题读书征文活动、"世界读书日"活动、"阅读节"活动等。

除上述活动之外，教师也可以组织学生开展一些带有规范阅读，但不干预学生阅读自由、阅读兴趣的活动，如制作班级年度阅读文集（每个学生有一定版面，内容由其自己决定）、鼓励个人写阅读日记、主题图书编辑制作活动、参与编辑制作阅读墙报活动、为作家编辑制作作品集等。

有条件的学校的师生可以开展与作者对话活动或与阅读专家交流活动，活动方式可以是"面对面"，也可以是通过网络、书信等方式。

还可以开展一些读书趣味活动，如阅读猜谜比赛、参观书展、为学校图书馆或班级图书角设计图书陈列方式等。

"让读"活动可以是交流会（party）的形式，也可以是书面的形式，还可以借用其他文艺形式，可以在班级内举办，也可以走出班级，走向社会。

开展课外阅读活动的宗旨就是让学生自由自在、快快乐乐地读书，但不排斥结合课内教学需求开展活动，活动以不干预学生的真实阅读为前提。

3. 打造"让读"课堂

课堂教学是真实阅读的典型形态，对真实阅读有全面拉动作用。"如果在课内能让学生爱上经典，学生课外一般自然会去寻觅经典。"[①] 打造"让读"型课堂对于真实阅读教学有着至关重要的意义。

我们这里所说的"让读"型课堂是以学生真实阅读实践为本体，以学生为主体的阅读课，它涉及真实阅读四个层面的教学、指导活动，只要是以"课"的形式开展的，都在研究范围之内，如课本内课文（包括讲读课文和

---

① 王尚文. 漫谈课内与课外［M］//倪文锦，王荣生. 人文·语感·对话：王尚文语文教育论集. 上海：上海教育出版社，2010：213.

自读课文）解读课、课外阅读（包括课标推荐作品和学生自选作品）指导课、综合性阅读活动课等。

（1）课内真实阅读教学。其主要指课本中规定的讲读课文和自读课文的教学，也可以包括师生自选课文的教学。这类课文的教学原则是"读好这一篇"，让它有可能成为例子、引子、种子。

（2）语文关联阅读指导。语文关联阅读活动是一种介于课内真实阅读和课外真实阅读之间的阅读。一方面它是叶圣陶所说的"略读"，需要课内指导，但具体的实践又要学生于课外完成；另一方面又像张孝纯说的"参读"，它与课堂阅读教学内容紧密相关，对课堂阅读教学有着直接的巩固、迁移作用。因而对它的要求就是双方面的：一方面它需要联结书内教学篇目共同阅读，有时要与单元课文的教学同步进行；另一方面又要高度放手，借重学生的自悟，除在单元课文教学时以关联阅读的方式进行外，还应该有各种形式的开放的主题活动。

（3）课外真实阅读管理。课外真实阅读管理也有两种情况：一种是针对课标、教材推荐的读物和学生应该读的有价值的读物（如朱自清说的"参考书"），教师应该有宏观上比较的阅读引导，方式可以是叶圣陶在《〈略读指导举隅〉前言》中说的介绍书目、版本等，也可以采用一些专题的"让读"活动；另一种是学生自选个人喜爱的篇目进行的阅读，不需要教师专门指导。

（4）日常真实阅读介入。教师可以采用灵活的方式介入学生的日常真实阅读，如了解学生的阅读情况，在需要的时候加以思想上的引导等。

但我们也强调，说真实阅读教学涉及真实阅读的四个层面，并不是说一位语文教师时时刻刻都要把四个层面的真实阅读"统管"起来，那是不现实的，一方面做不来，另一方面效果也未必好。特别是样样处于教师视野之内，学生心理上也有压力，阅读的真实性也就被破坏了。所以，具体的"让读"型课堂可以是课本内外读物关联式的阅读过程，也可以只涉及某一篇作品。

七、真实阅读教学模式

对于四个层面的真实阅读在教学中的整合，历来就有阅读专家和一线教师进行各种各样的尝试，这些研究和实践，一方面指向阅读结构的完善，即希望通过课堂教学把四个层面，或四个层面中的一些层面的阅读活动整合成一体，产生综合效益；另一方面指向学生自读能力的发展，即希望能够通过发挥学生的主体性提高阅读教学效率。这些尝试从不同角度去看，有许多成功的、值得借鉴的经验。

1. 叶圣陶：完善阅读结构

叶圣陶认为精读、略读、参读、学生自由阅读都要重视，并且要整合在语文教学之中。他对四种阅读教学进行了比较明确的定位，比较详细地分析了各种读物在语文教学中的地位、作用，指出了相应的教学方法。笔者理解，在叶圣陶的思想中，这四个层面的真实阅读在教学中的关系是这样的——

（精读⇔参读）→略读→兴趣阅读（课外自由阅读）

叶圣陶辩证地看待精读和略读的关系，从整体上观照语文阅读课程中两个教学内容设置的本质意义。他说："课本里收的，选文入选的，都是单篇短什，没有长篇巨著。这并不是说学生读一些单篇短什就够了。只因单篇短什分量不多，要做细琢细磨的研读工夫正宜从此入手；一篇读毕，又来一篇，涉及方面既不嫌偏颇，阅读的兴趣也不致单调，所以取作精读的教材。学生从精读方面得到种种经验，就用这些经验，自己去读长篇巨著以及其他的单篇短什，不再需要教师的详细指导（不是说不需要指导），这就是略读。"[①] "如果只注意于精读，而忽略了略读，功夫便只做了一半。"（《〈略读指导举隅〉前言》）"略读既须由教师指导，自宜与精读一样，全班学生用同一样的教材。"（《〈略读指导举隅〉前言》）这就明确了课内教学要包括精读与略读两个内容。

他还指出："学生如果在略读教材之外，更就兴趣选取旁的书籍，那自然是值得奖励的；并且希望能够普遍地这么做。""学生有个很长的暑假，又有个相当长的寒假；在这两个假期内，各就自己的需要与兴趣去多多阅读，那一定比不经略读的训练多得吸收的实效。"（《〈略读指导举隅〉前言》）这就强调了课外自由阅读也是阅读的重要内容。

而叶圣陶认为，在课内阅读与课外阅读这两者之间，还需要一种"参读"内容和教学。"精读文章，只能把这认作例子与出发点；既已熟悉了例子，占定了出发点，就得推广开来，阅读略读书籍，参读相关文章。"（《〈精读指导举隅〉前言》）"参读"文章的作用是多多接触，多多比较，参读的作用是巩固能力，丰富经验，"在敏捷上历练"。参读的内容学生不能自己置备，学校的图书室可以多多陈列，供给学生随时参读。这就说明"参读"是一种课外阅读，但它直接指向阅读学习过程，参读可以在校内进行，

---

① 叶圣陶. 叶圣陶语文教育文集：第三卷［M］. 北京：人民教育出版社，1994：245－246.

也可以在校外进行。综合来讲，叶圣陶所说的"参读"，就是我们所分析的真实阅读体系中的"语文真实阅读"。

这样，叶圣陶完善了真实阅读的结构，并且厘清了不同阅读所在的层面及其应起的基本作用。而鉴于叶圣陶对于阅读的作用是"吸收"的认识，我们有理由认为，在他的思想中，各种阅读之间的作用是相互的。

关于真实阅读和真实阅读教学的理论有很多，很丰富，其中叶圣陶的阐述是比较容易理解的，尽管站在今天的视野上来看，不是那么完善。这种对阅读结构的完整的认识和在语文阅读教学中的定位，一直为语文教学所重视，一边沿用一边改造，直到今天。

2. 单元教学模式

在 20 世纪八九十年代兴旺起来的"单元阅读教学"探索与实践过程中，有一种理念和实践是把教师讲读、学生自读与课外阅读整合起来。如钱任初先生曾经提出"五课型单元教学法"。五课型包括定向启发课、教读课、自读课、总结课和延伸课。所谓"延伸"，是在教材的基础上进一步拓宽阅读面，可以是在课内补充类似的文章；也可以是精读课本节选的篇章之后，指导学生去读整本原著；还可以是在课外带学生去图书馆、阅览室，由学生选读他们所喜爱的书。韩雪屏先生认为，五种课型中，值得特别强调的是延伸课型。它的一个重要意义是扩充了阅读教学的时间和范围，要求教师把课内教读、自读与课外阅读结合起来，要求教师把课外读物也当作一种教材。①

3. "扩大阅读，课时分段"模式

徐振维曾提出并实践"扩大阅读，课时分段"阅读教学系统调整改革。具体做法是把初中每周的六课时和高中的五课时，分别划分为四、二和三、二分段；初、高中每周计划内的两课时作为独立阅读各种书籍的时间，扩展学生阅读书文的时间和范围。在其余的四、三节课上，又必须完成统一的、既定的教学目标和内容。这一改革收到了"一箭双雕"的效果：一方面它使学生的独立阅读在课堂上取得了合法的、合理的地位，极大地调动了学生独立阅读的积极性，拓宽了学生的知识面，这为发展学生的个性与才能创造了条件；另一方面它促进了阅读课堂常规教学的改革，为学生独立阅读提供了基础知识、基本读书方法、思维方法等方面的范型，这为学生在独立阅读中知识和技能的顺利迁移创造了条件。②

① 韩雪屏. 中国当代阅读理论与阅读教学 [M]. 成都：四川教育出版社，1998：468－469.

② 韩雪屏. 中国当代阅读理论与阅读教学 [M]. 成都：四川教育出版社，1998：565－566.

4. 张孝纯："大语文教育"模式

张孝纯老师开创的"大语文教育"是把语文学习与社会生活紧密结合起来的典范。"一体两翼"的语文教育教学模式，整合了以范文教读为核心的课堂教学、以课外阅读为重心的课外语文活动和包括学校、家庭、社会在内的语文学习环境，使语文学习成为一个全面的、整体的、能动的、网络式的强有力的系统。

值得一提的是属于语文课堂系统的"参读教学"，在扩大课堂阅读教学的时间和容量上有了更大的进步，形成了稳定的参读教学体系。

5. 专题阅读模式

专题阅读模式是针对具体主题开展的专门阅读活动，时空跨越校内校外、课内课外，对于集中提高学生阅读能力，开阔学生视野，提高学生语文素养有很大作用。比较典型的活动如钱理群先生亲自主持开展的"鲁迅作品选读课"。

这个选读课分四个部分。

第一部分，感受鲁迅。第一单元围绕"父亲和儿子"主题选文，第二单元题目是"儿时故乡的蛊惑"，选了鲁迅回忆自己童年生活的一组文章。

第二部分，阅读鲁迅。引导学生认真阅读鲁迅的作品，和鲁迅进行心灵的对话。分三个阶段：第一，好玩的课。讲"鲁迅与动物"，讲"鬼"，讲"神"，讲"火"，讲"天·地·人"，讲"诗和画"。第二，基本命题。以演讲的方式介绍鲁迅的一些基本观点。第三，对青少年的嘱咐教导。选文是讲怎么做文章、怎么读书，讲鲁迅的读书观的。钱先生出了一些思考题和提示性题目，让学生自己读，自己讨论，他自己不发言。

第三部分，研究鲁迅。结合中学的研究性课程进行。

第四部分，言说鲁迅。宣布了三条评价标准：一是说真话，说自己的真实想法，二是讲出充分的道理来，三是要有创造性。

最后，开以"与鲁迅相遇"为主题的晚会。出了一系列表演节目，如根据《示众》《奔月》改编的戏剧表演、朗诵等，学生朗诵，钱先生自己也朗诵。①

6. 书香校园模式

各地学校依托政府"打造书香校园"项目，整合各方面资源，调整相关课时安排，打通校内校外、课内课外和各学科的界线，营造良好的读书氛围，开展丰富多彩的读书活动。这个活动，如果落实到位，对于促进学生的

---

① 潘新和. 语文：审视与前瞻：走近名家［M］. 福州：福建人民出版社，2009：160－164.

阅读有很大好处。我们语文教师特别要关注这个"工程"与语文阅读教学的整合方式和整合水平。

在今天的语文教学改革氛围之下,对于真实阅读教学模式的研究,实践和成果是非常丰富的,确认哪些是对的,哪些是错的,哪些是好的,哪些是不够完善的,不是一件容易的事。但我们有一个基本的评价意见,就是看教师的教学、指导行为是不是很好地容纳了四个层面的真实阅读。考察的角度有三个:一是站在最宽视角上,考察是否在结构上融合了真实阅读的四个层面,一体考虑真实阅读,不再硬性区分课内、课外问题;二是站在最窄视角上,考察具体的教法和学法是否立足于学生的真实阅读,深入解读文本;三是站在第三方视角上,考察阅读教学是否立足于发展学生的真实阅读素养和语文素养,并且是否适合学生的阶段发展水平。

第二节　建立真实阅读教学模式的尝试

本节认为,真实阅读教学是立足于学生真实阅读的教学,是能够包容四个层面的真实阅读的教学。要实现这种教学,教学者首先要在认识上打破课内课外、校内校外的局限,建立"课内即课外,课外即课内"的一体化的思维模式与实践模式。

"一体化",既是指学生课外、课内阅读的一体化,也是指真实阅读与真实阅读教学一体化。真实阅读是一个自然而然的生存行为,它充斥着学生的生活。真实阅读教学、指导自然而然地发生在真实阅读过程中。

学生在生活中自读,也在学校中自读——去学校的目的是为了提高生活自读的能力。

学校教学本来也是为了提高这种自读能力的,教育的方法本来也是适应学生的实际需要而真实教的,如孔子在私塾中的教育、古代的六艺教育。但是随着知识的发展和教育的发展,"知识"越来越丰富了,按照原来的教育方法教不尽了,"教育"的方法和教师的经验也越来越丰富了,他们认为不需要再"顺"着学生的天性和需要了,于是,教育、课程、教学都在这种不知不觉中独立于真实阅读之外,教师们在筛选要教的内容和建构教学方法时,渐渐脱离了学生的真实需要:一是脱离了真实阅读的实际过程,这使教育由帮助人在真实过程中成长异化成了教"结果";二是脱离了真实内容,脱离了学生能够接受的内容,直接教千百年来筛选出来的某种有"高度"的、典型性的东西——"揭秘"的结果,最后变成了教专家研究所得的成果；三是脱离了学生的实际思维和心理，教师们慢慢地更相信自己的教学设计，而不是学生的思维发展过程和学习需要；四是脱离了学生个体——不能一个个地教了，只好统一教，当然就有学生的个性或所有学生的个性都被压抑了，这是全世界的教育之痛。这四者脱离了学生的实际后，评价自然也就脱离了学生的真实需要，现在的考试考查的是教材的内容和教师的教学内容，而不是学生实际真实阅读的发展水平，也变质了，变态了。

办学校、办教育的目的是让学生更好地长成他（她）本来应该是的那棵树，而不是长成另外一棵树。浇水、施肥、剪枝、捉虫都是为了这个目的和意义，而不是"病树"，因而就必须发生在这个真实的过程中，以小树成长需要的方式去实现——学校起作用的方式是在学生的自然生长中，自然地起作用。"汝果欲学诗，功夫在诗外。"如果小树自己长势很旺，教师也不必多手多脚地强行干预。

一　课外即课内

在学生日常生活中相机介入，在学生需要时以学生愿意接受的方式加以引导，是开展真实阅读指导活动的重要方式。如果教师在"助读"过程中，主观上有着对学生进行指导的愿望，那么我们可以把这种指导策略称为"交谈式指导"。

案例 1

关于"知道"的谈话

（一）

有一天，明仔突然对自己的名字产生了兴趣。他跑去问爸爸、妈妈："为什么我的名字是个'明'字？"

这还真把爸爸、妈妈难住了。因为名字是爷爷起的，当时就觉得这个名字配这个小孩真好，一高兴也没觉得该问为什么。

"这个字的意思好。"他们应付道。

"好在哪里呢？"明仔继续问。

"你觉得好在哪里就好在哪里。"爸爸正被手头的工作缠着，随口说道。

明仔可不是那种轻易就能打发掉的孩子，他打电话给爷爷。结果爷爷回答说："乖孙，爷爷当时一高兴就起了这么个名字，现在也忘了那一瞬间是怎么想的了。"

晚上的时候，爷爷来了电话，语气里充满了担忧："乖孙，你是不是对自己的名字不满意？要不然你改成'志强'？改成'汤姆'也行啊，你高兴就好啊。"爷爷宠爱孙子，要月亮马上就剪一个，绝不会剪星星。

明仔于是来对我说："我想知道'明仔'的'明'是什么意思。"

我放下手中的红笔，想了半天，对他说："这由你自己决定啊。"说完，还拍了拍明仔的肩膀。

旁边的同事对我说："明仔有了自我意识了。"

"我只不过是想知道自己的名字是什么意思而已。"明仔说。

"你可以自己在电脑上查查啊。"我站起来，把座位让给了他。

几秒钟后，电脑的屏幕上就显示出了"百度百科"中"明"字的页面。这里面岂止有"明"作为一个汉字的意思，甚至还有一种叫"明"的蛤类动物的介绍。

"明仔——世界上最古老的动物。"明仔看着电脑屏幕，脸上挂满了笑容。

"怎么样？有收获吗？"我问他。

"有啊……"明仔指着屏幕说，"老师你看，我的名字的含义多么丰富，都是好的意思，难怪我爷爷一看到我，就起了这么个名字……"明仔不停地说着，我也和他一样高兴地点着头。

"但是——你这仍是只知其一，不知其九。"我说，"从你开始问这个问题起，你就意识到了'明'是一个字，它有自己的意思。这是最浅层的'知道'。"我用手比了一个很低的位置。

明仔站起来，把座位还给我。

"现在你查了电脑，知道'明'这个字有很多意思，你知道了解释这个字的各种角度，了解了从这些角度看，'明'字各是什么意思，有一部分意思你已经记住了，没记住的，你要抽空记住。'记住'这是更高一点层次的'知道'。"我的手掌略微抬高了一点。明仔对自己的记忆力是有自信的，于是他咧开嘴做了一个夸张的笑。

"但是，你还需要进入'知道'的更高层次境界。"我的手掌又抬高了一点，然后看着明仔，眼神仿佛在问他是否想继续听下去。

明仔看着我。于是我继续说下去："你需要理解这些'意思'又分别是什么意思。'理解'，这是更高一个层次的'知道'。例如，你刚才看到，古人把'明'字作为谥号，并且区分出各种情况——照临四方曰明，谮诉不行曰明，思虑果远曰明，保民耆艾曰明，任贤致远曰明，等等。作为谥号的'明'字有这么多种意思，可是这些'意思'又是什么意思呢？不知道这些'意思的意思'，那还是不知道'明'字是什么意思啊。你没'理解'，实际上还是相当于不知道。"话有点长，我说完就闭住嘴，看明仔的反应。

明仔觉得我说的真有道理，于是想再用电脑把这些词各是什么意思都查一遍。我制止了他。

"'理解'是什么意思？"我问。

"'理解'就是知道某个表示'意思'的词又是什么意思。"明仔回答。

这个回答让我不由自主地皱了一下眉头。这种说法，只有我和明仔两个人明白，所以我觉得自己没有说清楚，于是我补充说道："这只是理解的初步，但是你今天先掌握这么多也行。你先试试看这样做能不能达到理解的境地吧。"

明仔向教室走去。我扶着走廊的栏杆向远处望，阳光普照大地，天地一片光明。可是我内心里却有一点担忧——今天我对明仔说的话有点太深了。明仔要是真的认真去研究这些东西，那得花多少时间啊。这些东西，就是我自己也了解得不多呢。我有点后悔自己没有考虑到明仔的学习需要，说了过头的话。但是说出去的话自己是收不回来了。"师父领进门，修行在个人"吧，我走回办公室，重新打开刚才的网页，也开始研究这些词语的意思。

（二）

"我，我的名字有这么深的含义！"过了几天，明仔拿着几张纸又来找我。

我也拿出了几张纸，之前打印了想给他的。两个人的纸上面都打印着对这些词语的解释。

"我要做个'明人'。"明仔说。

"其实，这还不够。字面意思的'理解'也只是'知道'的第三层含义，还有第四层。"这几天，我下了一个决心。我要试试明仔求学的决心。"如果他真的有兴趣，我就教。就像带个研究生的样子。"我对自己说。

"第四层是什么？"明仔问。

"感受到。"我说，"你知道了'明'字的意思，可是这些意思都是写在纸上的，是死的。可其实这个字是活生生的，它活在各种语境中。你能找一找这个字在不同语境中的不同姿态吗？"我用了比喻的方法来启发明仔。

启发无效。明仔不太明白，他问："您能举个例子吗？"

"例如说，你和我现在都知道了'明'字有一个意思是'照临四方'，也都知道了'照临四方'的意思是照射到天下，喻王者应当察理天下之事，又有驱走愚昧，传播精神文明的意思，那么，现在你能找出哪个故事中的哪个人有照临四方的作为吗？你知道那个故事的过程是怎样的吗？你能看到有德者在行动，就像阳光使你的身体温暖一样，那种照临四方的德信者的言行举止能影响你的外在与内在吗？再如，我们知道'明'字有形容词、动词、名词、副词等多种词性，也各有意思，但是这些意思都曾经用在了什么文章、什么句子中，创造了怎样的意义、境界呢？"我尽量把话说得清楚，语速也很慢。

"就是找找哪些文章中曾经用到过这个'明'字，结合文章看看'明'所表现的具体意思，以及那个意思所创造的具体境界呗。"明仔说。

我笑了，我发现自己说得太复杂了。我本来只想指示明仔的行动，结果连期望的结果也说出来了。我觉得明仔说出了自己想说的话。"面对这些优秀的学生，我越来越心急了。"我苦笑。

"大概是这么个意思，但我期望的更多一些。"我回答。

"那就好办了。以'明'字为主题，展开搜索和阅读就可以了。"明仔说。

"可是我不想你把战线拉得太长。与'明'字有关的诗文浩如烟海，读一辈子可能都读不完。"我说。

"我先研究字典、词典中提到的部分，以后再在阅读中多多留心与这个主题相关的内容不就行了吗？"明仔提出了自己的想法。

我想了想，觉得也不必过早地打击明仔的积极性，于是同意了。

接下来的几天，明仔没有再谈起这个话题，我有点按捺不住了。我既不想他浪费太多时间，又不想他这么半途而废。

一天中午，我终于忍不住了，于是问明仔："明仔的'明'字感受得怎么样了？"

"其实我遇到了困难。"明仔说，"'感受'到底是一种怎样的状态呢？"

明仔的这个回答，虽在我意料之外，但也在情理之中。"感受"是个很复杂的问题。陈伯海先生对此有比较详细的阐述。他说："感性意识从认知的角度上一般称之为感知，即感觉与知觉，但感性意识活动往往不停留于对当下直观对象的感觉和知觉，而常要通过联想的作用同以往的经验挂钩，甚至凭借既有经验对当下的感知予以改造变形，这就进入了记忆和想象的领域。感性意识心理也不局限于对事物的认知，还常伴随着由感知、记忆、想象所激发起来的种种情绪、情感、愿望乃至意向，而这些情绪、情感、愿望、意向等又会反过来推动人的联想，对记忆和想象活动起引导作用，进而加深、扩大或转移对当前事物的感知。所以，就日常经验来说，纯粹的感知是很少有的（不包括不经意的视听印象，那只能算原意识心理，未曾上升到意识活动的层面），感知过程中通常掺杂着多种心理成分，于是感知转型为感受，感受才是感性意识活动的典型形态。"

但很快我有了一个主意，我问明仔："不如先说说你现在所感受到的。

你可以采用举例子的方式。"

"当初我用解释的方式来理解'明'字的含义的时候，其实我的头脑是清楚的。如我说'明月'，我就可以解释为明亮的月亮，但是现在麻烦了。自从我有了要感受到这个'明'字所创造的境界这个想法后，'明月'的状态变得千变万化了——好像明月有很多种明亮程度似的，创造出来的境界也是各不相同的。还有，在读关于明月的诗的时候，我总是会想起小时候在乡下生活时的情景，总是想起乡下的明月，不自觉地要把诗中的明月与乡下的月亮进行对比。我还观察了广州天上的月亮，倒霉的是我总是觉得现在天上挂的与古诗中的月亮和乡下的月亮不是一个月亮。有点凌乱了。"明仔像是苦恼，又像是欣喜。

听了明仔的话。我也是又欣喜，又担忧。喜的是一个"明"字打开了明仔心中的美感天地，忧的是明仔真的有点乱了。我也无法判断这种"乱"是好是坏。我觉得自己在现在的明仔面前显得浅薄了。我后悔自己过去没有好好读书，以至于现在好像无法与明仔站在同一高度对话似的。

"你能具体说说你的感受吗？举些例子。"我只好继续追问。

"比如说吧，'送君还旧府，明月满前川''春江潮水连海平，海上明月共潮生'，还有《西游记》中'两座楼头钟鼓响，一轮明月满乾坤'中的'明月'让人觉得那月亮真是明亮，天地间一片澄澈。而'桃花带露泛，立在月明里''去此近城阙，青山明月初''深林人不知，明月来相照'中有'明月'，也明亮，可是好像就是没有前面那几句诗中的月亮明亮似的。而'明月几时有，把酒问青天''胡风千里惊，汉月五更明''我寄愁心与明月，随风直到夜郎西'等诗句呢，尽管也写了明月，可是读了就没有明亮的感觉，甚至好像这个月亮根本就不存在似的……"明仔说着，目光慢慢地移向了天空，仿佛已经忘了我的存在，又走回到诗中的境界中去了。其实，明仔的这种感觉，就是感受的状态了。

明仔一口气说完，我简直呆住了。这个学生，真的是下了功夫了。按照明仔的描述，他其实已经进入到了一种感受的状态之中了，但是这种感受，是初步的感受。因为明仔多是对诗中的景象的想象，没有结合诗作的写作背景和作者的特殊心态进行深一层的领会；因为过于关注"明""明月"，所以没有把这轮月亮融进诗中的境界中去——他意识到明月创造了诗的境界，却忘记了这轮月亮就在那境界之中。我犹豫了一下，我在想要不要再往深里单独引导明仔。其实我平时上课也会讲到"领会"这个问题。我的课，很大程度上就是感受与领会相交融的课堂。看着明仔兴奋的眼神，我还是忍不住打开了话匣子。

"你想知道为什么会有这种不同吗？"我问。

"想，又不想。"明仔说，"想是想学习，不想是觉得很累。脑袋好像被它充满了似的，想清空它。"明仔说。

"是的。你刚才所描述的，其实就是你所感受的过程和结果。现在，我们来做一点'领会'的训练。"我说。

（三）

"过去我们读过朱熹的《题榴花》一诗，你还记得吗?"

"五月榴花照眼明，枝间时见子初成。可怜此地无车马，颠倒苍苔落绛英。"明仔信口背道。

"你'看'到了这个'明'字吗?"我问。

"五月，阳光明媚，晴朗的天空下，红红的石榴花开满了枝头，耀眼夺目。石榴花下，已经能够看见大大小小的果实，果实也是红红的，像一个个小拳头似的，饱满有力。"明仔进入了想象的状态。

"在这样的景象面前，你感受到了什么?"

"美丽的景象，充满生机，充满希望。"

"你还想起了哪些诗句?"

"'红杏枝头春意闹''映日荷花别样红''千里莺啼绿映红''万紫千红总是春''乱花渐欲迷人眼'，还有'阳春布德泽，万物生光辉'……"

"你脱离了'明'了?"我突然说。

明仔愣了一下。在他的心目中，他并没有脱离"明"字，但是这些诗句中确实没有"明"字。明仔想不通了。这是为什么呢?

"你再想一想，理理自己的感觉。"我说。

我和明仔漫步在小径上，校园里能开的花都开了，一枝枝，一朵朵，都努力昂起头来。

"我明白了。'五月榴花照眼明'中的'明'字，并不是要表示石榴花'明亮'，而是要表现火红的石榴花耀眼夺目的景象，而这种景象让人感受到了旺盛的生机、强盛的活力，而在您的引导下，这种生机活力让我联想到了那些表现生机活力的诗句。"明仔大悟。

"抓住这种感觉，你甚至可以联想到更多描写生机活力的诗文，你再想一想。"我说。我们停在小径的拐弯处，柳暗花明。

"《紫藤萝瀑布》《春》《夏感》，甚至《安塞腰鼓》《金色花》《在山的那边》《女娲造人》《黄河颂》，太多了，我，我有点懂了。领会! 我脱离了'明'字，但是进入了'明'的境界。"明仔喜悦地说。

"用'明'字，用的不一定是字面意思，激发人们对'明'的感受，也不一定要用'明'字。在作者是要得象忘言，在读者则要得意忘象。"我说。

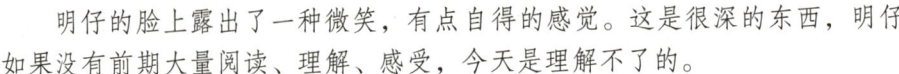

　　明仔的脸上露出了一种微笑，有点自得的感觉。这是很深的东西，明仔如果没有前期大量阅读、理解、感受，今天是理解不了的。

　　"你有智慧了。"我说。我说的"有智慧"，也是"明"啊。

　　"这种生机活力，仅仅是写花吗？"我把问题导向了深入。

　　"是人，是作者，以及和他一样才华横溢，对未来充满了向往的人。"明仔回答。

　　"但是，他的境遇与前途，也像前两句诗写的那样美好吗？"

　　"当然不是了。诗的后两句写的是'可怜此地无车马，颠倒苍苔落绛英'，可见诗人虽有才华，可在当时并未受重视，只能像凋落的石榴花落在青苔上一样，埋没在平常人中罢了。这首诗其实也是写诗人怀才不遇的失落与惆怅的。怎么被埋没的人那么多啊。"明仔又进入了感受的状态。

　　"你再想象一下后两句诗所描写的意境。"我引导道。

　　"可是，这美丽的石榴花就这样寂寞地开放着，一直到开谢了，也只能寂寞地辗转而落，落往长满青苔的地上，没有人来欣赏。石榴树上红红的果实，也将这样寂寞地掉落，腐烂吗？"不知想到了什么，明仔的声音有点悲哀的感觉。

　　"'千里马常有，而伯乐不常有。'让我们暂时回到我们自己的话题中来吧。"我放缓了语气。

　　"那么，你觉得这第一句中的'明'字，与诗中的哪个词或句子关联最紧密？"我问。

　　"是'落'字。'明'字写花耀眼地开，'落'字写花寂寞地落。二者形成了对比。"经过了一阵思索，明仔回答道。

　　"现在，你能'看'到'明'字背后的阴暗了吗？"

　　"好像是看到了。四句诗整体看，整首诗的意境才完整地显现出来。我在照眼明的榴花中看到了诗人伤感的经历，无奈的容颜，失望的目光。同样，我也在落绛英身上看到了曾经的明艳……"

　　"在这个意境中，我看到了一个朱熹，一大群不得志的文人，他们有苏轼、陆游、辛弃疾、李白、孟浩然……我想到了各种诗句……"

　　"那么，这个'明'字，还让你感到充满了生机活力吗？"

　　"它充满了生机活力，但是这活力让人感到悲伤。诗中的'明'字，其最终的意思竟然不是'明'！"

　　"这就是领会。你知道了一个字的意思，慢慢地理解它的'意思的意思'，在这个过程中，你感受到了这个意思，那个字活起来了，你的认识超越了那个字，进入到了更广阔的空间，产生了更新的认识，你的思想中有了新的境界。学习中，你似乎忘了那个字，但其实再回头看，你对那个字已经

72

有了更深、更广的认识。"

"好像是这样。"明仔笑着说。

"现在，再回头看你刚才提到的那些诗句中的那种种'明亮'，你能说说为什么会有不同吗？"

"那是因为诗人心中的境界不同。心宽则境大，心窄则境狭，心明则月明，心暗则月暗。"

"为什么有的诗中，你感觉不到月亮的存在呢？"我又问。

"那是因为诗人的心根本不在月亮上，所以我们也感觉不到。"

"所谓诗境，心境而已。境生月生，境无月无。"我说。

校园那畔，午休结束的铃声丁零零地响起来。一个中午就这样过去了。

"我似乎忘了那些诗句了，也忘了那个'明'字了。"

"这就是'领会'的境界，这是比'感受到'更高的'知道'层次。如果说'感受'是'感同身受'，那么'领会'就是'心领神会'。领会，也可以说成是感受后的理解，是感受与理解交融的状态。领会超出了感受的意识境界，进入到了一种直觉的状态。"我慢慢地说，想让明仔心中有更多的理性认识。

明仔真开心。我说的这些话，语言上虽然不好懂，可是他心中知道我说的是什么。他觉得自己有了一种新的智慧了。

"你的名字为什么叫'明'呢？"我突然问。明仔一时没反应过来，但一想到这是当时他自己问的问题，就又笑了。

（四）

"领会到还不够。不仅要对这个'明'字感同身受、心领神会，还要有切身的'体验'。"我说。

"体验？"

"是的。在你的生活中观察真实的事物，观察你自己，找到那种'明'的感觉，并把它写下来或记住。写下来不是最重要的。"我说。

明仔点点头。

"如果你找不到那样的景象，不如就自己创造一些出来。"我又说，"这创造出来的，或许才是你名字的真实意义。"

上述过程基本上是真实的，为了方便阅读，笔者在叙述中进行了一些加工——主观上突出了笔者作为教师的一种想法，也使得整个散布于谈话过程中的情景相对集中起来。

我们日常与学生的对话，大抵如此。当教师的会不知不觉地给学生一些指导，这些指导如果控制在一定范围和程度，就不会破坏学生的真实阅读。教师可以随时让这种生活中的交流发生，话题由学生的日常阅读生发出来，谈话可繁可简，可深可浅。这种交流可以发生在面对面的场景中，也可以发生在网络空间，如借助 QQ 的对话等。

教育史上有两个著名的谈话，苏格拉底的"产婆术"和孔子的"侍座章"。二者的共同点是都在"非学习""非学术"的情境下展开，让交流者的心灵充分打开，各言其志，碰撞思想。不同的是苏格拉底说服对方的倾向比较明显，因而对话中带有强烈的辩论倾向，与之对话的人最后在思想上投降了，而孔子的意图只是各言其志，所以他没有干预学生的思想，最后也只是谈出了自己的想法。两个谈话给我们的启发是：

（1）非学习情境。"交谈式指导"要发生在"非学习"情境中，让学生的心灵完全敞开。

（2）非干预性指导。主要指教师不能干预学生的真实阅读。教师的引导主要体现在三个方面：一是方向性引导，不干涉阅读的结果；二是内容性引导，不干涉情感态度，当学生的价值观发生偏差时，教师应加以引导，但不把学生暂时不能理解的东西强加给他；三是知识性引导，不轻易介入学生的具体思维过程。

（3）"做回你自己"。引导的目的是让学生充分认识自己，建构自己的思想和阅读策略。

在这种"交谈"中，学生不失其兴致，"不离初心"，同时又能保持一种探索的状态，而不仅仅是停留在浅层次的感兴趣状态。由教师的引导而新生发出来的新层次的兴趣，使学生有愿望以"初心"的感觉和状态去拓展眼界，深入探究。

一般来说，这种"交谈"是因机遇而发生的，教师要有"相机"的意识和能力。教师要充分关心学生的成长，才能找到机会，才愿意利用一些机会。

二、课内即课外

课堂教学要建立在学生真实阅读基础之上，在不脱离学生真实阅读实际过程的基础上，引导学生向较高层次发展，包括扩展认识面和提高理解水平。如果学生暂时不能达到教师预想的水平，宁可顺应学生的实际状况，把发展性引导放在下一步。总体上来说，这种方式可以概括为"对话式教学"。

关于如何在具体的教学中开展"对话"，现在的研究比较成熟，这里不做重点讨论。这里主要谈论在正常的单篇文本解读中如何把学生的阅读意识打开，使阅读更加开阔和深入。

《大道之行也》教学设计与实施

《大道之行也》是一篇容易"知道"意思，但是不好"理解"内容的文章。

在我们的现实情境中，学生对"天下为公"的意思是有模糊的认识的，知道"老吾老以及人之老，幼吾幼以及人之幼"这样的名言，心灵深处也对一个积极向上的社会充满向往。

在这种背景下学习《大道之行也》这样的文章，如果只局限于理解字面意思，了解原作的思想是比较可惜的。而且如果不联系学生的思想和更多的相关文本来研究，想要比较真切地理解"大道之行""大同社会"的意思，也是比较不方便的。

所以我在设计这篇课文的教学时，有一个出发点，就是打通思想感情，打通文本界限，打通文言文与普通话的限制。

（一）

这堂课是我们坐在电脑室里，从讲故事开始的。我先介绍了课文选段所在的原文，我说：

"有一天，孔子参加了鲁国的年终祭祀活动。祭祀活动结束后，他出来在宗庙门外的楼台上游览。走着走着，他的心情沉重起来，不自觉慨然长叹。学生言偃走在他身边，问道：'老师，您为什么叹息呢？'孔子说：'大道实行的时代，以及夏、商、周三代英明君王当政的时代，我孔丘都没有赶上。我心中对那种时代充满了向往啊。'言偃的思想也被调动了起来，他又问老师：'那是一个怎样的时代呢？'"

然后我对同学们说——

"你们想知道孔子心中的美好时代是怎样的吗？让我们一起来读一读课文《大道之行也》吧。现在，你们的身份暂时就是那个言偃，你们在听自己的老师说自己的心事。"

学生开始结合书中注释理解课文。在老师讲解前先结合注释把字面意思读懂，这是他们努力养成的文言文阅读习惯。

很快，他们就知道了课文的基本意思。我们的课堂学习也就由此开始了。

学习这篇课文，有三个问题是必须弄通的：一是"大道"是什么意思，二是"大同"社会有什么特征，三是"大道"与"大同"是什么关系。如果仅仅是想"知道"这三个意思，只要摘取原文的相关语句就可以当作答案了。但是我想起自己读这篇课文时的一个想法：我特别想知道具体的某一个人如何"行大道"，对于一个像我这样的普通人来说，"大同"社会具体是什么样子的。我的内心里，不仅想知道这篇文章的字面意思是什么，还想知道这些语句的"意思的意思"是什么。我想：学生应该与我有同样的心理吧？

于是我设计了三个真实阅读活动来完成上面提出的问题。

（二）

第一个活动：你对课文中的哪句话感受最深？请结合一个故事来说说你的理解。

我给了学生一个例子。我说：

课文《大道之行也》中，我最喜欢"人不独亲其亲，不独子其子"这句话。有一个关于孔子的故事是这样的。

一天，颜回去街上办事，见一家布店前围满了人。他上前一问，才知道是买布的跟卖布的发生了纠纷。只听见买布的大嚷大叫："三八就是二十三，你为啥要我二十四个钱？"

颜回走到买布的跟前，施一礼说："这位大哥，三八是二十四，怎么会是二十三呢？是你算错了，不要吵啦！"买布的仍不服气，指着颜回的鼻子说："谁请你出来评理的？你算老几？要评理只有找孔夫子，错与不错只有他说了算！走，咱找他评理去！"颜回说："好，孔夫子若评你错了怎么办？"买布的说："评我错了，我输上我的头。你错呢？"颜回说："评我错了，我输上我的帽子。"

二人打着赌，找到了孔子。孔子问明了情况，对颜回笑笑说："三八就是二十三！颜回，你输啦，把帽子取下来给人家吧！"

颜回从来不跟老师斗嘴。他听孔子评他错了，就摘下帽子，交给了买布的。那人接过帽子，得意地走了。

但是对孔子的评判，颜回表面上绝对服从，心里却想不通。等到买布的走了，他就问老师："三八明明是二十四，您为什么判那买布的人对？"

孔子说："颜回你想想：我说三八二十三是对的，你输了，你不过输顶帽子；我若说三八二十四是对的，他输了，那可是一条人命啊！你说帽子重要还是人命重要？"

颜回恍然大悟，说："学生惭愧万分！"

——孔子把自己的孩子当作孩子，也把学生颜回当作自己的孩子；把学生当作自己的孩子，也把不相识的买布人当作关爱的对象，这就是"人不独亲其亲，不独子其子"。这份爱心就是孔子说的"仁"，把这份爱心表现出来，就是"行大道"的一种方式。

我提出这种解读要求，目的有两个：一个是要让真实阅读发生，即学生必须得真正地知道自己读的东西是什么意思；另一个目的是帮助学生掌握一种"以事解文"的文言文阅读基本方法，使得发生的阅读是真实的，即要让学生深入到文本内部去。

学生一面仔细研读课文，一面在网上搜索，找到了很多与课文内容相符合的事实材料。

名学生说："我对'讲信修睦'这句话感受最深。有一个故事是这样的：晏殊十四岁被地方官当作'神童'推荐给朝廷。他本来可以不参加科举考试便能得到官职，但他没有这样做，而是毅然参加了考试。事情十分凑巧，那次的考试题目是他曾经做过的，得到过好几位名师的指点。这样，他不费力气就从一千多名考生中脱颖而出，并得到了皇帝的赞赏。但晏殊并没有因此而扬扬自得，相反他在接受皇帝的复试时，把情况如实地告诉了皇帝，并要求另出题目，当堂考他。皇帝与大臣们商议后出了一道难度更大的题目，让晏殊当堂作文。结果，他的文章又得到了皇帝的夸奖。晏殊后来成了北宋著名的文学家和政治家。"

我说："我个人觉得这个故事只是讲了晏殊很诚实，'讲信'的意味并不突出。"

这名同学说："'信'本来就有诚实的意思，我刚刚查了字典。"

另外一名同学说："开始我也这样想，但是我现在想，如果把这个故事往'讲信'这个角度靠一下，也能发现晏殊的诚实是因为他认为考试就是不应该先知道题目，这是他真诚的方面；他必须让这次考试是真实的，所以他把考试题目是自己做过的事告诉了皇帝，这就是他真实的方面，而这真诚、真实，都是'信'的意思。"

这名同学发现了"信"有"真诚""真实"的意思，这样理解就宽了、深了。

同学们又找出了很多古今中外关于诚信的诗句、名言、故事。

一名学生把诚信与他的真实生活关联了起来，他说："我爸爸的小店里挂着一副对联：'货真不怕店门小，做人诚信当第一。'爸爸的商店虽小，但是生意不错。"他的发言让大家产生了共鸣。

另外一名学生讲到了周幽王烽火戏诸侯的故事，认为帝王无信，以天下为儿戏，自取其辱，还带来亡国之祸。

我顺势说："'信'的一个重要含义就是以天下为己任，以天下为己任就是'信'。所以'信'在文中的含义是很丰富的，文中所说的其他各项，也都可以用来解释'信'。"

同学们都点头，表示赞同。当时听课的老师也都纷纷点头。

学生们阅读到的故事都不是很艰深，这是由他们的年龄决定的，他们的思想决定了他们的眼光喜欢落在这些故事上，但是这些故事被一个话题集中起来以后，就都帮助他们加深了对课文的理解。同样是故事，学生们理解的深度不同了。这个活动，同时也加深了他们对语言的理解。

我觉得，如果没有这样一个环节，阅读就很狭窄，也很表面。

（三）

第二个活动：你读过的文章、文学作品中，哪个场景的"大同"味道最浓？请把原文读给大家，或把文章介绍给大家。

有了上一个活动的基础，学生直接进入了阅读状态。

一名学生提出：《三国演义》第八十七回中，有一个情景"大同"味道最浓："却说诸葛丞相在于成都，事无大小，皆亲自从公决断。两川之民，忻乐太平，夜不闭户，路不拾遗。又幸连年大熟，老幼鼓腹讴歌，凡遇差徭，争先早办。因此军需器械应用之物，无不完备；米满仓廒，财盈府库。"这种情形与孔子理想中的"大同"社会十分相像。

一名学生找到了《资治通鉴》中"路不拾遗，夜不闭户"的故事：皇上与群臣讨论禁止盗贼。有人请求使用严酷的法律制止。皇上微笑着说："老百姓之所以去做盗贼，是由于赋税太多，劳役、兵役太重，官吏们又贪得无厌，老百姓吃不饱，穿不暖，这是切身的问题，所以也就顾不得廉耻了。我们应当去掉奢侈，节省开支，减轻徭役，少收赋税，选拔和任用廉洁的官吏，使老百姓穿的吃的都有富余，那么他们自然就不会去做盗贼了，何必要用严厉的刑法呢！"从这以后，过了几年，天下太平，没有人把别人掉在路上的东西拾了据为己有，大门可以不关，商人和旅客可以露宿。

一名同学找到了《旧唐书》中关于"路不拾遗"的记载：唐朝的时候，有一个做买卖的人途经武阳，不小心把一件心爱的衣服丢了。他走了几十里后才发觉，心中很着急，有人劝慰他说："不要紧，我们武阳境内路不拾遗，你回去找找看，一定可以找得到。"那人听了半信半疑，心里想：这可能吗？转而又一想，找找也无妨。于是赶了回去，果然找到了他丢失的衣服。此后，这件事越传越广。后来人们就把"路不拾遗"变成一个成语，用以说明国家安定，人们思想品德高尚，社会风气很好。

一名学生说："桃花源里面的那种生活也算是大同社会。"

我问他哪一句表现最明显，他说是"黄发垂髫，并怡然自乐"。

我提醒他抽空读一读《桃花源诗》。

一名同学朗读了杜甫的《忆昔》诗："忆昔开元全盛日，小邑犹藏万家室。稻米流脂粟米白，公私仓廪俱丰实。九州道路无豺虎，远行不劳吉日出。齐纨鲁缟车班班，男耕女桑不相失。"

一名同学朗读了辛弃疾《青玉案·元夕》上阕："东风夜放花千树，更吹落，星如雨。宝马雕车香满路。凤箫声动，玉壶光转，一夜鱼龙舞。"还说：过年就是这种感觉。

我说既然这样，那我也把欧阳修的《醉翁亭记》提前读给你们听。

我还用最简单的话向他们介绍了托马斯·莫尔的《乌托邦》：英国人托马斯·莫尔在他的名著《乌托邦》中虚构了一个名叫"乌托邦"的国度。在那里，财产是公有的，人民是平等的，实行着按需分配的原则，大家穿统一的工作服，在公共餐厅就餐，官吏由秘密投票产生。

学生说："这相当于陶渊明所说的桃花源吧？"

一名学生找到了海子的《面朝大海，春暖花开》。

我说："这只是他的内心世界吧？"

学生说："这是他自己的大同社会。"

在这个环节中，学生的思维更加灵活，眼界更加开阔，颇有举一反三、融会贯通的感受。

发言过程中，一名同学朗读了柯原的散文诗《幸福》·"祝你幸福！树的幸福，在于以翠绿点染土地，精华空气，保持水土，捧给世界以绿荫和果实。所以，树在风中飒飒地歌唱。桥的幸福，在于连接了道路，日夜倾听喇叭声、车铃声和脚步声的生活交响曲。所以，桥欢乐地与小河絮絮谈心。蚕的幸福，在于把吃下的桑叶，都吐成洁白的丝。死去了，给世界留下一片光洁，一片华丽。……幸福，不在于取得，而在于奉献。奉献，方使心灵丰满而充实。"

我说："这首诗的内容重在讲奉献，不是讲'大同'这个结果。"

学生说："奉献是创造'大同'社会的方法。"

我说："既然你已经开启了这个话题，那就让我们进入这篇课文学习的第三个活动吧——"

（四）

我本来的准备是先给同学们听一听郑智化的歌曲《大同世界》，再把第三个活动引出来的，现在既然有了这首诗做铺垫，我就放弃了这首歌。

第三个活动：结合现实生活中的"大同"景象，仿句说话。

范例："大同"就是<u>帮灾区的孩子建设好新学校</u>，这是"<u>不独子其子</u>"。

仿句："大同"就是_____，这是"_____"。

这个活动的目的是把"大道"与"大同"联结起来，认识二者的关系，即"行大道"是走向"大同"社会的前提，"大同"社会是"行大道"的结果。但我不想让学生产生"行大道"只是上层建筑的事，我认为每个人都应该"行大道"。

学生经过了一段时间的思考与写作准备后，开始发言。学生举了很多实例，用来阐述自己对"行大道"与建设"大同"社会的理解。例如："大同"就是某成功的企业家为社会捐款，这是"不独亲其亲，不独子其子"。"大同"就是政府建了很多福利院，收养孤儿，让他们也能够像别的孩子一样长大，这是"使幼有所长"。

在这基础上我提问：文中的"大道"与"大同"有何关系？

学生轻松地说出了答案。我想，这个答案是他们在充分理解了事物的基础上说出来的。这与只凭借理解原文说出来的答案的不同点在于，后者的观点是原书中的，而前者的观点是学生自己的。

（五）

我留了两道作业题，学生可以任做其一。

题目1：以"我们的幸福生活"为题写一篇作文，字数不限。

我对学生说，我希望你们的作文，在内容上或思想上能够表现出本次阅读学习的收获。最好是你们不提《大道之行也》这篇课文中的字眼，但是却能让我们产生一种"大同"社会的幸福感。我还提示他们也可以参考陶渊明的《桃花源记》写一篇散文，或模仿郭沫若的《天上的街市》写一首小诗。

题目2：以"孔子与陶渊明谁更幸福"为题，写一篇阐述自己观点的小短文。要求真实表达自己的观点，有理有据。

这份作业也给学生提供了两个资源：一个是萧统《陶渊明传》中的一段话："岁终，会郡遣督邮至，县吏请曰：'应束带见之。'渊明叹曰：'我岂能为五斗米折腰向乡里小儿。'即日解绶去职。"另一个是"感动中国"网址。

作业的目的，一是引导学生自我整合学习所得，继续保持阅读兴趣；二是把真实阅读指向真实写作。

最后我告诉同学们："别忘了继续学习喔！"

同样是完成了三个基本任务，但是这堂课的设计和实施，是让学生在相对开放、相对大量的阅读中完成思考的。没有这些阅读，结果是一样的，但是学生认识的深度、广度肯定有所不同。这就是真实阅读的魅力。

也许有的老师会认为：不可能每堂课都在电脑室上。这是实情。但是同样的阅读要求和行为是可以在课前、课后提出来的，那一样把阅读教学建立在了学生的真实阅读过程之中。我们只不过是把所谓的"课前""课后"都容纳在了"课上"而已。

本课中所显示的"对话"理念，主要落实在学生在真实阅读中与读物的对话之中。大家注意到，在学生大量阅读的基础之上开展的教学，并不要求教师有太多的引导。学生自己发现的、悟到的东西已经很多。相反，如果学生的阅读量很小，那么课堂上师生就得不断地制造话题，教师就得不断地引导学生理解他们自己说过的话。那样的课堂在听课者的眼中，仿佛教师、学生都很有智慧，很有感悟能力，课堂的生成性也很强，但实际上却往往是因为在进入课堂状态之前，真实阅读没有发生。

这种"对话式教学"设计的要点在于强化学生真实阅读的发生水平。设计的要点有三个：

（1）联结。尽量让课堂建立在学生已有的生活、已有的认识基础之上。如果学生对所要阅读的话题一无所知或知之甚少，就一定要安排前期的铺垫性阅读。

（2）拓展。教学中要注重拓展学生的阅读面，在拓展阅读面的过程中，同时还要拓展学生的思考面。

（3）深化。教学中要对学生的阅读认识有合理的深化，加强学生对读物的理解、感受、体验，特别是要提高学生分析具体读物的能力，提高学生在具体情境、现实情境中理解事物的能力。

"课外即课内，课内即课外"的真实阅读教学模式是比较宏观的，确切地说，它还不是一种模式，而只是对真实阅读结构完整性的一种认识，因而在教学中需要具体的策略加以落实。

第三章　课外真实阅读管理

是否要对学生的课外真实阅读进行管理，也是令人纠结的。

从教师的角度看，第一个纠结点是该不该管理。

一方面，基于真实阅读的理念，教师认为不必管，学生自己读就是了，管了反倒会影响学生阅读的真实性，例如，影响学生的阅读取向、阅读兴趣等。

另一方面，教师又认为应该管起来，教师总想确认学生的阅读活动确实发生了，并有一定的效率和作用。就目前来看，对这个"作用"的认识也有两个方面：一是提高阅读积累量；二是直接指向课内阅读教学，提高课内阅读教学效率。叶圣陶认为略读需要课内统一指导，学生课外自读。于漪认为课外阅读不能放羊。古人对读书虽然讲究自悟，但是大概的篇目都是举世公认的，差不多就是那么多篇目，实际上是被一种无形的传统管起来了。本书介绍到的一些国内和国外的做法，虽然大多讲究不要给学生压力，不要破坏学生的兴趣，但都有一定的管理模式，如"SSR 读书计划"要求确定阅读的时间、地点，要求教师与学生一起读书。现在有些极端的做法是把课外阅读功利化了，如布置大量的有习题的课外阅读练习让学生做。这样一强迫，让学生为了学习知识去阅读，学生就不爱读、不爱做了。

这种矛盾产生的原因，一在于教师认为课内阅读与课外阅读本来就有区别，二者的目标是不同的——课外阅读的目的就是看书，通过看书获取所需；课内阅读的目的在于教、学如何阅读，还包括如何通过看书提高语文素养等。二还在于教师认为课外阅读是与课内阅读不同的另外一种阅读——课内阅读是与课外阅读不同的另外一回事。教师只关心这种区别而没有深入地看到二者之间更多的共同点，如二者都是自由自在的阅读，而努力去发展其"不同点"，直到二者不可融合。认识到在中国语文教育过程中确实存在着这种现象的专家和教师非常多，但他们大都对此持默认的态度。当然，努力去调和二者之间的矛盾的教育教学实践也有很多。

如果教师认为这二者之间本没有什么明显的区别，或者说在本质上是相同的，区别只在于时间、空间和篇目上的差异的话，教师自然就会找到第三条出路——基于"真实阅读"理念的课外真实阅读。

第二个纠结点是教师能不能管理。

一方面，教师觉得自己不能介入管理。首先，学生有自己的个性、自由、兴趣，他们读什么、怎么读都是他们自己的选择，教师其实是没有能力深入管理的，管得住行为管不住心。作家三毛曾想尽办法去读自己喜爱的书，有时上课的时候也是"身在曹营心在汉"，甚至说"逃学为读书"。"我们说，阅读能否存在下去，取决于读物是否具有吸引人的东西，是否能造成读者的审美自失。否则它不是名存实亡，就是要大打折扣。因为，阅读是一种内隐的'黑箱'活动。他不喜欢你提供的读物，他对你干扰、破坏他的'审美自失'可以表面上一句话都不说，但他内心可以最自由地阳奉阴违，你拿他没有任何办法，'恨'你没商量。"[①] 造成这种现象的原因，除了读物本身，阅读者的主观倾向也是很重要的，如对一个人有吸引力的东西，对另一个人却完全没有吸引力，在一个时期有吸引力的东西，在另一个时期却不起任何吸引作用。如一部分同学对《红楼梦》或《小王子》完全没有感觉。其次，教师觉得学生的阅读能力并不是管出来的。赖瑞云谈到"四次著名的调查"、大量有成就的人士谈自己的成功源于课外阅读积累等，都是有力的证据。

另一方面，教师又觉得如果顺着学生的需求进行"助读"，例如，基于学生关注的问题搞一些读书活动、提供一些资源、帮助学生选择有益的读物、进行有利于提高学生读书能力和效率的指导等也是有用的。例如，鲁迅先生在《风筝》一文中谈到有一日读到爱罗先珂的一本书，才突然明白自己过去损毁弟弟的风筝是伤害了弟弟的心灵。如果有人指点他早日读懂这本书，他可能早就明白自己的行为对弟弟是一种伤害，可能就不会犯这种错误了。不只我们普通教师这样看，一些阅读专家也探讨同样的问题，如：如果不强迫，"规范"起来可以吗？

第三个纠结点是教师有没有能力管理。

一方面，我们从很多经典案例中可以看到，很多教师们已经采用各种方式介入了学生的课外真实阅读，如"一篇带一本"。另一方面，我们也注意到，多数的教师对如何管理学生的课外真实阅读束手无策，有其心无其力，

---

① 赖瑞云. 混沌阅读［M］. 福州：福建教育出版社，2010：202.

如无法为学生提供课外阅读时间。其实，现实的情况是大家都已经介入了，方式如要求学生预习课文、阅读课后的拓展、迁移训练、学生测试中的课外阅读、指导学生阅读教材中推荐的名著的落实等。

问题只在于这种介入的方式是否恰当和能否使其更加恰当。例如，当学生预习课文的时候，是提出一些只指向上课时需要的内容的引导性问题，还是要求学生尽量去理解文本，去读出自己的感受，确认自己的收获，提出自己的问题？再如，课后的拓展迁移是指向课堂所学知识的巩固、迁移，还是由学生在自读中升华或自得其乐？再如，考试中的课外阅读是指向课内规定的考点，还是指向文本的"秘妙"？其间的差异，就是以真实阅读的方式介入，还是以非真实阅读方式介入的差异，体现在教师（教育者）身上，就是有没有能力介入的问题。

由阅读教学实际的角度看，纠结点是课外阅读能不能在实践中成为阅读教学的必然部分、重要部分。

有课标的要求，有教材的内容，课外阅读当然是语文阅读教学的组成部分。站在课内阅读教学的角度看，无论是课前、课中还是课后，课外真实阅读都起着重要的作用。站在课外阅读的角度看，它既是目标，又是内容，还是承载着知识与技能的实践过程。

真实阅读就是一个完整的阅读实践过程，学生的真实阅读实际上是语文真实阅读的主干，其间穿插着语文阅读教学课。这个阅读教学课不是学生真实阅读的骨架，而只是语文真实阅读的外在助力、支架，是额外的营养，无论它的作用有多大。没有学生自己的真实阅读过程，语文阅读课就无所附丽。

即使站在语文课堂阅读教学的角度看问题，我们也会发现，课外真实阅读实际上是真实阅读中最重要的元素。举例来说，如果学生课前不预习，课上的效率就会很低，如果学生没有一些关于本篇课文的相关积累，课堂教学就不容易有深度、广度，学生的主体性就发挥得不够好；而如果学生对一篇课文没有兴趣，课堂教学活动就很难开展。

关于这一点，我们可以从诸多实例和理论中得到证明。赖瑞云在《混沌阅读》和《文本解读与语文教学新论》两书中，用充分的实例和理论论证指出大量阅读非常重要。他举出的实例主要有两个方面：一是"许多大学者、大作家青少年时代的阅读经历证明了这一点，一般人的阅读经历也证明了这一点"。二是语文教育史上关于"得益于课外"现象四个著名的调查：叶圣陶、吕叔湘 1978 年说的绝大多数人的语文程度的提高自感得益于课外看书；新课改启动前所做调查，76% 的学生认为其语文水平主要得益于课外；20 世纪 40 年代叶圣陶就有过类似的考察和说法；2007—2008 年课标修订时温儒敏的调查。①

这些实例不仅能证明大量的课外真实阅读是语文素养提高的一条基本途径，而且能证明课外真实阅读其实是真实阅读的主干。把这一点说得最透彻的是叶圣陶先生。他说："精读文章，每学年至多不过六七十篇。初中三年，所读仅有两百篇光景，再加上高中三年，也只有四百篇罢了。倘若死守着这几百篇文章，不用旁的文章来比勘、印证，就难免化不开来，难免知其一不知其二。所以，精读文章，只能把它认作例子与出发点；既已熟习了例子，占定了出发点，就得推广开来，阅读略读书籍，参读相关文章。""把精读文章作为出发点，向四面八方发展开来，那么，精读了一篇文章，就可以带读许多书，知解与领会的范围将扩张到多么大啊！学问家的广博与精深差不多都从这个途径得来。中学生虽不一定要成学问家，但是，这个有利的途径是该让他们去走的。"(《〈精读指导举隅〉前言》) 叶圣陶只是把精读看作是阅读中的一个部分，甚至只是一个起点。叶圣陶站在语文教学的角度说阅读，当然不会说课外阅读比课内阅读重要，但是他的"例子说"强调的是课内精读是为实用阅读服务的，这一点非常明显。

但是，随着教育改革的发展，课内阅读教学反倒成了阅读学习的主体，很多语文教师甚至把课内精读这个"起点"当作了唯一的"终点"。于此我们要有所反思。考察中国语文教育发展的历程我们可以发现，课内阅读教学其实是在其功利性地追求某种狭隘的目标的过程中一步步自大、孤立起来的。在这个成为貌似强大、可敬的孤家寡人的过程中，付出的代价是"答题能力"的训练代替了语文阅读实践，现在有些语文阅读课不再是真实的语文阅读实践课。这也可以理解为一种退步——强化语文答题能力可能也会成就学生的语文能力，但抛弃了语文实践，实际上是降低了学习效率，仿佛将该练拳的时间用去了学习武术理论一样。

所以，同样是站在教学实际的角度上看，我们也要问，语文教师在其所能掌控的时间、空间内，能够完成课标、教材要求的，乃至学生实际发展需要的真实阅读教学吗？如果语文教师把主要精力放在了指导课外阅读上，课内精读教学是不是能够完成？毕竟不是每位教师都能做到像魏书生老师那样每学期只用少量的课时就能完成课本教学的，毕竟也不是每位教师都有张孝纯老师那样的能力建构起课内外协调的大语文教育构架。这也就随之带来了更为现实的问题：一个语文教师所承担的义务是否包括那么多？如果语文教师的任务只是上好精读课，那么他（她）对课外阅读确实是可管可不管的。

---

① 赖瑞云. 文本解读与语文教学新论 [M]. 北京：北京师范大学出版社，2013：104－105.

第三章　课外真实阅读管理

第一节　课外真实阅读管理

一、第三个视角

从学生的角度看待这个问题似乎会好一些：学生的真实阅读是否需要教师管理？教师介入后，学生的真实阅读效果会不会更好？学生希望教师以何种方式管理？

第一个问题：学生是否需要教师管理？

让我们离开理论辨析和经验筛选，根据实情来分析问题。如果我们认为学会阅读和教会学生阅读非常重要的话，我们的行为就不会缩手缩脚，而是大方从容。

一部分不爱读、不想读的学生肯定需要适当的引导和规范。一部分想读，但是没有基本阅读能力的学生肯定需要帮助。一部分能读、想读，但由于种种原因，特别是课业负担原因而无法落实阅读的学生，他们需要得到良好的阅读环境的支持，起码需要一些能够用于真实阅读的时间。还有一部分想把自读水平提到更高水准的学生可能会主动地要求教师的帮助。一部分学生只在一些具体的问题上需要帮助。基于这个实情，我们可以从最窄与最宽两个视角审视问题。站在最窄的视角，我们问：在真实阅读的情境中，教师最多能做什么，可以做到什么程度？答案是：教师最多只能在学生在具体问题需要帮助时提供帮助，像魏书生和于漪所做的那样，其余的时候都不能有所作为。站在最宽的视角，我们问：在真实阅读的过程中，教师至少要做什么，必须做到什么程度？答案是：教师至少要把课外阅读活动组织起来，并保持其持续开展。结合上面的各种需要帮助的情况来考虑，教师要做的事情很多。综合起来看，有的学生需要教师的管理，教师也有空间介入。

那么，有没有学生不需要教师的帮助呢？确实有一些自读能力较强的学生不需要帮助。这类学生有两种类型：一种是素质好，并且自小习惯了自读的；一种是自学能力强，完全能够通过自读学习阅读的。这类学生的存在给我们的启示是：要让学生从小习惯自读。换句话说是，我们要从现在开始培养学生的自读习惯。

这样一分析，我们就会发现多数学生的课外阅读活动是需要"大人"的协助的，尽管有时这种帮助需要微乎其微。这个"大人"可能是教师，也可能是家长或其他能够充任指导专家的人，同学或伙伴可能也可以充任这个角色。按照艾登·钱伯斯的理论，学生的阅读环境中，"有协助能力的大人"是一个要素。缺少这个要素，环境就是不完善的。良好的阅读环境不仅不能缺少这个要素，而且对这个要素的要求很高。

其实，在现实中，多数的学生起码需要学校提供真实阅读环境——学业的压力实在太大了。对于那些智商较高的学生来说，如果他们能够轻松地完成课内学业，他们当然有时间阅读课外书籍，但是这样的学生比例很低。

第二个问题：教师管理后，学生的真实阅读效果会不会更好？

现在，没有充分的数据能够说明教师介入后的效果会或不会"更"好，也没有数据能够显示那些"得益于课外阅读"的成功者在阅读过程中，有没有教师介入的因素，介入程度如何。如果我们能够举出一个教师基于学生真实自读而进行课外阅读指导使得学生取得巨大成功的例子（类似博导带博士生那种情形），那么我们也能举出一个学生不受教师约束而完全靠自读取得成功的例子。

但我们能够根据事实证明，教师（大人）的介入，能够使这种课外真实阅读进入比较顺畅的轨道。如学校提供读书馆，并按较高要求提供图书和借阅，安排书籍的摆放，开展各种读书活动，如成立读书会，引导学生参加各种社会读书活动，开设真实阅读课（SSR）等，都会帮助学生建立课外阅读意识，并使这种想法尽快地、愉快地变成现实。再如，由低年级到高年级，教师循序渐进地培养，有益于养成学生的读书习惯和专注力。对于那些能够相对稳定、持续地开展真实阅读的学生、孩子来说，教师的协助能使得他们的真实阅读有更好的质量。

第三个问题：学生希望教师以何种方式管理？

有这样几个问题需要明确：一是学生希望得到教师的帮助，但是不希望被干预，尤其是以"帮助"的名义来干预。一部分学生不希望教师组织某种形式的读书活动，如读后感竞赛、读书征文活动等，尽管这些活动实际上对提高学生的自读水平是有推动作用的。二是学生需要一个良好的环境，但又不想这个环境对他们有所束缚，如多数"规定性"的活动往往坚持不长。三是学生的"回应"要自主，原汁原味，如他们更需要自主地决定自己的活动是什么，以什么形式开展。

通过以上的分析，我们可以得出结论：课外真实阅读指导是真实阅读教学的一部分，这已不是问题。是否要管理学生的课外阅读的问题，其实是教师该"如何选择"的问题，即作为一个教师，他（她）选择管理与否的问题，选择用哪一种恰当的方式管理的问题。

二、课外真实阅读管理特点

坚持本书在前面的分析结论：学生的真实阅读是一个整体，课外真实阅读不是其中的一个部分，而且一个层面，是考察真实阅读的角度。在这种认识的基础之上，我们说课外真实阅读管理是整个真实阅读教学中的必然部分、重要部分。

（1）课外真实阅读是真实阅读的主干、常态，所以课外阅读管理是使学生的课外真实阅读常态化的教学行为，即使学生保持真实阅读兴趣，持续阅读的教学行为。课外真实阅读的常态化使得真实阅读教学是完整的、完善的。

（2）课外真实阅读管理是良好实现课内真实阅读教学的前提和基础，是有效教学的保障。它保证了学生有一定的积累，使学生的课堂阅读学习能够在真实的阅读需要中展开，也使得教师能在学生的阅读状况中发现问题，有针对性地开展教学活动。如果学生没有基本的积累，那么学生的学习活动和教师的教学活动必然漏洞百出。"填鸭式"教学产生的原因之一就是学生在进入课堂前没有某种知识背景，所以学习中只能依靠教师的讲解，而对话式教学实现的基础就是学生有问题要讨论，有意见要表达，有阅读积累支持他们自己的思想。如果我们留心，就会发现，近年语文课堂教学改革的主要方式之一就是加强学生真实自读的分量，重要取向之一就是尊重学生的自读体验。

换个角度说，如果没有学生的课外真实阅读需要和过程，课内真实阅读教学就无法成为其中的一部分，就只好另立山头，另起炉灶，成为有别于"真实阅读教学"的另外一种教学。

（3）课内真实阅读教学也是课外真实阅读管理的一种方式、一个层面。课内真实阅读教学是为了解决学生在课外真实阅读中出现的问题、提供学生自读需要的阅读方法、提高学生课外真实阅读的能力和水平而出现、而存在的。

打个比方说，一个人在路上走，这是课外真实阅读。他内心里想走下去，充满兴致地向前走，这是课外真实阅读发生与持续的内在动力。他的同伴与他一起走，环境吸引着他向前走，"大人"督促他走得快点，走得好点，这是课外阅读管理；走着走着，他找不到路了，他病了，他希望有更好、更快的走法了，这时，"有协助能力的大人"把他和伙伴们集中起来，针对他们的需要统一地进行指导，这就是课内真实阅读教学。解决了这些思想上的、能力上的问题，他们继续向前走，这就又恢复了课外真实阅读。

那么，为什么在实际教学中，课内阅读教学占用了大量的课时呢？原因其实很简单：学校的课时本来主要是为了完成课内阅读教学设计的，课本内的课文（包括课外阅读指导部分）本来也是真实阅读应读的重要内容——文质兼美的精品，读这些文章并不是浪费时间，教师们当然将大量课时用来完成课内阅读教学；多数处于"学生"阶段的阅读者需要指点的东西太多了，不得不一再停下来。从这个角度看，如果教师能够遵循真实阅读的原则开展教学活动，这并不是一件坏事情。当然，原因也包括一些教师太想"教"了，不让学生自己"走"起来，那就不是好事情，现在我们要革除的就是这一弊端。

改革的方式，目前来看不能是把课内教学时间都变成学生自读的时间，而是一方面要重视挤出时间来成就学生的课外真实自读，另一方面要注重用好现有的课时，打造课内、课外阅读一体的真实阅读教学模式，后者显然更现实。

我们把课外真实阅读教学行为称为"管理"，主要也是基于这种考虑：一要有限度地管起来；二要巧妙地理顺了。管理的本质是协调，有一个计划、实施、检查和改进的过程。计划就是制订计划、规划、规定、规范、标准；实施就是执行计划；检查就是将执行的过程或结果与计划进行对比，总结经验，发现问题；改进包括两个方面：一是将经验转化成长效机制或新的计划；二是对问题进行纠正，制定纠正、预防措施。

三、课外真实阅读管理目标

真实阅读教学是一个系统，课外真实阅读管理是其中的一个层面，课外真实阅读管理目标是语文真实阅读教学目标的一部分。

课外真实阅读管理的目标可以从宏观和具体两个层面考察。

（1）宏观目标，是建立以学生的课外真实阅读为主要过程和基本层次的真实阅读教学体系。

在这个体系中，各个层面的阅读在总体目标上是一致的，都是培养学生的真实阅读素养，发展学生的真实阅读能力；在这个体系中，四个层面的阅读教学、指导的基本特征是一致的，都是以"真实阅读"实践为本体；在这个体系中，教师和学生的价值取向是一致的，都是以学生为本位，以"真实"为主要特征。在具体的教学过程中，如果二者有冲突，我们强调教师向学生的取向靠近，以此为基点实现教学行为。

这个体系，一方面保证学生的真实阅读充分发生、发展，另一方面保证课内真实阅读教学建立在学生真实阅读的背景之上。

在这个体系中，课外真实阅读的作用是基础性的，也是全程性的；是教学目标，也是教学的过程和方法——教师的教建立在学生的学的基础之上。

（2）具体目标，是优化学生的课外真实阅读系统。我们管理的出发点是健全学生的课外真实阅读系统——学生能自读、爱自读，环境也允许他们实现自读的愿望，但是这个系统在运行中，受到客观和主观的因素的干扰，有需要优化的方面。特别是要落实在改善阅读环境、提高学生的阅读兴趣、建构学生自读策略和提高教师"协助"能力方面。

目标的关键，是促进学生自读过程中"深接触"读物的能力。在一些学生和教师的心目中，对课外真实阅读的主要要求是量大，对其持续性的要求也归依在量大的要求上，这是一种误会。课外自读不是略读、浅读的代名词，只是由于时空的差异，相对于课堂之内的一种说法，在本质上与课内阅读没有区别。所以我们认为，课外阅读不仅要量大，对于学生自己爱读的书、想读的书、必读的书，也要有方法、措施保证其能够深层接触，理解内容，产生思考，获得感悟，即要与课内阅读一样深读细品，寻美揭秘。对于那些该读的书，而学生不想读，不爱读，一时读不懂，也应该有引导的方法和机制，保证学生在不失兴趣、不扭曲自我的情况下，实现"深接触"。

另外，特别要重视课外阅读管理的过程也是育人的过程。

四、课外真实阅读管理内容

1. 阅读者

学生是需要管理的。建立在不干扰学生自由阅读的前提下，对学生的管理要落实在三个方面：

第一要确保学生真的读了书，我们谈阅读必须在阅读实践确实能够发生的前提下，特别是对于那些完全不想读书不爱读书的学生。

第二要确保阅读过程是真实的，不是浅尝辄止的，浮皮潦草、应付了事的。

第三要确保学生在阅读的过程中有所积累，有所提高。

落实在具体的问题上，应该包括提高思想认识、增强兴趣、培养持久专注力和提高阅读能力等方面，归结在一起，是一个培养阅读习惯的问题。

2. 阅读目标

按照真实阅读的理论，课外真实阅读不应该有先入为主的目的。但在实际上，当阅读发生时，阅读的目的是多种多样的。

赖瑞云把它概括为"揭秘"，《如何阅读一本书》中认为阅读的目标是

"为获得资讯和求得理解"①，而艾登·钱伯斯提出打造阅读环境的目的是"要使阅读者成为一个思考者"。

从课外真实阅读管理角度来讲，我们引导学生确立自己的阅读目标时，要考虑学生的具体发展状况。当他（她）阅读一本具体的书，可以有一个具体的目的。而他（她）也应该有自己相对宏远的目标以自我激发阅读的内驱力，如周总理"为中华之崛起而读书"的目标非但不影响他对书本的深入钻研，相反会使他读书更加认真。

而我们管理学生课外真实阅读的目的，也包括要培养有阅读实践能力的阅读者这一项。

3. 阅读内容

学生读什么书，也并不是一个可以放散羊的问题。对于学生来说，很多时候读书只是为了读书。"其实孩子就只是对阅读这件事有兴趣，觉得这是一个消磨时间的活动……孩子们常常只是想单纯地享受睡前的床上阅读时光而已。"② 这种快乐并不是赖瑞云所说的"自失于对象之中"的愉悦感。"一本消遣或娱乐性的书可能会给你带来一时的欢愉，但是除了享乐之外，你也不可能再期待其他的收获了。"③ 所以，教师的一个重要任务就是协助学生选择好书和教会学生选择好书。于漪老师、魏书生老师的做法看似开放，其实在开放中也有着一个导向，即帮助学生筛选积极向上的好书。魏书生谈到自己为学生买的书重点是人物传记、古今文学名著和一些自然科学方面的书。张孝纯老师注重参读读物与课内阅读接轨的问题。历代大师如朱光潜等都提出了要阅读最精美的作品的问题。国外的几位阅读专家在他们的书中也都提供了长长的书单。南美英在书中提出了什么样的书是好书的问题，并认为具有永远且普遍的价值观的书、成长的故事、探索故事、上升动机的书、能传达感动的教育的书、暗示性的开始与具有想象空间的结局的书、与众不同的主角的书、简明的对等式文章才是适合儿童阅读的好书。这些要求和提示，除了筛选好书让学生愉快地阅读外，都暗含着一个培养优秀的阅读者的目的。"如果你的阅读目的是想变成一个更好的阅读者，你就不能摸到任何书

　　① 艾德勒，范多伦. 如何阅读一本书［M］. 郝明义，朱衣，译. 北京：商务印书馆，2004：10 - 13.

　　② 钱伯斯. 打造儿童阅读环境［M］. 许慧贞，蔡宜容，译. 海口：南海出版公司，2007：8.

　　③ 艾德勒，范多伦. 如何阅读一本书［M］. 郝明义，朱衣，译. 北京：商务印书馆，2004：292.

或文章都读。"① 一般语文教师喜欢按照课程标准的规定向学生推荐规定的文学名著。

好书的意思是这样的:一是文质兼美的优秀读物;二是适合学生发展阶段的读物。

但是我们也要强调,在实际操作中,推荐、筛选好书的过程也要尊重学生的选择,不要一刀切、绝对化。南美英说:"虽然老师们有义务筛选孩子们所喜欢的书籍是否为优良书籍,不过,就算孩子们写出的书籍不是所谓的优良书籍,但也可以掺杂 10% 左右这样的书籍在班级的书库当中,因为对于阅读没有兴趣的孩子,可能是从阅读这类型的书籍开始产生兴趣的。"② 这是面对实际的做法。

4. 阅读环境

艾登·钱伯斯认为阅读的场所、时间、读什么书、当时的心情以及是否被打扰、阅读态度(这本书是不是我们喜欢的类型)、阅读动机(基于工作需要,或纯粹是私人兴趣等)等因素构成了阅读环境。③ 这是从广义的角度说的。一般情况下来说,阅读时间、场地和氛围是阅读环境的核心要素。

而在这些要素中,阅读时间是最重要的。阅读时间是安排其他所有要素的重要基础。管理阅读时间,包括安排好校内阅读时间和校外阅读时间两方面。对于现在的学生来说,缺少阅读时间是影响课外阅读活动进行的最为重要的原因。安排校内每周自由阅读时间在今天显得非常重要。

而管理场地则包括设计教室、设计阅读区和引导学生用好图书馆等多个方面的问题。

氛围的管理是阅读环境管理的重要方面,包括阅读场地的条件、布置,阅读活动的气氛和阅读者的心理氛围等几个方面。"来自有阅读习惯家庭的孩子的阅读习惯的养成,绝对比那些来自没有阅读环境的家庭的同龄孩子更容易一些;在班级气氛良好、布置温馨舒适的教室里阅读,当然会比在需要面对不称职的老师、环境杂乱无章的教室里阅读更容易进入状态。"④

---

① 艾德勒,范多伦. 如何阅读一本书 [M]. 郝明义,朱衣,译. 北京:商务印书馆,2004:291.

② 南美英. 会阅读的孩子更成功 [M]. 宁莉,译. 南昌:江西美术出版社,2007:137.

③ 钱伯斯. 打造儿童阅读环境 [M]. 许慧贞,蔡宜容,译. 海口:南海出版公司,2007:3.

④ 钱伯斯. 打造儿童阅读环境 [M]. 许慧贞,蔡宜容,译. 海口:南海出版公司,2007:32-33.

5. 阅读方法

课外阅读方法指导与课内阅读方法指导有很大的不同。从研究与实践来看，一方面认为课外阅读完全不需要指导，避免干扰学生的自由阅读，破坏学生的阅读兴趣，主张学生在阅读中慢慢积累和感悟；另一方面是认为应该对课外阅读适当地加以指导，以提高课外阅读效率。本书的观点是，从宏观上来说不必指导，必须保证学生在阅读过程中思想的自由，保证学生"原汁原味"地阅读；但是在微观上、具体问题上应该也必须采用各种方式加以指导，特别是当学生遇到克服不了的理解方面的问题时。另外要注意，属于课堂上可以解决的问题，不要占用学生课外的时间。

6. 阅读计划

协助学生制订一个整体上的阅读计划并推进这个计划的执行和修订，这也是课外真实阅读管理的重要方面。涉及的问题主要是在一段时间内读什么，大致的进度怎样安排。我们觉得，"规范不是强迫"。计划的制订要充分考虑学生的个体实际水平，以不破坏真实阅读为原则，不强加给学生。

7. 阅读评价

课外阅读要不要评价？能不能评价？综合各种理论认识和实践案例来看，基本答案是最好不要评价，特别是不能用考试来评价。

比较现实的问题是：评价会破坏学生的兴趣，破坏真实阅读，但如果没有评价，就会出现各种问题。所以我们要考虑设计一些灵活的方法来了解学生的阅读状况。例如，南美英提出在每一个学年开始，教师们要调查学生阅读的实际状况，以当作未来一年里安排工作的依据。她提议的调查方式并不是"考试"，而是一种摸底的方式：

第一，让每个孩子写下他们曾经阅读过的所有书名。从这项数据中可以看出孩子的阅读兴趣、将来希望、关心的事以及解读能力的水平等。

第二，让每个孩子写下他们未来想要阅读的书名。这项数据可以在制作班级书库，或是学校购买图书时作为参考。

第三，让每个孩子写下他们看过最有趣的书，以及最感动的书。这项数据可以了解孩子的阅读兴趣，进而可以了解全班的阅读兴趣，对老师制作阅读计划表会有很大的帮助。[①]

---

① 南美英. 会阅读的孩子更成功 [M]. 宁莉，译. 南昌：江西美术出版社，2007：136.

再如，我们下面提供的南美英和艾登·钱伯斯的两个案例中的各种表现性活动，其实都是评价。评价的执行，全在于教师随处留心学生的各种真实表现。

五、课外真实阅读管理原则

虽然我们一再强调，课内阅读与课外阅读并非是两种阅读，而只是由于时空差别而产生的对真实阅读的不同称呼而已，本质上是一样的，但是我们也不得不考虑，在实际教学中二者起作用的方式是不同的。无论是对于学生还是教师来说，课外阅读起作用的方式是隐性的，课内阅读起作用的方式是显性的。因而，课外真实阅读管理与课内真实阅读教学的原则也有其不同之处。课外真实阅读管理应该在实现这种隐性作用上下功夫。

1. 非功利性

课外真实阅读管理的出发点不能是功利性的。如果我们认为课外阅读是为课内阅读打基础，或者是为了巩固、迁移课内阅读教学中学到的知识、能力，或者以课内阅读为圆心扩大阅读量，那么课外阅读就不可能是真实的。

我们强调课外真实阅读管理的非功利性，不是说让课外阅读什么功利作用都不起，而是强调这种管理必须建立在学生真实阅读的基础之上。具体地说，就是不以知识点、能力点为约束，而是把重心放在理解内容、探寻"秘妙"的过程之中，把目标落在丰厚人文底蕴、提高文化素质之上，让所有成果在学生的真实阅读过程中生成。

表现在课外阅读活动上，就是活动应以调动学生的阅读积极性为主要目的，以展示学生个性化、创造性的阅读成果为内容，以丰富阅读情趣为形式。

表现在对量的要求上，就是设置阅读量的要求只是为了督促学生进行自我监督，培养阅读习惯和专注力，使阅读活动得以持续进行。

表现在评价上，就是评价应以调整管理策略为目的，注重过程性、表现性与发展性。

表现在对阅读教学作用上，就是让课外阅读自然而然地发生，自然而然地起作用，力避以考试为目的的课外阅读指导和操作习题化。

2. 非破坏性

课外真实阅读管理不能以破坏学生自由自在、无拘无束地阅读为达到管理目标的手段。真实阅读的主要外在表现是学生高高兴兴地读自己爱读的书，主要内在表现是学生深入解读文本，充满个性、充满创造性地解读文本。而"虚假阅读"最重要的表现就是强制学生读自己不喜欢的读物，在读物中读出"既定内容""既定主题"。

具体来说，要做到以下三点：一是在正常情况下，不限定读物的种类，读什么由学生自己决定。二是在学生的阅读过程中，不约束学生的思想，以学生的真实认识、真实体验为起点。如果出现明显的偏差，教师应该在世界观、价值观上予以指导，对具体的思考方法进行指导，而不能破坏学生的思考积极性。三是不约束学生的阅读成果，既不约束成果的水平，也不约束成果的表现形式。有的指导者站在语文教师的身份上，要求学生一定要有语文形式方面的收获和表现，如一定要对写作有帮助，如一定要写读后感等，这都会破坏学生的阅读兴趣和阅读品位。

那么，教师的管理和指导体现在哪里呢？

第一是与学生共同筛选优秀的读物，在同类读物中，以学生喜爱的读物为主，在非同类读物中，尊重学生自己的选择。举个典型的例子来说，如果学生特别喜欢科学类的读物，那么教师就不必强行要求他（她）一定要读文学类的。教师在制订学年课外阅读管理规划前，最好先做个调查，摸清学生已经读过什么，正在阅读什么，希望阅读什么。

第二是重在推动阅读过程的真实进展，一是想方设法保证课外阅读能够正常、持续地进行；二是引导学生在具体阅读中能够专注于书本内容，深入理解。

第三是根据学生的实际情况调整管理策略。

3．非表面性

课外阅读管理也不能流于表面化，而要进入到阅读过程的内部。

管理表面化有哪些表现呢？

第一种是能够倡导读书，也能够推荐书目，并在一定时间加以督促和考查，但是不能营造必要的阅读环境。典型的表现是要求学生一定要读书，而且要做好记录，但是课上不给学生时间，课后也不关心学生找什么时间去读。

第二种是强调对阅读量的要求，而不关注阅读的"质"。例如，学生读过一些书，关注了书中的内容，却没有关注到重点（秘妙），知道书中的某些内容而不理解，再如，学生读过某些书，但是没有产生体验，思考流于感悟而不是源于对原著的深究。我们说，这样的大量阅读还不如专注地读好一本书。

第三种是整体上关注一个群体（班级）的阅读状况，但是对个体的关注明显不足。在同一个群体中，有些学生阅读量大些，有些学生阅读量小些，有些学生自读能力强些，有些学生自读能力弱些，有些学生阅读收获多些，有些学生阅读收获少些，在这种情况下，教师要重点关注弱势群体，在自读这个范围内，会阅读的学生不希望教师干预，不会阅读的、懒于阅读的，才需要教师更多的提点。

什么是进入阅读过程内管理呢？

一是营造环境。如果学生课外确实没有时间，或有时间读书却不能得到有效监督，那么教师就应该在课内"挤"出专门的时间来，安排"SSR（持续默读）"教学。挤出时间的方法是提高课内阅读教学水平，打造课内外阅读一体的真实阅读教学课堂，提高课内阅读教学效率。

二是关注阅读效果。对于重要作品，要有恰当的不破坏真实阅读的指导，如版本指导、序目指导、参考书籍指导、阅读方法指导、问题指导等。（《〈略读指导举隅〉前言》）指导的方法可以灵活多样。一般来说，特别重要的作品应该开设专门的指导课。寻找恰当时机，开展灵活多变，指向学生阅读成果的表现性阅读活动，推动学生个性化阅读、创造性阅读的兴趣。

关注阅读的"质"，并不是不关心阅读量。通过对"质"的关注，提高了学生的理解水平，阅读速度上来了，阅读量自然也就提高了。

三是关注全体。关注到每一个学生，特别是要做到多与学生交谈，了解学生的阅读情况。

六、课外真实阅读管理方法

在第二章中我们提出，真实阅读教学的方法概括成一个词，就是"让学"。在这一总的教学方法之下，我们谈课外真实阅读管理的方法。

我们认为，在学生的课外真实阅读过程中，介入的教师的地位是个协助者，是阅读者的帮手、同盟者，教师与学生共同完成阅读，共同受益。"协助"是教师实现"让学"的行为方式。

协助就是从旁帮助、辅助。教师以协助为目的和方式，有限度、讲究方法地介入到学生的课外阅读过程之中，引导学生的课外阅读走向深入。这种协助建立在学生实际需要的具体问题之上，而不是教师主观设定的教学目标之上，协助的程度以不干扰学生的感受、体验、思想、观点的形成、发展过程为标准，即协助是没有先入为主的目的的，是伴随着学生真实阅读过程中生成的需要而产生的。

什么是以协助为目的和方式，有限度、有方法地介入呢？一是在观念上，要把课外真实阅读当作"真实阅读活动"中的一个部分或一种元素来看待，而不是看作另外一种活动；二是协助活动要基于真实阅读的基本理念来开展；三是介入的方法必须是完全尊重学生个性、选择的，能够被学生接受的；四是既要使课外真实阅读自然而然地纳入到语文真实阅读的体系中，又要理所当然地保持它的独立性。

什么是引导课外阅读走向深入呢？一是让学生实现自己的愿望；二是帮

助学生对自由选择的读物有深度的理解；三是让学生养成良好的阅读习惯和阅读品质，正确发挥课外阅读的最大作用。

从成功的案例来看，教师恰当地协助，能够完善阅读环境，引导阅读方向，规范阅读过程、行为，丰富阅读形式，提高学生认识，提高阅读效率，而又不干扰学生自读的真实性。

1. 培养习惯

课外真实阅读的深层心理机制并不是"自由"了，而是"自在"了，并不是"自愿"了，而是"自觉"了，简单地说，就是因为心理上习惯了而感到愉悦，不能自拔。

第二章谈到了关于习惯的外在管理的一些问题，这里直接从阅读行为心理角度谈阅读习惯。一是随时能够开始阅读，当阅读者心中想读的时候，他（她）不会在内心里找借口拖延。二是阅读一旦开始，就很容易进入到"寻美"的状态之中，并且能够持续下去。三是在阅读中能够感受到读物之"秘妙"，并"自失"于其中。我们听过很多阅读者沉迷于读书，忘记吃饭、睡觉的故事，都是因为有这种阅读心理习惯。四是能够有阅读成果，他（她）能理解读物，能感到读物之美，能以自己的方式对读物做出评价。

培养学生这种"自在""自觉"心理，是教师进行课外阅读管理的重要方式、方法，也是管理的目的。

2. 管理过程

教师以一个协助者的身份介入到学生的课外阅读过程是比较恰当的。

教师应尽己所能创造真实阅读情境。这需要教师做的事情其实很多，我们从于漪老师和魏书生老师的经验里可以看到这一点。但我们要再次强调，最重要的任务是协调阅读所需要的时间和保证学生的阅读是自由自在、无拘无束、原汁原味的。

管理过程的工作还包括在一个学段开始前根据学生的需要制订计划、规则，与学生共同筛选阅读内容；在学生阅读过程中，开展丰富多彩的活动推动学生阅读的持续进行；在时机成熟的时候以恰当的方式对学生的阅读成果进行评价。这些活动及其方式，我们在第二章中有比较充分的介绍。

我们在这里要指出的是，管理过程的本质和核心工作是支持学生个性化阅读的过程，它最佳的开展方式不是群体活动，而是个体或小组交流，以便更好地帮助学生个体建构自己的阅读策略。

3. 指点迷津

真实阅读是学生原汁原味地阅读，是元读。一般情况下，在学生没有独立接触作品内容之前，教师不应该有先入为主的指导。在学生阅读过程中，教师的指导行为和内容更是不能影响到学生的真实体验、真实感受；学生没有表示出对具体问题的疑问时，教师不应该有导向地发表自己对作品的见解。一部作品阅读完成后，教师应该致力于帮助学生形成整体的看法。

教师对作品具体思想内容的阅读理解能够对学生有所指点吗？是能够的，也是必要的。一是在学生提出疑问时，教师以个人的身份帮助学生厘清思路，明确学生已有的基本认识，在此基础上，引导学生更好地理解作品。在此时，教师如果想要表达自己的意见，也应该表明"这只是我个人的看法"。二是教师随机发起讨论，创造学生之间相互交流的情境，开阔眼界，帮助学生打开思路。三是教师在很多学生需要时，组织面向全体的读书活动，如针对学生阅读过程中出现的相对集中的问题组织讨论会、辩论会等。

对学生的阅读成果，学生不能自我肯定，需要教师指点时——这也是一种疑问，教师应采取鉴赏的态度，主要提出肯定意见，特别是充分肯定学生揭示"秘妙"的成果。如果学生的阅读成果没有明显的世界观、价值观、人生观问题，教师不要轻易发表否定意见。

总之，教师不提供结论，但是"协助"解决问题。

课外阅读指导是一个放养、慢养的过程，没有什么立竿见影的指导方法，以上各项也只是宏观上的提示。

七、课外真实阅读管理模式

1. 叶圣陶：课内统一指导，课外学生自读

叶圣陶认为"略读"内容也应该由教师在课内统一指导，提出应该有统一的教材（有点像我们现在课本中的"名著导读"部分的内容），而后由学生在课外阅读，他建议的时间是寒假和暑假。

2. 于漪：开阔视野，课外延伸

于漪老师非常注重发挥学生课外阅读、学习的作用，她认为提高学生语文水平要课内课外两手抓。她说："语文教学要有效地提高学生语文水平，单靠课内是不行的，须课内课外两手抓。学生往往得法于课内，增益于课外。课内时间有限，课外则有学习广阔的天地，学生能施展自己的才能，发挥聪明才智。教师应有全面组织学生学习语文的能力，切不可忘记课外这一重要方面。"[①]

她是如何做的呢？一是积极热心地引导学生广泛阅读，培养学生读书的习惯。从提高认识入手，在激发兴趣上下功夫，辅之以及时的鼓励与表扬。于漪老师经常用古今学者劝人博览群书的名言警句和酷爱书籍、通晓各科的

---

① 于漪. 我和语文教学［M］. 北京：人民教育出版社，2003：14.

生动事例启发、教育学生，使学生认识到广为涉猎的必要性。二是创设种种条件引导学生阅读。如有计划有目的地推荐作品；课内阅读延伸到课外选择与课文有关的作品对比阅读、扩展阅读；组织学生在训练口头表达能力的活动中介绍自己阅读的好作品；随机向学生推荐名家名作，截取部分精彩段落朗读或解说，不失时机地推荐新出版的佳作；利用部分早读课时间带领学生读诗等。此外还有杂志游历、举办讲座、具体指导、讨论交流等。三是安排各种课外活动，丰富课外生活，开拓学语文的天地。千方百计创造条件让学生多看多听，多接触大自然，多接触社会生活，开阔视野，扩大知识面。如因时因地组织参观访问，组织游览活动，组织演讲、写作、读书等兴趣小组，举办作品、诗画、音乐欣赏会等。于漪老师强调组织学生参观、访问、游览时要"放"，要考虑得"远"，不要一举办活动就要求学生写作文，不要让学生背上包袱，看起来无兴趣，玩起来无味道。[①]

关于开展课外语文阅读、学习活动，于漪老师认为不能放散羊。"课外阅读、课外活动看起来似乎漫无边际，但做起来要有依归。这就在于教师心中有个计划，善于引导，把学生课外毕竟有限的宝贵时间用在点子上。"[②]

于漪老师的做法，是众多教师常规操作的典型。

3. 魏书生：办班级图书馆

魏书生老师对课外阅读的认识是寓育人于课外阅读之中。在魏书生老师的教育理论、实践体系中，教书和育人是分不开的。他认为：引导同学们在课外书这个广阔的知识海洋里泛舟，自然抵制了不健康书刊，学生开阔了眼界，更深刻地认识了人生，结识了许多良师益友，见到了不少榜样楷模，陶冶了情操，增长了智慧。自然，也增长了读、写能力。[③]

根据当时的条件，办班级图书馆是魏书生老师推动学生课外阅读的主要办法。书的来源是学生献一点，魏书生老师自己买一点。那时他外出开会，一件重要的事情说是跑书店给学生买书，最多的一次买回40多斤书。由于他的执着，县教育局、省教育学院出版处都曾经奖励、送给他的班级资金买书，他自己的奖金也有一部分送给了班级买书用。书很丰富，有人物传记，有当代优秀小说和古典文学名著，还有很多自然科学方面的书籍。班级有专门的图书管理员，他们先将图书编号，然后登记造册，有的还将图书目录贴出来，供大家选择。借阅时间，各位管理员有自己的规定，有的随时可借阅，有的规定一周借一次。有的管理员要求同学借书只写借条，有的管理员

---

① 于漪. 我和语文教学［M］. 北京：人民教育出版社，2003：14 - 16.

② 于漪. 我和语文教学［M］. 北京：人民教育出版社，2003：16.

③ 魏书生. 语文教学［M］. 沈阳：沈阳出版社，2000：108.

印制了图书借阅登记簿。学生们借书也大致有几条原则。对于那些因为课上看课外书而被科任老师告状的学生，魏书生老师还会根据实际情况进行调节。班级图书馆是一届接着一届办下去的。[①]

办班级图书馆，是魏书生老师根据当时学校的教育条件想出的办法。这给我们的启示是，无论条件多么艰苦，也要想办法让学生多读课外书。现在，一般的学校都有较好的图书室、图书馆，引导学生到图书馆借阅，应该是更为恰当的办法。

4. 南美英：和老师一起阅读

与中国的语文教师不同，国外的一些阅读专家对课外阅读的研究往往跳出了语文课堂教学的束缚，而使得课外真实阅读具有与课堂真实阅读同样的重要性和地位，甚至在开展方式上，也与课内阅读相交融。而他们提出的课外阅读指导策略，也往往更加具体、更加生动活泼。

韩国的南美英在《会阅读的孩子更成功》一书中总结的一些做法，对我们很有启发。这本书的"和老师一起阅读"部分，提供了大量的生动有趣、切实可行的开展课外真实阅读活动的方法，并且谈到了"建立读书与课业联系"的问题。建议主要是针对小学的，但对于我们在中学开展真实阅读活动同样有参考价值。我们可以从开展课外真实阅读活动和建立课外真实阅读活动与课内学习的关系两个角度来分析这本书相关部分的内容。

（1）开展多种多样的课外真实阅读活动。该书认为，开展课外阅读活动非常重要。对于那些年级较低的孩子来说，讲故事给他们听，是教育的基本。高年级也是一样的，可以采用学生自读和各种方式开展课外阅读活动。书中说："强调一定要多阅读书籍的励志格言，多到就算撰写成一本书也绰绰有余。"[②] 该书认为课外阅读活动要多种多样，生动有趣。

A. 让孩子亲近书籍，方法如"书籍值日生"制度。书籍值日生的工作是管理班级的书库和出老师要阅读给学生听的书籍，这会培养孩子的参与意识及责任感。

B. 营造热爱阅读的环境，如班主任经常阅读书籍，随时向同学们提供有关书籍的消息或新闻，关心同学们正在阅读什么样的书、关心什么样的书，"让读书的话题在教室内不间断"。再如，制作阅读布告栏，提供学生有关书籍的信息情报，提升学生的阅读欲望。

C. 引导学生善用书籍，如鼓励学生以班上活动的形式交换书籍阅读，善用公有图书馆等。

----

① 魏书生. 语文教学 [M]. 沈阳：沈阳出版社，2000：105 – 108.

② 南美英. 会阅读的孩子更成功 [M]. 宁莉，译. 南昌：江西美术出版社，2007：2.

D. 开展阅读交流、提高活动，如 Book Talk（有关谈论书籍的事）、阅读猜谜比赛、朗诵诗比赛、口述童话比赛、阅读讨论会、阅读辩论赛、与作者对话等。该书非常重视开展阅读活动。通过阅读活动带动更多的人读书，在劝勉他人多阅读的同时，自己也会阅读很多书籍。形式如在"世界读书日"、阅读节开展活动等。在班级上，教师也可以带领学生组织开展一系列的阅读活动，如设立阅读课，充分利用学校图书室、图书馆，组织班级一起参观书展，成立班级读书会，还有支持学生成立读书社团，等等。

E. 引导学生区分优良书籍和不良书籍，可以举办"不良书籍讨论会"活动。

F. 鼓励不爱读书的孩子，这本书的建议是通过"Story Telling"（讲故事），把原来不知道文字的儿童、抗拒阅读文字的儿童、对阅读没有兴趣的儿童等带领至阅读世界。Story Telling 的进行方式有两种：一种是很多人集体轮流的 Story Telling，另一种则是自己说故事的形式。自己进行的 Story Telling，就好像奶奶们把孙子孙女抱在腿上，讲故事给孩子们听的方式，或是像说书的人，在公共场所给广大听众讲故事的方式。很多人一起进行的 Story Telling，则是一个故事由很多人接力完成。在学校内的 Story Telling，可以由教师进行，也可以由学生进行，甚至可以邀请很会说故事的人来进行。

G. 写阅读日记和制作阅读文集。对于要不要在阅读后写点什么的问题，这本书认为"写阅读日记"非常具有教育性价值。阅读心得感想有很多种形态，如用文字写出来的方式、用绘图画出来的方式、用语言说出来的方式、用舞蹈跳出来的方式、用歌曲唱出来的方式等。用文字写出来的方式又分为写信给某个人的方式、自己对自己告白的日记方式、与出现的人物对话的方式、以"如果我是主角"的想象去写的方式、询问专家或是给予建议的方式、把内文以重点记录整理的方式等。一年结束之际，将这段时间每个同学的阅读成果，制作成一本"阅读文集"。每个人的文字都会出现在这本书当中，各自的篇幅原则上由自己负责设计，最后再把每个同学的报告编辑成一本书，并使每个人都拥有一本。在装订上，不论是选择用印刷的，或是影印的都无所谓。这应该也是一种评价方式。

从字里行间我们可以感受到，开展课外阅读活动，要建立在调查学生阅读的实际状况的基础上。还要特别注意，开展课外阅读活动的基本要求是保持学生的兴趣和阅读喜悦感，如进行 Story Telling 时应注意不要提出问题来测试参与者的集中力，故事结束之后，不要求孩子们说出感想或写出感想，这会让喜悦消失。

（2）建立读书与课业的关系。该书认为，以"建立读书与课业的关系"

这种方式，让学生了解并认知阅读有助于课业，进而选择优良书籍阅读，对于阅读偏食的孩子，更可以给他们提供广阔的阅读世界。在建立读书与课业的关系时，应注意选择学生们容易取得的书籍，选择适合学生水平的书籍，不要以学生的课业内容来选择书籍，而是要着重在书籍的作品性。如果阅读没有作品性的书籍，孩子们会感到无趣，而这很可能会导致孩子们对书籍的厌倦。这对于我们联结课内阅读与课外阅读也有一定参考价值。①

5. 艾登·钱伯斯：打造儿童阅读环境

艾登·钱伯斯认为阅读不是一个由 A 到 Z 的直线关系，而是一个儿童与"有协助能力的大人"持续互动的周而复始地经历"选书—阅读—回应—选书—……"的循环过程。②《打造儿童阅读环境》一书从"阅读过程"着手来探讨给孩子们创造一个阅读环境，帮助他们成为深爱阅读的读者的问题。

选书。阅读的第一步是我们身边要有一批有用的藏书，而这些藏书要包括阅读者感兴趣的种类，并且有一定数量，这些藏书要可以随时拿到手。这又包括如何收藏与陈列的问题。

阅读。艾登·钱伯斯从阅读环境的角度，提出学校要给孩子提供一个适宜的阅读环境，让他们有固定的阅读时间，并能心无旁骛地阅读。

回应。有两种回应非常重要：第一种是在读完一本喜欢的书之后，期待能再经历相同的阅读乐趣；第二种是在读完一本喜欢的书后，迫不及待地想和他人谈论自己的阅读心得。这两种回应帮助孩子成为一位思考型的读者。谈论图书大概有两种形式：一种是非正式的，属于朋友之间漫无目的的闲谈；另一种则是教室或研讨会中的正式讨论，是较具思考性的形式。两种形式都能将阅读循环扩展为螺旋状，让阅读不断地持续下去。"回应"的重点是如何让孩子们学会思考，成为一位成熟的读者，其关键在于和孩子讨论图书的人能否引导孩子进行更深入而细致的思考，让孩子有机会审视一本书到底带给了他（她）什么，进一步使他（她）明白自己的阅读兴趣所在。

有协助能力的大人。大人（教师）应该能够为小读者提供各种协助，分享他（她）的阅读经验，以利于他们排除阅读障碍。大人应该有阅读经验，是阅读循环的中心点。小读者之间也可以彼此学习，大人也可以从小读者的

---

① 南美英. 会阅读的孩子更成功［M］. 宁莉，译. 南昌：江西美术出版社，2007：134 – 156.

② 钱伯斯. 打造儿童阅读环境［M］. 许慧贞，蔡宜容，译. 海口：南海出版公司，2007：4.

身上学到东西。①

在分析这些要素的过程中，艾登·钱伯斯有一些观点非常值得我们重视。

（1）要为孩子们的阅读提供时间。培养孩子们成为读者需要4项不可或缺的条件——时间、良好的馆藏、读故事和如何指导孩子阅读。在这四项条件中，时间最重要。没有阅读时间，阅读就不能实现。在孩子们16岁以前，学校应该每天都拨出一些时间，让他们自由自在地挑自己喜欢的书。在这样的阅读环境中，孩子们会养成读书的习惯。关于阅读的时间的长短该如何安排的问题，他建议：7岁左右的小朋友一次大约15分钟（一天可以安排两次）；9岁左右的小朋友，一次大约30分钟；13岁左右的小朋友，一次为40～45分钟。②

（2）培养孩子的阅读专注力。艾登·钱伯斯提出一个"在阅读自己喜欢的书上可以花多少时间"的问题，答案是"就看孩子的专注力和兴趣能够持续多久，再多加上一点点时间就对了。而这个时间的长度自然会因各种限制而有所变化"③。而在这里，艾登·钱伯斯也强调孩子的阅读习惯是需要慢慢引导，才能循序渐进地步上轨道的。艾登·钱伯斯把这些要素的操作归纳为"USSR"，即在这段不包括准备、调整心情安定下来以及教师指导的时间在内的自读时间时里，孩子不受干扰地（uninterrupted）持续地（sustained）安静地（silent）阅读（read）。教师应该避免利用这段时间检查学生们的功课、要他们读故事，或者自己在教室里转来转去地忙着做其他事情。同时，教师也应该阅读自己想看的书，以身作则。在这段时间里，如果孩子们难以定下心来，教师应该在一旁适时地鼓励孩子以帮助他们发挥自制力，也要注

①　钱伯斯. 打造儿童阅读环境［M］. 许慧贞，蔡宜容，译. 海口：南海出版公司，2007：4－10.

②　钱伯斯. 打造儿童阅读环境［M］. 许慧贞，蔡宜容，译. 海口：南海出版公司，2007：32－35.

③　钱伯斯. 打造儿童阅读环境［M］. 许慧贞，蔡宜容，译. 海口：南海出版公司，2007：32.

意帮助孩子们保持安静。①

（3）保证孩子有良好的阅读心境。阅读参与者愉悦与否主要取决于"心境"（the set）和"情境"（the setting）两个因素，而在阅读的过程中，心境的影响力比情境更大，阅读的心境将深深地影响阅读的成果。因而如果我们能让孩子充满期待而自发地想去阅读，那么孩子们将很容易进入状态并乐在其中；但如果孩子们是百般不愿地被迫拿起书本，那么阅读将沦为一项无聊透顶的作业。所以我们有必要认真地思考理想的阅读环境中每一项因素对人们阅读心境的影响。

（4）掌握阅读情况。应该要求孩子们阅读时留下一些简单的记录，以帮助孩子们对书中的情节有更深刻的记忆，增添阅读的乐趣。② 所以应该要求孩子做"阅读记录"（不同于我们平时所说的"读书笔记"，可以理解为读过的书目——笔者注）并把它保存下来③，"只要读过什么书，就随手将它们记录下来，有些时候，大人甚至可以帮小孩子做这个记录"④。对于这个阅读记录，艾登·钱伯斯提出了一些要注意的重点问题。例如：笔记本要装订牢固。在孩子们不会写字以前，大人帮助做好记录并妥善保存，孩子长大后由他们自己去做记录。教师每周追踪一次孩子们有没有好好做记录。不要强迫孩子们写下对书的评语，这只是一份简单的书目记录，不要视之为一份作业。教师和家长都要避免在孩子的阅读笔记上写任何评语，不要引起孩子

---

① 钱伯斯. 打造儿童阅读环境［M］. 许慧贞，蔡宜容，译. 海口：南海出版公司，2007：34-35. 关于"SSR（Sustained Silent Reading，持续默读）"，吉姆·崔利斯在其所著的《朗读手册》（南海出版公司2009年7月第1版）一书中有这样的介绍："佛蒙特大学的小莱曼·C. 亨特（Lyman C. Hunt，Jr.）在20世纪60年代最先提出SSR的概念，之后获得了研究阅读的专家罗伯特与玛琳·麦克瑞肯（Robert and Marlene McCracken）的重要支持。麦克瑞肯夫妇研究了各种技巧并经学校实验验证后，推荐以下的SSR教学计划：孩子独立阅读的时间必须限定在相对固定的时间段内。老师与父母应根据班级和家庭环境的不同调整时间，以增加孩子的熟练程度。在教室内阅读的时间通常是10分钟或15分钟。每个学生应自行挑选要看的图书、杂志或报纸，在阅读期间不得变换读物。所有读物须在SSR时间开始前选好。教师与父母也要陪同阅读，以身作则。这一点再怎么强调也不为过。不要求学生写读书报告，也不作任何分数记录。"（见该书138-139页）

② 钱伯斯. 打造儿童阅读环境［M］. 许慧贞，蔡宜容，译. 海口：南海出版公司，2007：36.

③④ 钱伯斯. 打造儿童阅读环境［M］. 许慧贞，蔡宜容，译. 海口：南海出版公司，2007：37.

们的反感。不要把孩子们的阅读记录相互比较。教师自己也要做阅读记录。①

（5）要为孩子们讲故事、读故事。年龄较小的孩子需要通过讲故事的方式引导他们的阅读兴趣，年龄大的孩子也需要为他们讲故事、读故事。

（6）开展各种活动，帮助孩子们分享阅读，以及扩大他们对彼此的影响力。如"你读过这本书吗"活动、图书涂鸦板、编辑或参与墙报设计、学校杂志、选书讨论、设计图书陈列方式、阅读俱乐部、参与学生社团等。②

（7）教师要协助学生选书。方式如在不经意的对话中分享阅读世界、推荐图书，每周利用一小段时间与孩子们聊一聊他们能读的书，用有创意的书单形式为学生提供书目，搜集同一本书的不同版本进行"融合比较"。以上这一切的目的都是为了提高期望。③

（8）用各种方式增强回应。方式如开读书会（"说来听听"）、"献给作者"（让孩子们制作一本以某本书为主题的书，然后寄给这本书的作者，作为他们"文学讨论"的一部分）、根据对阅读内容的理解画画和做手工、摘抄并编辑属于自己的作品选集、以戏剧的方式呈现、制作图书等。④

（9）大人（教师）自己帮助自己成为阅读的催生者，成为有协助能力的大人。

艾登·钱伯斯的观点给我们的启示在于，学生的课外阅读是应该、必须也能够加以管理的。

第二节　课外真实阅读管理的尝试

课外真实阅读管理是一项计划性与随机性相结合、宏观性与具体性相结合的工作，很难建立起固定的工作模式。如果说这项工作有个模式，那就是"动态性"模式——相机选择最佳方式。

例如，如果我们能够确认学生是热爱阅读的，那么最好不要干预他

---

① 钱伯斯. 打造儿童阅读环境［M］. 许慧贞，蔡宜容，译. 海口：南海出版公司，2007：38.

② 钱伯斯. 打造儿童阅读环境［M］. 许慧贞，蔡宜容，译. 海口：南海出版公司，2007：67－72.

③ 钱伯斯. 打造儿童阅读环境［M］. 许慧贞，蔡宜容，译. 海口：南海出版公司，2007：73－75.

④ 钱伯斯. 打造儿童阅读环境［M］. 许慧贞，蔡宜容，译. 海口：南海出版公司，2007：76－78.

（她），让他（她）自己读下去。而对于那些"懒货"来说，对他们的课外阅读进行"规范"则是非常必要的。

但是在这相机而动的过程中，有一项工作却是贯穿始终的，就是打通课外真实阅读与课内真实阅读的联系。真实阅读是一个完整的多层面的系统，课外阅读与课内阅读不是两种阅读，而是同一种阅读在不同层面上的认识结果。但是，由于时空不同、读物不同，教师和学生们还是把它们当作两种不同的阅读来看待。通过打通二者的联系，能够完善真实阅读教学体系，形成学生课外阅读与课内阅读一体化的认识。

一、通过课内阅读教学打通联系

广义地说，课内真实阅读是建立在课外真实阅读过程之中的，课内真实阅读教学是课外真实阅读指导的典型形态，二者之间"先天"就是一体，谈不到打通联系的问题。

严格地说，课内真实阅读教学与课外真实阅读管理只有在内容、方法和理念上多方位一致，才在真正意义上成为一个整体。

我们举一个直观的例子：如果我们只是就着《智取生辰纲》的"课文"学习这篇"课文"，这堂课在客观上也形成了对《水浒传》的阅读指导，也培养了学生阅读中国古典小说的能力，也能提高学生的语文素养，这种《智取生辰纲》与《水浒传》、中国古典小说的联系就是广义的联系。

如果我们把对《智取生辰纲》的学习建立在学生阅读了《水浒传》原书（或相关情节）并有了一定的感受的基础之上，建立在指导《水浒传》阅读的基础之上，让学生广泛联系《水浒传》中的相关情节，理解《智取生辰纲》的内容，理解杨志、吴用等人的形象，《智取生辰纲》的课内教学就与《水浒传》的课外阅读指导在多角度上联系在了一起，课内教学就直接指导了《水浒传》阅读，课内真实阅读教学与课外真实阅读管理就完成了"一体化"的过程，这才是我们所说的二者真正地建立了联系。

根据读物的内容与性质的差异，我们认为通过课内阅读教学打通联系的方式主要有两种：一种是通过读物之间的直接联系建立教学上的联系，另一种是通过读物之间的间接联系建立教学上的联系。

（1）通过读物之间的直接联系建立教学上的联系，即明确课外阅读的内容与课内阅读的内容是同一个读物，区别仅在于一部分是在课外的时空阅读，另一部分是在课内的时空阅读。前面说的《智取生辰纲》与《水浒传》就是这样的关系。再如，课本单元中选取了《威尼斯商人》中的一个片段，但是书中注释标明了它选自于莎士比亚的剧本《威尼斯商人》，这二者实际上是一个整体。明确了这种关系，就打通了二者之间的联系，学生便不会把课内真实阅读与课外真实阅读当成两种阅读来对待了。

案例 3

《智取生辰纲》教学设计与实施

我相信很多学生与我当年读《拳打镇关西》《智取生辰纲》等《水浒传》选段的心理是一样的，特别想知道的是，这个情节之前还发生了什么事情呢？后来又怎么样了呢？

所以，我在设计这堂课的第一个想法就是，我一定要满足学生这种了解故事情节的愿望。

我的第二个想法是，要让学生在更广阔的空间认识杨志。例如，不仅要把杨志放在当时的社会背景上去看，还要放在他家族的历史上去看，学生了解一点杨老令公的故事也许对认识杨志有帮助。再如，要把杨志与其他英雄好汉放在一起，看他的人性、品质、能力、智慧等。

第三个想法是，用杨志"钓"出"另外一个人"来——在研究杨志的过程中，学生还对《水浒传》中的哪个人物感兴趣？学生本来对《水浒传》中的哪个人物最感兴趣？学生在本课中学习到的阅读方法，能用来分析那个人物吗？如果不能，该怎样分析那个人物？

第四个想法是，用"智取生辰纲"这个情节"钓"出另外的情节来。

这么多任务，怎么完成呢？一堂课肯定是完不成的，但是如果把平时用在《智取生辰纲》上的课时和《水浒传》阅读指导上的课时加在一起，有三四个课时就差不多够用了。

所有的书都在课上读肯定是完不成的，不在课上读，很多学生课后就不会读，那么上述想法就又没有实际意义了。所以就要把课内外结合起来，一部分课前准备，另一部分课上完成。堂上指导，课后自读。

序　　幕

星期五快下课的时候，我对同学们说：接下来的日子我们要研究一下杨志。《水浒传》第十一回《梁山泊林冲落草　汴京城杨志卖刀》中，杨志一出场便道："洒家是三代将门之后，五侯杨令公之孙，姓杨名志。流落在此关西。"这杨令公是谁？"三代将门"是怎么回事？杨志怎么会流落关西？他有怎样的经历？他是个怎样的人？想知道吗？

同学们说"想"。

于是我说：那么你们回去研究一下。我建议你们重点阅读一下《水浒传》中与杨志相关的所有情节。不过关于杨令公的故事，可能得麻烦你们翻一下《杨家将演义》或有关网页了。当然，史实只是理解小说的一种参照，小说不能当作历史书来读。这次研究，"但当涉猎，见往事耳"。

同学们议论了一下后，我接着说：我们今天布置的任务是，根据自己实际阅读的材料，构思一篇"杨家小史"或"杨志小传"，帮助自己厘清思路。作业可以写在纸上，也可以制作成 PPT。

第一课：了解杨志

星期一的这堂课相当于一个故事会。简单地开场后，同学们开始讲故事。他们讲到了杨志的经历、杨家的历史，我穿插着问："这样的家世让杨志有怎样的人生理想？"

学生说："指望把一身本事，边庭上一枪一刀，博个封妻荫子，也与祖宗争口气。"这是《水浒传》书中的原话，看来还是有人认真读了书的。

然后我问：那么杨志实现了自己的理想吗？他有怎样的经历？

学生们开始讲《水浒传》中杨志的故事。我不插嘴，就是听着。学生们准备得很认真，故事讲得很全面。

快下课时我说：今天，我们厘清了杨志的经历。关于他的祖上杨令公的部分，涉及一些真实的历史。关于杨志的部分，主要来自于小说《水浒传》。好吧，下堂课我们就来探讨一下小说中这个杨志的形象。为了使我们的思考集中一些，我们重点研究《水浒传》第十五回《杨志押送金银担　吴用智取生辰纲》中的选段——《智取生辰纲》，看看有什么发现。同学们回去之后，把课文多读几遍，先有个自己的想法，方便明天上课有话说。

第二课：说杨志，论"智慧"

第二堂课上课后，我问同学们：这个选段中，哪些东西最值得深入研究？

学生们的倾向主要集中在杨志这个人和"智"这个词上。也有很多同学对吴用等人感兴趣。

于是我说：那我们就从杨志这个人说起吧。杨志是个怎样的人？

同学们说，杨志是个暴躁的人，杨志是个粗暴蛮横的人，杨志是个急功近利的人，杨志是个刚愎自用的人，杨志是个负责任的人，杨志是个谨小慎微的人，杨志是个精明强干的人，杨志是个志向远大的人，杨志是个敢作敢当的人，杨志是个武艺高强的人，杨志是个倒霉的人，等等。他们也都举出了例子来分析，可喜的是他们并不局限于用这篇课文中的材料来分析人物性格，还引用了《水浒传》中其他章节的故事来证明自己的观点。

当有同学说"杨志是个有智慧的人"的时候，我说：课文的标题是"智取生辰纲"，原书本回的标题是"杨志押送金银担 吴用智取生辰纲"，你为什么偏偏认为杨志也是个有智慧的人呢？

大家一起讨论，发现杨志之智主要表现在智藏行踪、智变行辰、智选路径这三个方面。大家都结合着原文和课文举出了具体的情节来证明自己的观点。

我也适当参与讨论，帮助同学们深入地认识到杨志之智与他精明谨慎的性格有关，还与他多难的经历中积累下来的社会经验有关，也与他迫切地想把任务完成的愿望有关，而这个愿望与他"博个封妻荫子"的人生理想有关。

然后我问：杨志如此精明谨慎，视押送生辰纲为关系到身家性命、理想前途的大事，又有着如此丰富的社会经验，为什么还把生辰纲弄丢了呢？

大家一起研究，得出结论：吴用等人智高一等。他们不仅充分地考虑了天时、地利、人和等因素，制订了周密的计划，更是在细节上精雕细琢，战术上近乎完美。

然后我问：在时、地、人这三个要素中，吴用等人把重点落在哪一点上？

同学们说：人。

我问：杨志最重大的失误是什么？

同学们说：没有考虑到人的因素。

杨志所有的心思都是集中在如何把任务完成之上，没有顾及军士们的感受。相比之下，吴用等人设计战术的重心都落在了人的身上。天气那么热，是个人就受不了，只要稍加诱惑就会上当买酒喝，何况那些军士并没有那么多社会经验。

杨志想"博个封妻荫子"，但是总想靠自己的力量，靠自己"一身本事""一枪一刀"。相反吴用等人却是团队作战。杨志认为凭借自己的本事一定能够完成押送任务，却没有考虑到这个队伍本来就与他不是一条心，任务开始时，就埋下了失败的祸根。

我总结说：杨志智不及人。这句话有两层含义：一是杨志的智慧比不上吴用等人的智慧；二是杨志没有考虑到人的因素。

我说：作者写作这段故事的手法是对比，我们分析人物形象的方法也是对比。你们还能把杨志与《水浒传》中其他的人物进行对比，发现一些问题吗？

我叮嘱他们说：完整地阅读你要对比的故事，但是只要挑出一个相同、相似的情节来比就行了。

第三课：杨志与他的伙伴们

这堂课，主要是让同学们介绍自己对比阅读的成果。

课前，我也过问了一些同学的准备情况，确认了他们的准备是有效的，但是没有评价他们准备的质量如何。课上发言之前，他们也先在小组内交流了一下。

一名同学对比了杨志与鲁智深。他说：这两个人一个是似细实粗，一个是粗中有细。杨志看似谨小慎微，但是考虑事情比较粗糙，如他押送生辰纲时从头到尾都没有处理好与别人的关系。鲁达似粗实细，如他一听到金老父女的遭遇虽然立马大发雷霆，但是第二天早晨却记得拦在店门口不让店小二通风报信。

一名同学也对比了杨志与鲁智深。他说：这两个人都杀了恶人。但杨志是为了自保，迫不得已，《水浒传》中写他杀牛二是被牛二打急了；而鲁智深是因为快恶如仇，行侠仗义。

一名同学对比了杨志与林冲。他注意到了林冲与洪教头比武和杨志与周谨比武时，两个人不同的心理。林冲心里想赢，所以没给洪教头留脸面，而杨志心里也想赢，心里却想的是不要伤人性命。从这点上来说，杨志比林冲厚道。

一名同学对比了杨志与武松。他觉得两人都虑事周全。武松替武大郎报了仇之后去官府自首时，要求众邻居随他去官府做证，杨志杀了牛二之后去官府自首时，也要求围观众人给他做证。

同学们的发言，站在"大人"的角度看，还比较粗糙，但是这也令人惊喜——他们在经历自己的真实阅读的过程。

快下课时，我说：你还对《水浒传》中哪个情节感兴趣，你认为《水浒传》中哪个情节最重要？你能像教材编者这样把它节选出来介绍给大家吗？相信大家也会像我们读课文这样来阅读你的选段呢。这就是我们今天的作业。我希望这个要求能吸引着他们继续完整地、深入地阅读全本《水浒传》。

我设计这一课的思路其实非常简单，就是让学生对《智取生辰纲》的解读建立在对《水浒传》的认识之上，也希望通过对《智取生辰纲》的学习，能够帮助同学们掌握阅读《水浒传》的方法。这样，课内的《智取生辰纲》与课外的《水浒传》就联系起来了。

（2）通过读物之间的间接联系建立教学上的联系，即明确课外与课内阅读的是同一类读物，读物之间在某个或某些方面有着相互参考的作用，区别仅在于课本根据某种标准选了这篇，没选那篇而已。朱自清先生对这种同一类的读物之间的联系有一段阐述：

诸君在国文教科书里读到了一篇陶潜的《桃花源记》，……这篇文字是晋朝人做的，如果诸君觉得和别时代人所写的情味有些两样，要想知道晋代文的情形，就会去翻中国文学史；这时文学史就成了诸君的参考书。这篇文字里所写的是一种乌托邦思想，诸君平日因了师友的指教，知道英国有一位名叫马列斯的社会思想家，写过一本《理想乡消息》，和陶潜所写的性质相近，拿来比较；这时《理想乡消息》就成了诸君的参考书。这篇文字是属于记叙一类的，诸君如果想明白记叙文的格式，去翻看记叙文作法；这时记叙文作法就成了诸君的参考书。还有，这篇文字的作者叫陶潜，诸君如果想知道他的为人，去翻《晋书·陶潜传》或陶集；这时《晋书》或陶集就成了诸君的参考书。①

在这段话中，我们看到两点：一是读物之间的联系是多角度的，教师指导起来也应该多角度指导，避免学生对读物产生狭隘认识，因而影响了他们原汁原味地阅读。二是通过教师的指点，可以建立学生对课内阅读与课外阅读是一个整体的认识。

当然，读物之间的联系，本不需要教师明确的，学生读得多了，积累达到了一定的水平，自然能从不同角度找到读物之间的联系。我们提出这种方法，只是提示教师在学生水平较低的时候，帮助他们建立读物之间的联系时可用的方法。

案例 4

《谈生命》教学设计与实施

冰心的《谈生命》，内容丰富、深邃，语言优美，能激发人广远的人生感悟，给人回味无尽的语言美感。但是，我每次教这篇作品时，都觉得有两个问题不好解决：一是课文的思想内容有学生的理解和感受还触及不到的地方，例如，学生能够理解作品中的思想感情，但是不容易体验到那种豁达、平和的思想之美；二是作品语言美点多，给人以应接不暇之感，完全靠学生"内化"或修辞学层面的赏析会使课堂显得机械、空洞。

我想，可不可以通过打通"生命"与"语言"的联系的方式，把学生心灵中的生命感受与作品中抒写生命的语言融为一体，通过打通本文与其他

---

① 叶圣陶. 叶圣陶教育文集：第三卷［M］. 北京：人民教育出版社，1994：239－240.

相关作品的联系的方式，一步步打开学生的视野和心灵，慢慢地走进冰心的内心深处，走进生命的深处，走进语言的深处呢？基于这种思考，我设计实施了如下教学过程。

一、留心生命

课堂开始的时候，我并没有急于让学生进入文本，而是先提出一个问题：你在何处发现了生命？它是怎样的？

我给了学生一个思考和发言的范例：

我在墙角发现了生命。墙角的砖缝中，竟然冒出了一截小瓜苗，它昂然挺立。

我在白居易的诗中发现了生命。小草"野火烧不尽，春风吹又生"。

这个范例中，前一条指向真实的生活，后一条指向经典的文学作品。我希望这个活动能够调动起学生心灵中已有的生命感受，激发他们言语生命的冲动。

活动有效。同学们纷纷发言：

"我在老屋的檐下发现了生命，老燕悬飞在巢边，衔着小虫喂黄口的小燕，小燕不时'叽'地叫着。"

"我在小姑姑的肚子里发现了生命，她把姑姑的肚皮撑得大大的，有时姑姑会大笑着说：'她又踢我了，好调皮啊'。"

"我在《走一步，再走一步》中发现了生命，孩子们在悬崖上爬上爬下，充满了活力，充满了对生活的热爱。"

"我在《咏柳》中发现了生命，柳树'万条垂下绿丝绦'。"

同学们说了很多。但是我觉得这种感觉还是徘徊在学生的思想之外，我们还是没有办法开始对课文的阅读，于是我对学生说："握紧你的右拳，深吸一口气。"学生照做了。

我接着说："把这口气呼出去，放开你的手。"学生照做了。

我问："呼吸之间，你们感受到了生命的存在吗？"

学生说：

"我在呼吸之间感受到了生命，胸口好胀，气流很响。"

"我在双手的握紧与松开之间感受到了生命，握紧时那么紧张，松开时那么空虚。"

"我在老师的目光中感受到了生命，它是那么真诚，那么温暖。"

于是我问："你们还能借用一些名人名言来表现一下对生命的认识吗？"

学生说不出，我用 PPT 课件展示给他们看：

人的生命似洪水奔流，不遇到岛屿和暗礁，难以激起美丽的浪花。——奥斯特洛夫斯基

生命是一条艰险的峡谷，只有勇敢的人才能通过。——米歇潘

人要学会走路，也要学会摔跤，而且只有经过摔跤，他才能学会走路。——马克思

使生如夏花之绚烂，死如秋叶之静美。——泰戈尔

山重水复疑无路，柳暗花明又一村。——陆游

学生发言时，我把他们的话分行记录在黑板上。我说："同学们，刚才我们共同写了一首关于生命的诗。现在让我们一起来朗诵一下吧。"朗读完毕，我觉得同学们对生命有了一点感受，对语言中的生命感受鲜明了。

于是我说："让我们为这首诗命一个题目好不好？"

学生自然而言地说："谈生命。"

我把这个题目写在"诗"的上面，然后说："今天就让我们再来学习一篇谈生命的经典名作——冰心的《谈生命》。"然后简单地介绍了作者，解决了一下生字的问题。

这是本次阅读活动中，语言与生命的第一次联系，学生用自己的言语表达了自己对生命的"最初"感受。我觉得，他们进入了言语生命的状态——一种审美准备的状态。

二、品读生命

学生们阅读了课文后，我说："文章的标题是'谈生命'，你在课文中读出了哪些关于生命的见解？你是怎样理解的？"我提醒同学们可以从内容、结构、思想感情等多方面谈自己的理解，感受到什么就谈什么。

同学们开始发言了。他们说：

"生命像小溪一样历经百转千回，最终归入大海，成为大海的一部分，宇宙大生命的一部分。"

"生命像小树一样历经春夏秋冬，最终归入大地的怀抱，成为大地的一部分，宇宙大生命的一部分。"

"生命像小溪一样，这虽然是从空间的角度写的，但是却与人的成长历程一样。"

"生命像小树一样，这是从时间的角度来写的，但是我觉得我联想到了一切季节中的一切可能。"

"'遇到巉岩前阻，他愤激地奔腾了起来，怒吼着，回旋着，前波后浪地起伏催逼，直到他过了，冲倒了这危崖他才心平气和地一泻千里。'这让我想到任何人的生命中都会遇到困难、失败、坎坷，但是勇敢的人会努力去克

服困难。"

"'他消融了归化了，说不上快乐，也没有悲哀！'这让我想到，人应该平静地接受生命中发生的一切，一切酸甜甘辣，一切喜怒哀乐。"

"'然而我不敢说来生，也不敢信来生！'我理解是人要活好今生，无论今生有多少幸福、多少痛苦都要欣然面对。"

"生命中有痛苦，也有欢乐，无论痛苦与快乐，都要接受，都要保持积极上进的心态。作者自己能够勇敢地面对，也希望所有人都能勇敢地面对。"

"每个人的生命都是宇宙大生命的一部分，每个人活着都不仅仅是自己，所有的生命都是一样的，不必过于在意自己生命中的苦痛和幸福。"

"每个人都是宇宙中的一部分，活好自己，也就是为宇宙这个大生命做贡献。"

"每个人都有自己的经历，要从容不迫，不受外界的影响。"

"国家灾难重重，但这恰恰是生命的动力，要对国家和自己的生活充满信心。"

我提醒同学们注意一下"我不知道生命是什么，我只能说生命像什么"这句话。

同学们说：

"这是作者谦虚的说法。"

"这也是作者对每一个生命的尊重——我说的不是真理，我并不强迫你们接受，但是我愿意与你们分享。这种感觉真是很美。"

"作者并不是给生命下定义，只是想给大家一些启发，而这种启发的目的是激起读者对生命的认识，就像我们这堂课上所做的事情一样，我们每个人对生命都有了新的认识。"

"这句话的意思是说'生命'是说不尽的，这篇文章只想从一个小的角度去谈。这样更能让读者自己去思考生命的意义。"

发言中，没有同学涉及作品的结构问题，于是我问："谁能理一理本文的结构？"

经过了一段时间的研究后，同学们说："这篇课文是'总—分—总'结构。开篇先表达本文的内容——生命像什么；然后用两个比喻分别从空间（境遇）和时间（历程）的角度表现生命的特点，在这个过程中表现出作者对生命过程的认识，同时表达出作者的态度——要平静、从容地接受今生，过好今生；结尾点题、升华。结构简洁明了，但是思想内容不断升华。"

我说："简朴的结构正是好文章最基本的品质，就像冰心这个人一样，外在朴实无华，但是内在丰富、博大、深邃。"我用PPT显示作家自己对笔名的解释："冰心"与我本名谢婉莹的"莹"字含义"光洁、透明"相符。

"冰心深处，霞光万丈"！

我推荐他们课后阅读赵丽宏的散文《生命》、何义的散文《精彩生命》、法国蒙田的散文《热爱生命》和张承志的散文《生命》。

这是本次阅读活动中，语言与生命的第二次联系，学生在内容上进入了文本，用冰心的思想方式思考了生命。因为有了上一次联系做基础，所以这种思考并没有停留在理解上，而是有了一种审美同情的味道。这是阅读审美中一个重要的关口，内容与形式浑然一体，但学生必须首先对内容有了充分的感受，才会对形式有更深的感悟。

三、表达生命

在上一堂课及课后的阅读中，同学们初步理解了作品的思想内容，对生命的感受得到了进一步加强，同时对语言也有了激情。接下来，就应该进一步通过这种鉴赏性阅读来引导学生深入理解言语方法和语言的意蕴。在这个环节，如何能让学生对语句体会得深入呢？从语法、修辞、逻辑的角度去理解、赏析，研究某些语句运用什么样的修辞方法、描写了什么内容、表现了怎样的思想感情、美在何处等，也是可以的；学生口头交流一下，"说一说"，应该也是可以的。但是，这样的做法在以往的教学中，总是感觉到它是浮在语言实践的表层，激发不出学生心灵深处对语言的感悟。

我根据本文的特点设计了更为深入的语言赏析方式——仿写；设计了更为有正面激发力的评价方式——说说原句与己句的妙处。我希望在这个活动中，学生既能够通过个体言语实践进入到文本言语内部，在这个以冰心的言语生命和个体真实生命为题材的表达实践过程中既充分品味原文言语，又充分品味自己的言语过程。当然，这也与我个人"评优"的引导习惯有关，我认为正面引导比之负面引导效果要好。

我提出了如下活动要求：任选语句仿写，并说说原句与己句的妙处。

如果学生空着心灵，完成这个任务是有很大难度的，如我自己就想不出有什么关于生命的比喻，我觉得最好的两个比喻已经让冰心从空间、时间两个角度给写完了。但是经过上堂课的学习活动，课后又阅读了我推荐的几篇散文，再加上过去在学习《生命，生命》《紫藤萝瀑布》等作品时的积累，学生已经对生命有了一定的感受，在完成这个任务过程中，他们是有可能越过选材难关而深入到思想和语言层面的。

我给了学生充分的时间让他们写作与交流，提醒他们可以参看我昨天提供的文章。

学生们的学习成果丰富而且精彩。如一名学生写道：

生命如登山，他从山脚下最低处开始，他带着看看远处的理想，他想知道山那边是什么。他放弃了所有的娱乐，离开了亲朋好友，向上攀啊攀。他爬过了平缓的山脚，穿越崎岖的山腰，登上了陡峭的山崖，他向往着那神秘的峰顶。

他攀啊攀，有时遇到平坦的坡地，他就停下来采点野果，这时他回想起山下的快乐，从前的朋友，但是他没有停止脚步，他仍要前进。有时遇到了荆棘，划得他满身伤口，他就停下来包扎一下，这时他回忆起父母亲人，他真想得到他们的亲吻、安慰，但是他没有停止脚步，他仍要前进。有一股神秘力量，在催逼着他向上攀……

终于有一天，他登上了山顶，这天空，使他如此心旷神怡。呵！他已到了山顶，但是他没有到达生命的尽头，他向远处望去，山那边啊，仍然是山。他想起老师教给他的诗："正入万山圈子里，一山放过一山拦……"

他说：当我写这段话的时候，写着写着我就忘记了我是在仿写，仿佛我真的在攀山一样。我的作品的优点是我写的爬山的过程更接近真实的生活，优还引用了古诗。

另一名学生写道：

我不知道生命是什么，我只能说生命像什么。对于大地来说，生命像一只只飞鸟，飞过去没有哪一只会留下影子；但对于我来说，生命像大地，我在心底记录下每一只飞鸟的影子。

他说：原文的妙在于用两个比喻说出了生命的特点，这样表达既生动形象又亲切有味。这两个比喻相互补充，相互生发，使人忘记了文章本身，而进入了对生命味道的品味之中，仿佛自己真的就那样经历了一生似的。我的作品是一个急中生智的产物，我突然间想到了泰戈尔的名句"天空中没有翅膀的痕迹，而我已飞过"，于是我就想我可以这样写。

站在教师的角度思考，我想这也算是一种由阅读而产生灵感的创造实例吧。

这是本次阅读活动中，语言与生命的第三次联系，学生从语言形式层面进入了文本，以生命为题材的言语实践使文本言语与个人言语融成了一体，形成了语言审美感悟。这个环节的另一个特点在于学生用个人言语实践的方式评价了文本言语，文本言语直接融入了学生个体言语并得到了创造性转化。

四、感悟生命

阅读一篇文章的收获，理解主题与因主题而产生新的感悟是两种不同的境界。《谈生命》这样的文章的阅读要求，同时涉及这两个层面：一个层面是理解作品的主题思想，浅层次的要求是理解语句的意思，如知道"消融了归化了，说不上快乐，也没有悲哀"这类语句的基本含义；另一个层面是要求学生体会文中富有哲理和情味的语言，理解之后能产生新的体验、感悟。古人讲读书要入得进去，跳得出来。入得进去指的就是前一种境界，跳得出来就是后一种境界。怎样让学生在前面学习的基础之上"入"得更深呢？我想到了冰心的另外两篇关于生命的作品。

一篇是写于1923年的《春水（五）》：一道小河/平平荡荡的流将下去/只经过平沙万里——/自由的/沉寂的/他没有快乐的声音　一道小河/曲曲折折的流将下去/只经过高山深谷——/险阻的/挫折的/他也没有快乐的声音　我的朋友！/感谢你解答了/我久闷的问题/平荡而曲折的水流里/青年的快乐/在其中荡漾着了！

另一篇是写于1985年的《霞》，教材课后习题中节选了其中一部分。

于是，我们设计了这样的感悟活动：《谈生命》一文发表于1947年。请阅读发表于1923年的《春水（五）》和发表于1985年的《霞》，相互联系，说说冰心"生命观"的发展脉络。

我希望这个活动能丰富学生对生命和言语的认识，同时能在比较性阅读中更好地理解《谈生命》的主题和丰富的意蕴。在我们共同努力下，问题得到了一定程度的解决。学生们认识到：

在作者年轻时的作品《春水（五）》中，作者认为生命旨在在曲曲折折中坚强地、快乐地奋斗。

而在写《谈生命》的时候，作者对生命的认识更加充分，主要包括三个方面：一是她认识到生命中有快乐，也有痛苦，二者共存共生，而无论是面对幸福还是痛苦，都要平淡地、从容地、坚强地接受。二是个体的生命是宇宙大生命的一部分，每个人只要活好自己都是为宇宙做贡献；现在国家面临的苦难这么多，我们更要努力珍惜自己，充满信心。三是要珍惜今生。

到了1985年，已经是个老年人的冰心的生命观也更加成熟了：她把过去翻译作"云翳"的英文单词改译成了"落霞"，表现了对晚年到来的从容态度，对死亡的无惧。同时，她更加宽广、深刻地认识到"人类"的生命是永不止息的，这就更加超脱、博大。

因为三部作品都摆在眼前，文中的语句可以相互参照，再加上我从旁指点，学生形成以上认识并没有经历太多的曲折。

在这个认识基础之上，我又尝试着加深了一下思考的难度。我说：温家宝总理说："我非常尊敬老人的为人，喜爱她的作品。她是一个有风骨的人，同时又是一个有爱心、有感情的人。"温总理这里说的"有风骨""有爱心""有感情"应该怎样理解？我把这个问题留给学生们课后思考，希望他们能够阅读更多的冰心的作品和关于"生命"的作品。

这是本次阅读活动中，语言与生命的第四次联系，言语与生命互相激荡，共同摇荡。学生对冰心作品的生命主题和言语特点的认识进一步交融，学生个体言语与生命感悟在更多同一主题作品的激扬下融为一体，而同时，冰心作品的风格、冰心这个人，在学生的心目中也开始渐渐清楚起来。言语实践激扬了生命感悟，生命感悟升华了言语实践。

五、绽放生命

最后，该让学生从冰心的生命言语中跳出来了——在感悟生命，升华思想的同时，也要感悟言语，升华言语。

我布置了这样的家庭作业：任选内容或语句，扩写。可以参考杨沫的散文《小溪》。

这是本次阅读活动中，语言与生命的第五次联系，在这个环节中，学生用自己的言语，表达自己的生命。

通过建立"生命"与"言语"联系的方式品读冰心的《谈生命》，在阅读过程中，言语与生命相交融，读者与作者相交融，学习与创造相交融，互相激扬，共同激荡，学生一层层突破感受和思想的障碍，感悟了生命与言语。如果说《谈生命》是言语的生命，那么学生的品读过程就是生命的言语过程。

这个过程，被我设计成了"留心生命—品读生命—表达生命—感悟生命—绽放生命"的学习流程，也不算十分机械。因为这五个课堂环节分别代表着真实阅读过程中的五个重要环节："留心生命"环节代表着生命的积累，这使得学生有能够接触某部、某类作品的认知基础；"品读生命"环节代表着学生的真实阅读过程，学生在原汁原味的阅读过程中发现作品的"秘妙"，习得语言；"表达生命"环节代表着揭示"秘妙"的环节，在这个过程中，学生深入品读作品，鉴赏作品；"感悟生命"环节代表着举一反三、融会贯通；"绽放生命"环节代表着阅读走向实践（在本活动中是走向写作实践）。

之所以举这样一个课内阅读教学的例子，是想说明这样的问题：课外阅读管理是真实阅读教学中的一个必然的部分，而课内教学是建立在课外阅读基础之上的。没有课外真实阅读这个背景，课内阅读就不会顺畅；没有课内阅读教学这种提高、升华，课外阅读也不容易进入作品的"秘妙"。

而管理课外阅读的方式之一正是这种建立联系的方式——从课内指向课外，或从课外指向课内。

以上两种教学设计方法都能打通课外阅读与课内阅读的联系，实际教学也是有一定效果的。但是我们也要说明一点，即以上两种方法都是以"打通课内外联系"这种理念为出发点的，在具体文本的教学中，我们并不提倡所有的阅读课都这样上。我们非常强调"读好这一篇"的重要性。

二、通过综合性学习打通联系

综合性学习是新课程非常重视的一种学习方式，从阅读教学的角度看，它突出的优点是课内外一体，在开阔的视野中，学生自主合作探究性地学习，自由自在地学习。

◇案例5◇

《追寻人类起源》教学设计与实施

在《追寻人类起源》这个综合性学习活动中，我们设计了丰富的阅读活动。活动目标之一是真实阅读训练，学生搜集、筛选、整理资料，研究、分析问题，取得学习成果。活动过程如下：

环节一：活动前指导

1. 提出问题。

播放电影《智人》片段，引出问题：关于"人类起源"这个话题，你想到了哪些问题？你能回答这些问题吗？

教师归纳同学们提出的问题，整理成几个具体的问题。例如：

A. 人类起源于哪里？人类是怎样起源的？人类经过了怎样的进化过程？

B. "中国人"起源于哪里？"中国人"经历了怎样的进化过程？

C. 现代人是否还在进化？

D. 未来的人类是怎样的？人类的未来是怎样的？人类会灭亡吗？

E. 世界各国的神话故事怎样描述人类的起源？

F. 神话通过描述人类的起源与进化，表现了怎样的思想观念？

G. 我们可以怎样表现人类的起源与进化？

H. 为什么要探究人类的起源与进化问题？

2. 学习方法和学习要求引导。

教师提出，在接下来的两周里我们将利用课余时间和综合学习课时间，探究以上问题。并指导探究的方法，提出探究活动的基本要求。

3. 学生初步分组后，教师提供部分学习参考资料和交流平台。

要求各学习小组利用课余时间展开研究，并提供 Q 群或班级学习博客，方便学习交流。提醒同学们回去以后继续发现问题，并根据实际情况调整本组的研究课题、研究路线。课下，教师关注同学们选题与分组情况、组员任务分配情况，指导学生在研究过程中出现的相关问题。

第一次推荐阅读网页和参考书目如下：电影《智人》、科教片《追寻祖先》、科学讲座《人类的起源》、科幻作品《人类曾经被毁灭》《人类的起源：全球十大经典创造神话传说》、理查德·利基《人类的起源》。

环节二：活动中指导

1. 展示交流学习成果。

学生主持人：我们可能熟知女娲造人、上帝造人的神话故事，但是你们知道古埃及神话、古希腊神话、美洲印第安人神话中，人是怎样起源的吗？知道中国的藏族、彝族神话中关于人类起源的故事吗？还有，你们知道关于人的起源的神话有"呼唤而出""原本存在""植物变的""动物变的""泥土造的"等五个种类吗？在过去一周的时间内，我们的同学对人类起源的神话进行了广泛、深入的研究，取得了很多研究成果。今天，就让我们一起来分享这些研究成果吧。

（1）讲神话故事。

各学习小组汇报学习成果。学生利用电子演示文稿，以诗歌朗诵、短剧表演、讲故事等形式展示学习成果。

开展学习评价。先是各小组自评，然后开展小组互评，之后由同学举手投票，评出优秀小组。

学习评价完成后，进一步开展深化提高活动。学生课堂上参与探究活动，探究问题有两个：众多神话中，人类的起源有何共同点？世界发展到今天，人们已经知道神话是假的，为什么神话仍世代流传？通过对这两个问题的研究，教师引导学生认识神话故事反映了人们对未知世界的探索精神和神话的文学特点。

（2）展示人类的起源与发展方面的学习成果。

各学习小组利用电子演示文稿，以图表、图示、文字陈述等形式展示学习成果。

开展学习评价。评价活动包括两个步骤：

A. 提问与答辩。学生自由提出问题，请发言小组解释。

B. 评比。课前每小组推荐1人担任现场评委，请评委依据评价量规现场打分，评出优秀小组。教师点评。

学习评价完成后，进一步开展深化提高活动。学生课堂上参与探究活动，探究问题有两个：结合人类起源与进化的条件谈谈今天人类仍在进化吗？未来的人会是什么样子的？这个活动的目的是整合知识，增强学生的分析、判断及联想、想象能力。

（3）教师小结，引出写作活动。

教师提出问题：一百年、一千年、一万年后，一定会有一个像你一样的孩子问同样的问题——我们人类是怎样起源的？你希望你的研究成果能为他（她）留下一个答案吗？你觉得用什么样的文体，从哪个角度，写什么样的内容，才能深深地吸引他（她）关注你的研究成果呢？

问题提出后，先请同学们谈自己的想法，然后教师用"原始人的一天""我摘到了一个果子""猴子与人的对话""人类起源概说""'神创论'可以休矣""人类起源神话的魅力""'外星人说'之我见""国宝失踪之谜"等题目引导学生开放思考，之后提出写作活动及要求。

写作题目如下：请你按自己的想法写一篇文章，题目自拟，字数不限，但最好在 600 字以上。一周内发表在班级主题学习博客里。

环节三：展示交流作文

1. 课前准备。课前引导学生根据共同点给作文分组，研究展示什么，如何展示。初步制定本次作文评价量规，重在从作文如何选题立意、选材、用材、语言运用等方面评价写作的表达质量和构思的创新意识。

2. 课堂活动。第一步是学生交流作文。学生分组推荐优秀作文上台展示，要求吐字清晰，声音洪亮，语速适合听众理解。

然后开展学习评价。先请作者谈写作意图和创意，反思自己的作文有没有达到自己追求的目标。然后同学依据评价量规和自己的感受口头评价作文，并给出打分建议。学生展示、交流的过程中，教师相机点拨。

3. 深化提高。学习评价完成后，进一步开展深化提高活动。学生课堂上参与探究活动，探究问题有两个：人类当前的真实处境是怎样的？在人类发展进程中，我们承担着怎样的使命？

下课前，教师提出写作学习反思的要求。

所有学习活动完成后，教师要求学生把所有材料上传到班级主题学习博客，并提示同学们班级会编印学习成果集，内容以学习汇报材料和学生作文为主，希望同学们继续阅读相关读物和修改自己的作文。

三、通过课外专题阅读活动打通联系

在第二章中，我们提到了多种课外阅读活动方式、方法。课外专题指导活动是其中一种效率比较高的方式。

开展针对具体作品的课外专题阅读指导活动，特别要注意的是既不能干预学生对作品思想内容原汁原味的理解，又要把学生的对作品的探索导向深入。

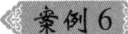

《朝花夕拾》课外真实阅读活动设计与实施

在引导学生阅读《朝花夕拾》这本书时，我设计了专门的短剧表演活动，以加深学生对作品的理解和体验。

活动过程如下：

环节一：学生自读。上完《从百草园到三味书屋》一课后，要求学生自读《朝花夕拾》一书，然后用"故事会"的方式抽查学生初步阅读情况。开故事会时，学生分成 10 个小组，每个小组抽签决定本小组讲书中的哪一篇，小组成员现场排练、讲故事。

环节二：改编剧本。这个步骤，我们上了一堂剧本改编指导课。课是这样上的——

我先用 PPT 展示了一个由杜牧的《清明》诗改编的小"剧本"。

> 清明时节，雨纷纷。
>
> 路上。
>
> 行人（欲断魂）：借问酒家何处有？
>
> 牧童（遥指）：杏花村。

就着这个小"剧本"，简明地点拨了一下剧本的要素后，我用 PPT 讲解了以下知识：

剧本一般包括人物介绍、场景交代和人物对话三个基本要素。

1. 人物介绍。剧本的开头部分简要交代剧中将要出场的人物，包括人物的姓名、身份等要素。如：

> 王利发——男。最初与我们见面，他才二十多岁。因父亲早死，他很年轻就做了裕泰茶馆的掌柜。精明、有些自私，而心眼不坏。

2. 场景交代。在人物对话之前，或人物对话的过程中，应该描写或说明必要的场景，也即故事展开的环境。场景包括故事发生的时间、地点、具体环境等，可以用"（ ）"标示出来。如老舍的《茶馆》中的写法：

> （我们现在就要看见这样的一座茶馆。）
>
> （一进门是柜台与炉灶——为省点事，我们的舞台上可以不要炉灶；后面有些锅勺的响声也就够了。屋子非常高大，摆着长桌与方桌，长凳与小凳，都是茶座儿。隔窗可见后院，高搭着凉棚，棚下也有茶座儿。屋里和凉棚下都有挂鸟笼的地方。各处都贴着"莫谈国事"的纸条。）

3. 人物对话。剧本的核心内容是人物对话。剧本通过人物对话展示故事的发展过程，这一过程的核心是"矛盾冲突"。矛盾冲突包括开端、发展、高潮、结局四个环节。矛盾冲突发展到最激烈的时候称为高潮，这时的剧情也最吸引观众，最扣人心弦。高潮部分也是编写剧本和舞台演出的"重头戏"，是最需要下功夫之处。

人物与人物语言之间一般空一两格。

在人物对话的描写过程中，应该交代必要的人物动作，用"（ ）"标示出来。剧本描写人物对话的基本格式如下：

> 松二爷　（打量了二德子一番）我说这位爷，您是营里当差的吧？来，坐下喝一碗，我们也都是旗场人。
>
> 二德子　你管我当差不当差呢！
>
> 常四爷　要抖威风，跟洋人干去，洋人厉害！英法联军烧了圆明园，尊家吃着官饷，可没见您去冲锋打仗！
>
> 二德子　甭说打洋人不打，我先管教管教你！（要动手）

接下来，我要求学生按组抽选《朝花夕拾》中的一篇，把它改编成一个剧本。

我们先是共同改编了《从百草园到三味书屋》这篇作品中"雪地捕鸟"这一"故事"，改编时参考了小说《故乡》中的一些内容。然后要求各小组自选作品进行改编。

要求如下：

1. 可以以一篇文章为底本进行改编，也可以综合多篇文章进行改编，包括鲁迅的其他作品；可以只选择某篇文章中的一个故事进行改编，也可以把几篇文章中有关联的人、事组合起来加以改编，例如，以"阿长的故事""我的三位老师""我的少年时代"等为选题。上交剧本时，要求同时上交故事原文。要求上交电子稿，方便修改和汇编。我又提供了几篇场次清楚、线索单一、冲突鲜明、对话富有个性的短剧剧本以供学生学习参考。

2. 各小组分配好成员在本次活动中的角色，除全体组员都要参与剧本编写任务外，还要分别承担导演、剧务、宣传、经纪人等相关工作。

环节三：会演与评比。这个活动分成了两个步骤。

第一个步骤是表演与评价活动。在评价活动中，我们把焦点集中于"为什么要这样改"和"为什么这样演"两个方面，深化了学生对作品的理解。

第二个步骤是把各小组的剧本统一格式后，编成了一本小的剧本集。

环节四：讲座与知识竞赛。在同学们充分认识了《朝花夕拾》中的具体作品之后，我又利用课上时间举办了一个精短的关于《朝花夕拾》研究发展情况的讲座，中间穿插了一些有趣的竞赛活动。

第四章 语文关联阅读指导

第三章中我们谈到，管理课外真实阅读的重要方法之一是打通课外阅读与课内阅读之间的联系。下面我们就着这个话题细说下去。

阅读教学中重视打通读物间的联系，重视强化广泛积累对提高阅读能力的帮助，特别是重视由课内阅读指向课外阅读，引导学生举一反三，融会贯通，这是所有语文教师教学的基本价值取向和追求。

联系有两种：一种是宏观上的联系。整个世界是相互联系的一个整体，大量的阅读实践中所积累起来的素养对具体读物的解读有着无形的帮助，这种帮助表现为阅读素养、人文素养在无形中成为解读具体作品的"背景"。如果阅读者的积累足够丰厚，他（她）就能够在读物中发现足够多的问题和思考角度，并在一种自动自觉的对比中筛选出读物的优点、精点、美点、特点，最终指向读物的"秘妙"。图式理论认为，阅读理解的过程，就是在个人头脑中发现合适的图式，并运用图式解释读物的过程，而阅读的失败，往往是由图式缺失、图式遗忘和图式错误造成的。随着阅读者年龄和阅读经验的增长，所掌握的图式的种类、数量和质量都会有所增加和提高，逐渐形成了复杂的图式系统，这个图式系统就构成了人的认知结构。大量阅读积累的过程，就是建构个人图式系统的过程，阅读积累越丰富，人的图式系统就越丰富。

另一种是具体的联系。一些读物之间存在着各种各样的具体的联系，如内容、思想感情、表现形式、风格等方面的相同、相近、相反、交叉等。

本书称这种具体的联系为"关联"。使用"关联"一词，取的是它的基本义，即互相贯连。事物之间的联系具有多样性，读物之间的关联也是多种多样的。例如，学生解读作品时要了解作者，就得读一点作者传记（或"作者简介"），作者传记与作品之间的关系就是一种关联；学生要想对作者的风格或某种写法有深入的了解，就得读一些同类的作品，课文与同类作品也形成了一种关联。

语文关联阅读即把具体课文和与其在某些方面有密切关联的课外读物组合在一起阅读的方式。站在真实阅读系统角度来看，语文关联阅读是课内阅读与课外阅读交叉的区域，它一部分指向课内，另一部分指向课外。

我们把基于读物这种关联关系所开展的阅读教学活动称为语文关联阅读指导。

对语文关联阅读指导的认识和实践在一代代语文教师的教学中不断发展着。叶圣陶提倡在精读后参读相关读物。张孝纯老师在叶圣陶的认识基础之上，建立了"大语文教育"系统中的"参读教学"体系。蔡澄清老师提出，提高教学效率的"点拨之道"有"积累之道""技术之道""时序之道"三项。他指出，积累要讲究广度与高度。广度上至少有"三围"：一是学生立足于"教材"，进行同步积累，教材是一条线，积累就沿着这条线略有扩展地进行。积累的内容基本上是教材上有的和与教材有直接关系的语文知识及必读作品（主要指与教材内容相近的课外阅读作品）。另外，教材上规定的熟读（包括背诵）任务必须完成，这是第一圈积累的硬任务。二是根据教材内容的提示和学习需要，学生还必须选读一些作品。选读与同步并进式阅读不同的一点就是选读确定了重点，比如，某一单元是散文作品，为了使学生的视野宽一些，理解力强一些，教师可从其他材料上选出一两篇作品，让学生"参读"。这就让学生由教材向教材之外跳出一步。三是针对学生的兴趣、个性或缺陷，教师再选一些作品，让学生阅读，一般不与教材同步，时间也不加限制，检测可用读书报告会的形式进行。① 钱梦龙老师的"导读法"的基本课式中，有一种"复读式"。其中"以比较异同为目的的复读"是这样的：一个复读单元，至少有两篇以上课文，可以进行比较的训练；也可以从课外读物中寻找与课文进行比较阅读的文章。学生在比较中不仅"温故"，而且"知新"，往往能发现单篇阅读时不能发现的东西。②

语文关联阅读教学活动的开展符合学习理论对学习过程的认识。桑代克把学习定义为刺激与反应之间的联结，指出练习运用会增强联结的力量，正确地重复会有效地增强联结。斯金纳提出了强化学说，主张程序化教学，即把教材内容细分成很多小单元，并按照单元逻辑关系顺序排列起来，构成由易到难的许多层次或小步子，让学生循序渐进地进行学习。该理论强调程序化教学要建立在操作性条件反射和积极强化原理的基础上。加涅的信息加工

① 蔡澄清. 中学语文点拨教学法［M］. 北京：人民教育出版社，2004：73 - 74.

② 钱梦龙. 钱梦龙与导读艺术［M］. 北京：北京师范大学出版社，2006：71.

理论认为预期的内容能使学习者产生一种连续的学习定式，完成对"头脑中已有"目标的应答。布鲁纳的认知结构学习理论认为，学习是按照知识的不同类别把刚学习的内容纳入到以前学习所形成的心理框架（或现实的模式）中，有效地形成学习者知识体系的过程，而知识迁移实际上就是学习者将已经掌握的编码系统应用于其他新的信息，从而有效地掌握新信息的过程。奥苏伯尔的认知同化理论认为新知识的学习过程是新旧材料之间相互作用的过程，学习者必须积极寻找原有知识结构中能够同化新知识的停靠点，把新知识纳入到已有的图式中去，从而引起图式量的变化的活动。学习者在学习中能否获得新知识，主要取决于学生个体的认知结构中是否已具备了同化点。班杜拉把儿童的观察学习的过程分成注意、保持、复制和动机四个阶段，复制阶段是学习者从自身信息加工系统中提取、从榜样情境中习得并记住的有关行为，在特定的环境中模仿的学习过程，这是学习者将观察学习中习得的不完整的、片段的、粗糙的行为，通过自行练习而使之变得完善的过程，复制过程使一项被模仿的行为成为熟练的技能。建构主义认为教师要善于使学生把当前学习内容尽量与自己已有的知识经验联系起来，并对这种联系加以认真思考。

而把学习理论转化成阅读教学理论的探索，也是丰富而有实效的。例如，韩雪屏认为组织和调控阅读教学过程的主要因素有以下五个方面：一是形成预期，即教师以读物的内在意义为依据，使读物对学生具有一种召唤的力量或陌生的诱惑，使学生对读物具有一种置疑、悬念的心态；二是促使确证，即学生主体在教师的指导和引领下，对课文客体实施多种相宜的心智操作和言语操作，以证实、充实、更新自己原有的认识结构；三是指导重组，即教师引导学生将新知与旧知联结起来，形成更高一级的认知结构；四是组织迁移，即教师指导学生将所学知识和技能迁移到新的学习情境中去；五是言语练习，即对阅读心智活动和操作过程、方法和结果做言语练习，以使阅读智力活动定型化、自动化。经由这个过程，使一篇课文的言语信息简化，主体的认识程度深化，已学知识精确分化，新旧知识系统化，等等。①

关联阅读指导思想起源于阅读实践的需要。

关联型读物，最早可以上溯到《诗经》。《诗经》从自西周初年到春秋中叶的诗歌中精选出 305 首，按当初所配乐曲的性质和内容，分编成风、雅、颂三个部分，风又按国别分编成周南、召南、邶、鄘、卫、王、郑、齐、魏、唐、秦、陈、桧、曹、豳等十五国风，雅按音乐的布局又分编成大

---

① 韩雪屏. 着力于学生阅读智力的内化：从阅读认识特点谈阅读教学过程［J］.语文学习，1992（9）：2－5.

雅、小雅，颂又分成周颂、鲁颂、商颂。而中国现存最早的诗文总集《昭明文选》则按照某种标准有意识地把文学作品同学术著作、疏奏应用之文区别开来，分编为赋、诗、骚、七、诏、册、令、教、文、表、上书、启、弹事、笺、奏记、书、檄、对问、设论、辞、序、颂、赞、符命、史论、史述赞、论、连珠、箴、铭、诔、哀、碑文、墓志、行状、吊文、祭文等卷。这种分类合编的思路，对后代编辑各类文集产生了深刻的影响。

而语文关联型阅读教学思想则成形于单元教学思想。20 世纪 20 年代，梁启超先生就提出了"分组比较"的教学思想。关于教材的编写和教学方法，他说："须选文令学生多看，不能篇篇文章讲，须一组一组的讲。讲文时不以钟点为单位，而以星期为单位。两星期教一组或三星期教一组，要通盘打算。譬如先讲记静态之文，选十篇（或专选同类的或不同类）令学生看。先生教他如何看法（观点何在，时间空间关系如何）。拿一组十篇做一比较，令学生知同是一类文，有如此种种不同；或同一类的题目，必须如此做法。不注重逐字逐句之了解，要懂得它的组织。"[①] 20 世纪 70 年代末，段力佩提出并主持实施了"一次多篇，多次反复"的单元阅读教学改革。

对于语文关联阅读，理论认识和实践经验是充分的。

第一节　语文关联阅读指导

一、第三个视角

理论认识和实践经验源于因阅读学习需要而产生的实践。

对于阅读能力，学生有个基本的追求：课内学的，能对课外阅读有帮助；课外学的，能对课内阅读有帮助。例如，课外阅读积累能够成为课内阅读的情感、认识背景，或知识、能力背景；再如，在众多的读物中，学生自己能够找到相互联系的东西，互相阐发，互相解读。

如同我们本书前面所论述的，学生阅读能力的发展如果得到外力的协助，会更加顺利。基于学生的需要，教师要做的事情就是站在真实阅读完整系统的视角，通过真实阅读教学打通学生的课内阅读与课外阅读的联系，使

---

① 梁启超. 作文教学法［M］//梁启超. 梁启超全集：第 7 册. 北京：北京出版社，1999：4086.

之成为一个整体，包括建立学生对系统整体的认识和在整体系统中学习阅读的观念。

但是宏观上使二者联系在一起，还有些虚无，因为没有具体的训练，学生这种整体观念的形成就缺少了具体的发展过程。于是就需要更直观、更具体的教学行为来完成这一任务。关联阅读指导就是这样一种具体的、直接的教学行为。

关联阅读指导需要落实在两个层面：一个层面是提供关联阅读篇目选择上的帮助，一般需要指明关联点，设计训练过程；另一个层面是提供关联方法的帮助，即引导阅读者掌握在读物间找到关联点的方法。前者作用更直接，更高效，后者作用更长远，更有利于发挥学生的主动性、创造性。

二、语文关联阅读指导特点

关联阅读指导活动，张予纯老师称之为"参读"，蔡澄清老师称之为"选读"，钱梦龙老师称之为"复读"，余映潮老师称之为"扩读"，我们习惯上称之为扩展阅读、延伸阅读、对比阅读等。我们把基于读物这种关联关系开展的阅读教学活动称为关联阅读指导，简称为"联读"。

关联阅读指导最重要的特点是双向联系性。

从内容上来说，关联阅读活动把课内读物与课外读物联结成一个"新"的整体，读物间互相促进，在关联阅读中提高学生对已学知识的认识，并且生成新的认识。余映潮老师把他的"扩展链接式"阅读模式称为"给课堂阅读教学增容"，他说："'扩展链接式'阅读模式教学模式能提高教师的欣赏水平，能够真正为课文找到文质兼美的适于教学的'朋友'。当课文的这种'朋友'出现时，课文教学的容量就被增大了，'课堂积累丰富'的目的也就不会是一句空话。所以，'扩读'也是一种研究的方法，是一种搜集资料的方法，是一种综合比较的方法。"[①]

从过程上来说，关联阅读的过程是一个课内阅读与课外阅读"互补"的过程，既可以由课内指向课外，即由课内迁移到课外，举一反三，也可以由课外指向课内，用课外积累的阅读素养来提高课内解读的水平，即"举三反一"。李卫东老师认为："'举一反三'与'举三反一'是相辅相成、互为补充的。"[②]

关联阅读的过程，就是一个"活用"的过程。"活用从阅读中得来的知

---

① 余映潮. 余映潮讲语文［M］. 北京：语文出版社，2008：113.
② 李卫东. 李卫东讲语文［M］. 北京：语文出版社，2007：49－52.

识有两种：一是把从新读物中得来的知识经验应用于后来的阅读实践活动，或用新知识、新经验来充实和改造旧知识、旧经验的体系。二是应用旧知识、旧经验即原有的知识和经验，去理解新读物，去丰富新知识、新经验的体系。两种过程互为条件，密切联系。"①

从作用上来说，关联阅读对课内阅读与课外阅读有着双向提高的作用。张大文说："比较阅读，又有很大的互动性。比较的过程，是互相调动积极因素、互相挖掘潜力的过程，因而是我们更容易汲取营养的过程，更容易提高鉴赏能力的过程。或者反过来说，由于在比较阅读的过程中提高了鉴赏能力，比较阅读的工作倒可以逐步减少随意性，逐步增强自觉性，进而成为我们语文读写能力提高的标志之一。"②

从这些层面上来认识，关联阅读指导的作用是把课内阅读与课外阅读紧紧地联结成一个整体。我们特别重视关联阅读指导的双向联结性，因为它突出显示了真实阅读是一个整体性的系统这一客观情况。我们强调，关联阅读指导的价值，特别在于它对学生的课内阅读能力与课外阅读能力的整合作用。

三、语文关联阅读指导目标

关联阅读的特殊地位，决定了关联阅读指导的目标的特殊性。它既要像课外阅读那样指向于阅读兴趣和积累，又要像课内真实阅读教学那样指向于具体文本的学习。具体地说，关联阅读指导有三个层面的目标。

第一个层面，关联阅读指导要致力于形成学生对真实阅读系统的整体性认识。"就学生说，学习一项新知识，应该不断地注意前后知识的相互联系，最后能够较系统地理解学科的完整结构。"③ 一是认识到真实阅读是一个多层面的完整系统，四个层面的阅读是同一种性质；二是认识到在这个系统中，概念、规律和方法之间是相互联系的，概念与概念之间、规律与规律之间、方法与方法之间也是相互联系的，而在真实阅读这个系统中，这种联系更多的时候也表现为一种同一性。

通过认识关联，进而认识到这种整体性的客观性。课内阅读的篇章与课

---

① 黄淑琴，桑志军. 语文课程与教学论 [M]. 广州：广东高等教育出版社，2013：146.

② 张大文. 中学语文教学体系新探：在积累中实践 [M]. 北京：人民教育出版社，2005：327.

③ 蔡伟. 语文课程与教学研究 [M]. 杭州：浙江大学出版社，2008：184.

外阅读的篇章在各个方面存在着千丝万缕的联系，课内阅读只是真实阅读的一部分。无论是从教学的角度看，认识课内阅读是课外阅读的准备也好，还是从课外阅读看，认识课内阅读是课外阅读的升华也好，总之，真实阅读贯穿了个体阅读学习的始终，而不是只有课内阅读或课外阅读两种形态，课外阅读与课内阅读也不是不同的两种阅读，而是同一种阅读的不同形态。

通过利用关联，进而认识到这种整体性的客观性。在关联阅读中，学生通过不同篇章的对比，巩固知识、迁移能力，发现新的认知目标——新的知识与新的关联读物，这有利于学生形成对真实阅读整体性的认识。

通过创造新的关联，进而认识这种整体性的客观性。学生在关联阅读中，不断生成新的认识，建立新的关联，而从新的关联继续创造新的关联，视野不断开阔，思维不断发展，也更加容易认识到真实阅读的系统是开放的和处于发展状态的。

认识真实阅读系统的整体性，不仅有利培养学生的阅读素养，更有利于发展学生的创造性。"根据辩证法，要从相互联系和发展变化中掌握一门学科，就必须掌握学科的结构及其发展趋势。"①

第二个层面，关联阅读指导要致力于形成学生的阅读策略。关联阅读指导比较常见的方式是比较阅读、迁移阅读、发散阅读等，但这并不是说关联阅读的目的仅仅是为了完成具体知识、能力的迁移——更大的目的在于通过种种具体的操作性训练，形成学生的阅读策略。"教师要密切联系学生的阅读实践，积极运用理论指导、模式指导、范例指导、经验指导等多种形式，向学生提供有关阅读的规律性知识，使他们切实掌握有效阅读的方法与策略。"②

与单篇课文的解读相比，关联阅读则更有利于形成策略知识，尤其有利于策略的选择、使用和调整。关联阅读是一个同中求异、异中求同的过程，还是一个在异同比较中生成新的认识的过程，在这个过程中，在单篇课文解读中形成的阅读策略得到进一步的验证、修正。借用心理学上的术语，验证与修正的过程，可以理解为同化、顺应的过程。

同化是指阅读者把在关联阅读中发现的新的知识、方法纳入到原有的知识体系、阅读策略之中，成为其中的一部分。陈军老师说："中学生进行阅读有一个很大的需要，即把阅读时所得的新知识、新信息与自己已经积累的

---

① 蔡伟. 语文课程与教学研究 [M]. 杭州：浙江大学出版社，2008：184.

② 朱绍禹，傅永安，刘淼. 语文课程与教学论 [M]. 北京：中国社会科学出版社，2007：156.

旧知识、旧信息加以整合，达到补充、增添、序化的目的，否则就是食而不化。"① 陈军老师还指出，与一般读者相比，中学生的这种需要更加迫切，因为他们的认知水平、认知基础还处于塑造、培养、提高阶段。

顺应是指阅读者在关联阅读中遇到原有知识体系、阅读策略不能同化的新的刺激时，会对原有知识体系、阅读策略加以修改或重建。例如，在关联阅读中，阅读者会由一篇的读法生成一类的读法，也会在一类的读法中，重新建构一篇的读法，甚至会创造一篇、一类的个性化的创造性阅读、批判性阅读策略。

第三个层面，关联阅读指导要致力于具体解读方法的训练和阅读的积累，以提高学生的解读能力和阅读素养。关联阅读是一种促进举一反三、融会贯通的有效方式，这种方式引导学生直接把课内所学用于课外阅读，把课内积累导入课外阅读，打通了课内外的联系。

关联阅读指导对于文本解读能力的提高，主要表现在巩固和迁移方面。关于这一点，理论认识和实践经验颇为丰富，我们主要指出这样一种心理过程——关联阅读并不是个把课内所学原封不动地"搬运"到新的文本中的过程，它同样也是个发展性的过程。分析异中之同，就是认识阅读方法普遍性、规律性、共性，辨别同中之异，就是认识阅读方法的特殊性、个性，关联阅读就是在这种共性与个性、新读物与旧读物的互动中实现知识、能力的巩固与迁移的。

而关联阅读中的积累也是个发展性的积累，它的发展性体现在认知同化上。李元功说："读者在阅读过程中形成了相应的认知结构，读到新内容时把新内容包括到原有的认知结构中，使认知内容得到补充和更新，从而深化了对阅读内容的理解，有助于积累性品质的培养。"②

四、语文关联阅读指导内容

关联阅读指导的内容侧重于关联阅读目的、关联阅读内容、关联阅读方法的指导和关联阅读习惯的养成等方面。

1. 关联阅读目的指导

有效地开展关联阅读，首先要帮助学生正确认识关联阅读的目的。

与课外真实阅读和课内真实阅读的目的不同，关联阅读侧重于把课内阅读与课外阅读直接地、深层地联系起来。这既是一个把课内学习的阅读知

---

① 陈军. 陈军讲语文 ［M］. 北京：语文出版社，2008：72.

② 李元功. 语文教学艺术与思想 ［M］. 北京：人民教育出版社，2004：60.

识、方法、策略如何运用到课外阅读的过程中的适应环节，也是一个把课外阅读积累导入课内阅读的衔接环节——它是为把课内阅读与课外阅读融为一体而进行的阅读训练。

2. 关联阅读内容指导

关于关联阅读内容的确定，有很多优秀经验。张孝纯老师认为，就"参读"文章与精读文章的关系看，有类比型、对比型、补充型、佐证型、混合型等五种。黄厚江老师归纳的整合式教学的常见形式有主从式、并列式、分总式和交错式等四种。余映潮指出"扩展链接式"有渲染主题、辨析比较、追寻事物联系、帮助学生理解课文、烘托课堂教学气氛等角度。

总体上来说，课内文章与课外文章的关联体现在思想内容、形式技巧、特点风格等方面。

（1）思想内容的关联。例如，同一材料、同一题材的文章、作品，既包括所表达的思想感情也相近、类似的文章、作品，也包括所表达的思想感情差别比较大甚至相反的文章、作品；再如，思想感情相近或类似的文章、作品，既包括材料、题材相同、相近的文章、作品，也包括材料、题材不同的文章、作品。

（2）形式技巧的关联。例如，同一文体的文章、作品，同一表达方式的文章、作品，同一结构的文章、作品，同一表现技巧的文章、作品等；再如，材料、题材相同、相近，但文体、表达方式、结构、表现技巧不同的文章、作品；又如，整体上形式、技巧相类、近似，但在某些方面有些不同的文章、作品，或整体上不同，但在某些形式、技巧上相同、类似的文章、作品等。

（3）特点风格的关联。例如，风格、个性特点相同、近似的文章、作品；又如，材料、题材相同、近似，思想感想有共同之处，但风格、个性特点差别比较大的文章、作品等。

关联的类型有近似关联、对比关联、深化关联等。

（1）近似关联。课内文本与课外文本在某一方面或整体上相同或类似。

（2）对比关联。课内文本与课外文本在某一方面或整体上相反或差异较大，形成鲜明的对比关系。

（3）深化关联。课内文本与课外文本在某一方面或整体上有一个深浅的关系。

关联的种类绝不止以上所提到的各种情况，教师在指导学生阅读时要根据学生学习需要和实际所掌握文本的具体情况，灵活调度，具体安排。

3. 关联阅读方法指导

毫无疑问，关联阅读与任何阅读方式一样，都要综合运用比较、分析、综合、抽象、概括、判断、推理等思维方法。在这些方法中，最重要的方法是什么？本书认为是比较。

乌申斯基说："比较是一切理解和思维的基础，我们正是通过比较了解世界上的一切的。"韩雪屏说："一篇文章各个段落或部分之间的联系，几篇文章内容和形式上的比较，一篇小说中几个人物形象的关系，一篇散文中若干意境的顺序，读者个人的期待或假说与作者已有结论的比较等，都是精读过程中常见的思维操作。"① 每个人都能认识到：比较，是认识事物特点的重要思维方法。

朱光潜先生、叶圣陶先生都曾经揭示出阅读的过程其实就是个品味、把玩、鉴赏的过程。"没有比较，就没有鉴别。"在比较的本质是对比几种同类事物的异同、高下，辨别事物相同属性的异同或高低。在比较的过程中，阅读认识被导向深入，在思维深入到文本的过程中，阅读者生成真正的作品解读能力。饶杰腾说："由于语文单元教学中每个教学单元都有其重点，而选进单元的作品也相应具有共性。另外，相类的体裁、题材或主题的作品虽有其共性（哪怕是十分明显的），但总是千姿百态，千差万别的，有着鲜明的个性。语文单元教学方法的特点就在于比较：从异中求同的过程中把握规律，由同中辨异的过程中学会活用。单元教学中，必须时时兼用这两个视角去进行教学。"②

而我们之所以认为在关联阅读中比较最重要，是因为关联阅读不仅是一个巩固、迁移的过程，更是一个课内文本与课外文本、阅读者旧的认识与新的认识相互比较，并在比较中生成新的认知的过程。我们之所以不采用"参读""扩读"等概念，主要的原因还在于我们认识到在关联阅读中，新旧读物、"新""旧"读者之间的作用是相互的和生成的，并不是要刻意创造一个新的概念。因而我们更要强调关联阅读中的比较，是细致的、深入的、"真实"的，而并不是说课外文本可以粗读、略读。就像黑格尔说的那样："假如一个人能看出当前即显而易见的差别，譬如，能区别一枝笔与一头骆驼，我们不会说这人有了不起的聪明。同样，另一方面，一个人能比较两个近似的东西，如橡树与槐树，或寺院与教堂，而知其相似，我们也不能说他有很高的比较能力。我们所要求的，是要能看出异中之同和同中之异。"③ 我们要发展的是真实的、真正的对比能力。只有这种真正的、深入的对比，才

① 韩雪屏. 让学生掌握多种阅读方法：解读 2011 年版《语文课程标准》的一个角度［J］. 语文教学通讯，2012（11）：7－11.

② 饶杰腾. 中学语文单元教学模式［M］. 北京：开明出版社，1992：43.

③ 黑格尔. 小逻辑［M］. 贺麟，译. 北京：商务印书馆，1980：253.

有利于构建课内外文本之间的联系，形成文本之间的关联。

课内文本与课外文本的比较主要有纵向比较与横向比较、同类比较与异类比较、宏观比较与微观比较等多种类型，需要教师在指导中灵活组合，以求指导实效。

4. 关联阅读习惯养成

在本书的每一部分，我们都要强调阅读习惯的养成问题。良好的阅读习惯，包含着兴趣、爱好、毅力品质、专注力等促进真实阅读能力发展的重要非智力因素，我们也可以说，阅读习惯就是阅读素养的核心要素之一。这里强调关联阅读习惯的养成，要特别强调培养学生自己主动找书读，主动在真实阅读的完整体系中建立真实阅读观念的思想认识意义。

五、语文关联阅读指导原则

1. 抓住要点

关联阅读作为一种教学方法，有广泛的适应性，但在课内进行的关联阅读，会受到时间的限制，这就要求教师在开展相应的活动时，要抓住要点。

一是要抓住重点篇章。重点篇章主要指课本中文质兼美，具有"定篇"价值的课文。王荣生在谈到"定篇"的问题时曾说："我们赞同施蛰存先生的意见（同时我们认为施先生的意见只适用于语文教材中作为'定篇'的那一部分）：语文课程'要有一个基本教材，由教育部组织全国最有权威的学者来编，选的篇目必须是适宜中学生读的、众所公认的名篇，然后固定下来，十年八年不变，这样不管你在什么地方念书，一提起那些文章，大家都读过，使全国的青少年有一个比较统一的语文水平'。"[①] 这样的课文，不仅对语文学习具有重要作用，而且对于传承文化、培养学生的综合素养有着巨大的意义。

二是要抓住重点篇章的重要知识点、能力点、美点、特点。关联阅读不能面面俱到，要在读物的"秘妙"之处做文章，引导学生学会赏析"秘妙"，学习创造"秘妙"的手法，在关联阅读中充分理解"秘妙"，产生感悟。

当然，如果课文学习有很多要点，那么关联阅读可以有某一个点上的关联，也可以有多个点上的关联，前者可以称为单点关联，后者可以称为多点关联。如果是整体的迁移，那么也可以称为综合关联。

三是要重在巩固和迁移。对要点的指导要指向明确，操作具体，训练深

---

① 王荣生. 新课标与"语文教学内容"［M］. 南宁：广西教育出版社，2004：29.

入，收到切实的效果。要能够通过关联阅读巩固课内学习的重要方法，在迁移中形成真正的解读能力，建构个体阅读策略。

2. 注重双向关联

关联阅读并不是单纯地建立在理解课本中的课文这一目的之上的，而是建立在真实阅读的整体系统之中的，所以要特别注意引导学生建立对真实阅读系统的整体性认识，超越课本学习走向广阔的真实自读天地。

建立整体性认识的重要方法是在关联阅读中注重文本之间的双向关联，既能通过课内学习到的方法解析新的文本，又能在新的文本的解读过程中，产生对课内文本的新的认识。特级教师张大文的教学模式体系中，有一种"比较阅读式"。他说："比较阅读，就是对阅读材料进行比较：或比较原稿和修改稿的异同，领会修改之于组织材料、深化主旨的重要性；或比较同一话题不同角度的相辅相成，感悟文章反映事物多样、复杂的必要性；或比较同一题材不同重点的难分轩轾，体验作家的个性与风格的各有所长；或比较同一文体不同构思的各尽其妙，认识内容深入、形式新出之间的辩证组合；或比较同一主题不同文体之变化有常，思考身心全融于'物'，文体皆备于'我'之间的哲理关系。……显然，这种种比较，都是为了说明课文作者的思想感情、素材题材是如何找到最佳的表现形式的。"① 他认为，学生深入比较阅读之中，可以调动自己在读书中习得语感的自觉性与积极性。而关联阅读文本群一旦建立，就可以视为一个新的阅读单元，在这个单元的阅读过程中，也应该引导学生产生超越于课本的新的认识。

本书重点强调关联阅读是一个"回路"，课内指向课外的同时，课外指向课内，二者相生相成，在相生相成中又生成新的创造。

3. 发挥学生的自主性

关联阅读一般需要课内在教师的指导下进行，但更要注意采用教师指导下的学生自主活动的方式。余映潮老师提出："为课文找'朋友'，也可以说是一种语文活动，也可以大胆放手让学生去做，不管怎么说，对学生而言，这种活动应该是语文学习中的快乐。"②

学生自主活动的方式、方法有很多。例如：

可以由师生共同确定活动主题，而由学生自己寻找相互关联的篇章。笔者在开展七年级下册阅读教学时，曾经引导学生分成六个小组，每个小组承担一个单元的关联文章的搜集、提供任务，学生通过网络搜索和阅读书报，提供了大量的与课文同题的文章和与单元主题相符的文章。

可以引导学生自己发现关联点。课内阅读学习完成后，教师可以引导学生根据自己感受深的方面或课堂学习的重点，自己在一组文章中发现关联点，自己设计关联问题，自己设计解决问题的方案。这在当前的教学中，也是比较常用的教学方法。

可以在关联阅读中引导学生主动建构个性化的阅读学习方法、个体学习策略。在阅读活动过程中，教师有时需要有意识地停下来，给学生充分的时间反思自己的学习过程和学习方法，以有助于学生形成"认识的认识"，调整学习目标、学习策略。对于学生个性化的解读方案，教师应该予以积极的评价。

六、语文关联阅读指导方法

张孝纯老师在谈到"参读"的教法时，从教学过程的角度提出了"示范""辅导""考查"三个环节，谈得比较具体。本书重点从如何建立文本间的逻辑关系角度来谈这一问题。

1. 演绎型指导

演绎是从普遍性的理论知识出发，去认识个别的、特殊的现象的逻辑推理方法。我们这里说的演绎型指导就是对那种以演绎推理为思路的关联文本方式的概括。演绎型指导把从课文中学习的重要的知识、方法当作"普遍性"理论知识，用以认识新的文本，得出个别性结论。例如，学生在课内学习了议论文的三要素解析法，在阅读课外说明文时，教师也要求学生用这种方法解析与课内类似的文本，这就是一种演绎型关联阅读指导方式。它的基本思路是这样的：在课内文本解读中证明了三要素解析法是解读议论文合用的方法，新的文本中也有三要素，所以可以用三要素解析法解读新的文本。

演绎型指导法适用于基本知识、基本方法和基本策略的巩固和迁移，这类东西一般经过了多年教学与阅读实践的反复验证，是学生必学的基本解读技能，利用演绎法进行关联阅读，可以收到举一反三的效果。

（1）基本知识的演绎指导。基本的文体常识、结构常识、基本的表达方式及其作用、基本的修辞常识、基本的逻辑知识、语法知识等，都可以选用演绎法指导学生在不同文本中反复训练，在训练中求得活学活用。

（2）基本方法的演绎指导。例如，我们在教学中常用朗读法、默读法、浏览法，常规的结合上下文分析语意的方法，归纳文章主旨的方法，理解文章线索和结构的方法，解读具体内容常用的比较方法、分析方法、联想与想象的方法等，在具体的文章解读中具有广泛的适用性。利用演绎法帮助学生正确地掌握这些方法的基本意义与使用规则，对于打牢学生的阅读能力基础非常重要。

（3）基本阅读策略的演绎指导。学生个体阅读策略的建构总是建立在对一般策略的理解与灵活运用的基础之上，利用演绎法指导学生掌握基本的阅读策略也是语文关联阅读指导的重要工作。例如，"整体感知—局部精读—整体升华""感知—品读—拓展""阅读学习—模仿写作"等基本阅读程序的掌握，"理解语意—感受形象—感悟意蕴""感受意境—分析意象—理解语言"等品味语言的基本赏析过程的训练等。在演绎型关联阅读训练中，学生对这些基本程序有了更深入的理解，才更容易与自己的个性特点相结合，创造出属于自己个人的阅读策略。

演绎型指导的优点是有利于巩固和迁移课内所学知识、方法。它一般要求新文本与课内文本在关联点上有高度的相似性。但演绎型关联阅读指导的妙处也不尽在照搬课内阅读经验，而是要求在关联阅读中灵活运用知识，发展能力，培养素质。

2. 归纳型指导

归纳是由一系列具体的事实概括出一般原理的逻辑推理方法。我们这里说的归纳型指导就是对那种以归纳推理为思路的关联文本方式的概括。归纳型指导一般引导学生同步阅读多篇有共同特点的文章，在阅读中概括、总结出一类文本阅读的基本规律，再用这个规律去指导具体作品的解读。例如，在学生阅读了多篇以月亮为意象的诗歌后，教师引导学生归纳月亮意象的含义和作用，就是一种归纳型指导。它的基本思路是这样的：因为这些作品中的月亮意象都有如此含义，所以月亮意象在古代诗歌作品中有如此基本含义和作用。

归纳型指导从学生的自读体验、自读感受出发，经过学生自己的研究、思考得出结论，特别注重学生的阅读过程，因而更适用于提高学生的自主阅读能力、发现能力。

（1）对同一作者作品的归纳。一般来说，同一作者的作品往往在写作风格、写作手法、题材、主题方面有着共性的东西，在阅读学习过程中，教师可以引导学生在广泛阅读的基础上，同步分析其有代表性的名篇，在归纳共性的过程中，掌握适用于该作家作品解读的具体方法、策略。例如，初中学生学习鲁迅的散文作品，可以单篇解读，直接求得点上的突破；但也可以先引导学生阅读《朝花夕拾》中一些比较容易把握的作品，在有了对鲁迅回忆性散文在选材、主题、写法上的整体认识后，再进入单篇作品的解读。后一种方法在学生对鲁迅作品有整体感受的基础上进行单篇解读，更有利于学生深入地理解课本中所选的篇目，也有利于避免解读的随意性。

（2）对不同作者同一类作品的归纳。学习某些在写法上、风格上、题材上有典型性的文章、文学作品时，教师可以同步提供相类似的文章，引导学生先行阅读，建立整体认识，然后再在具体的文本解读中互相参照，发现一类作品的共同点，然后再以此共同点为参照，赏读具体文章的个性特点。例如，初中学生阅读范仲淹的《渔家傲·秋思》，往往对作品的主题缺乏体验。如果在解读这首词之前，先引导学生阅读一下范仲淹同一时期写的其他诗文，归纳出相同的信息和思想感情倾向，学生对范仲淹、宋军、宋王朝当时的具体处境有了真实的感受，在这个感受的基础上再来读《渔家傲·秋思》，就容易走进文本深处了。

（3）对阅读方法的归纳。新课程阅读教学理念讲究阅读学习是对文本的学习，但并不排斥在具体文本的学习中生成解读方法，以具体、有效地提高学生解读文本的能力，所以对具体阅读方法的归纳也要受到重视。例如，对实用文和文学作品中具体文本类别的共同阅读方法的归纳、具有某种特殊性的作品的解读方法的归纳等。

设计归纳型关联阅读的角度有很多，教师可以根据学生的接受能力与教学的具体任务灵活设计。

归纳型指导讲究一个循序渐进的过程，一种思路是先引导学生归纳共同特点鲜明的两三篇文章的共同点，然后再慢慢增加作品的数量；另一种思路是先引导学生在一组或几组文章中发现少量的共同点，然后再发现多个共同点，逐步提高归纳的难度。

归纳型指导的优点是有利于发挥学生学习的主动性，发展学生的思维品质。教师引导学生确定一组或几组文章时，要特别注意考虑引导学生归纳的目标是什么，根据这个目标选定篇目，以确保学生的学习有成果，有效率。

七、语文关联阅读指导模式

1. 张孝纯：参读教学

"大语文教育"的开创者和实践者张孝纯老师对学生的课外阅读更是相当重视。他用"参读"法把学生的课内阅读和课外阅读关联起来。

张孝纯从叶圣陶先生"参读相关文章"的教学主张中认识到了"以精读为出发点，引导学生参读、略读进而广泛自由阅读的路子，是培养学生使用语文的能力和习惯的一条重要途径。特别是参读，介于精读与略读之间，是学生把学得的关于阅读的知识与方法用于阅读实践的重要环节，它能以较小的阅读量换取较大的教学效果，很值得重视"，进而建构起了与范文教读紧密配合的参读教学。

他重点解决了三个问题：一是认识参读的作用；二是编选参读的教材；三是研究参读的教法。

关于参读的作用，他认为有六个方面：有助于培养兴趣，有助于开发学生智力，有助于掌握基本语文规律，有助于正确利用语言环境，有助于精讲巧练，最后总起来说，就是有助于提高教学效率。

关于编选参读教材的问题，他的工作落实在两个方面：一是编选"参读文选"；二是提供参读用的工具书和资料书。"参读文选"里的文章，围绕着精读文章选编，但不一定每篇精读文章都选参读文章。就它与精读文章的关系看，主要有五种类型：类比型、对比型、补充型、佐证型、混合型。以上各种类型，不仅要从内容、体裁上着眼，而且要从语言、写法、技巧上着眼。

关于研究参读教法，重要抓好三个环节：一是示范。示范可以在课内或课外进行，前者即上示范课，后者是利用语文课外活动时间现身说法。通过示范教会学生在参读过程中使用有关工具书和资料书，这尤为重要。二是辅导。辅导分两种：一种是随时个别辅导，另一种是定时集体辅导。三是考查。可以采用两种方法，其一是在语文考试中可列入少量专门考查参读成绩的参考题，任学生选答；其二是设计以测量阅读能力为目标的考试题，使参读作用能从中得到反映。①

尤为值得重视的是，张孝纯老师并不是把"参读"当作一件随意的事来对待，而是把它当作整个语文教育体系中的重要部分。按照"大语文教育"的理论，完整的语文教学结构由三部分组成：一是语文课堂教学；二是语文教学渠道；三是语文学习环境。坚持完整的语文教学结构，提高语文课堂教学效率是主体，开辟第二语文教学渠道和强化语文环境的积极影响是两翼。第二语文教学渠道以课外阅读为重心，而"参读"是实现课外阅读的重要方式、途径。这样看来，在张孝纯老师的思想中，"参读"是语文教学中不可或缺的结构组成部分，这就与只认识到课外阅读是课堂教学的辅助、延伸有所不同了。于漪老师的意见是把课外阅读抓紧，张孝纯老师的"参读"法就是抓紧的一种实际的做法。站在今天的角度看，"参读"已经成了阅读教学、评价的重要部分、元素。今天常说的课外文段阅读，试卷中的课外阅读试题，都是张孝纯老师所提倡并实践的做法。

---

① 张孝纯. "参读"管窥［M］//张国生，丁之凤. 大语文教育论集. 北京：人民教育出版社，2002：70-77.

2. 程翔：四步骤多课型语文单元教学基本模式

程翔老师认为中学语文单元教学是指以一个相对完整的教材单元为教学的基本单位，由起领、教读、自读、总结四个步骤构成的相对完整的教学过程，突出整体性、比较性等特点的一种新的组织结构形式。他在教学实践中总结出了"四步骤多课型语文单元教学基本模式"，图示如图4-1所示①：

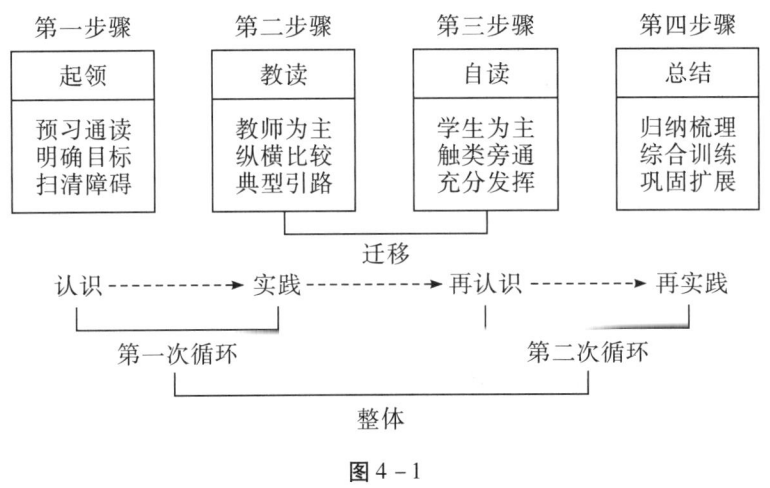

图 4 - 1

3. 黄厚江：整合式阅读

对于新课改后高中新教材选文量增加和呈现方式丰富，仍按传统的方式按部就班地逐篇教学，既不能体现新的要求，也很难完成教学任务的情况，黄厚江认为整合式教学是一种解决问题的办法。他说："所谓整合式教学则把两篇或更多篇的内容糅合在一起同步进行教学处理。"他认为整合式教学不仅可以加快教学的整体节奏，而且可以丰富课堂教学的容量和形式，充分发挥教材文本之间的整体效应，提高教学的效率。他归纳的整合式教学的常见形式有主从式整合、并列式整合、分总式整合和交错式整合等四种。②

4. 余映潮：扩读

余映潮老师提出了一种"扩展链接式教学模式"，着眼点在于给课文的阅读教学增加容量。就是适当地贴切地增加课堂教学中阅读或欣赏的材料。用穿插、粘贴、组合、比较的方式，给阅读教学增容。运用这种手法，能够

---

① 韩雪屏. 中国当代阅读理论与阅读教学 [M]. 成都：四川教育出版社，1998：444 - 445.

② 黄厚江. 黄厚江讲语文 [M]. 北京：语文出版社，2008：98 - 101.

增加学习的容量，让阅读课带有综合性学习的味道，是阅读教学的直接的有显性作用的资源开发式的阅读教学方式。他指出了"扩展链接"的多种角度，如渲染主题的角度、辨析比较的角度、追寻事物联系的角度、帮助学生理解课文的角度、烘托课堂教学气氛的角度等。他还指出了"扩展链接式教学模式"在教学思路上主要表现出粘连和穿插两种风格。①

第二节 语文关联阅读指导的尝试

传统的语文关联阅读指导方式是课内学习，课外应用；精读学习，略读、自读应用。从理论上来说，这种阅读是"单向"的，即仅仅是由课内学习迁移到课外学习。但是我们也注意到，它的实际效果仍然可能是"双向"的。一方面是学生在阅读中发生了同构、顺应的心理效应，完善了课内学习的阅读知识，活化了阅读能力，完善了阅读策略，而这些知识、能力、策略都直接作用于学生的整体真实阅读，既可以用于接下来的课内阅读，又可以用于课外阅读；另一方面，如果学生对关联结构内的文章都是认真阅读的，且阅读过程中巩固和迁移的发生，都是以探寻文本的"秘妙"为基础的，那么学生就不是"使用"了更多的篇章，而是"阅读"了更多的篇章，完成了更大的积累，形成了新的感悟，提高了自主"联系"能力，提高了阅读素养。关键在于教师如何处理这个"学习—应用"的关联过程。

我们在尝试指导学生的关联阅读实践时，特别注意的是使课内外读物在实际阅读过程中融为一体，互相促进，共生共成，并有新的生成。

一、课内交融模式

课内交融的语文关联阅读指导方法，就是在课内学习一篇课文的过程中，穿插与之相关联的文章、作品，以打开学生的思路，丰富学生的思想，深化学生的思考，扩大学生的积累。这类关联阅读，一般指向对课内作品的深入解读，但是从"以意逆志""知人论世"的角度考察，这类课堂也有着打通课内外，建立对真实阅读的整体认识的重要作用。在课堂操作中，教师也可以有意识地引导学生深入探寻课外关联作品的深层意蕴，实现对课外作品的真实阅读过程。

① 余映潮. 余映潮讲语文［M］. 北京：语文出版社，2008：108－117.

案例 7

《记承天寺夜游》教学设计与实施

我在设计这一课的教学时，重点考虑的问题有这么两个：

1. 要让学生比较通透地理解"闲"字的含义。所谓"通透"，是从两个角度考虑的：一是要贴切地理解这个词在文章中的意蕴；二是结合苏轼这个人在黄州的具体处境和他的性格特点来理解这个词。

2. 通过对这篇课文的学习，学生感受到是一个鲜活的苏轼，而不仅仅是停留在身处困境而能够超脱处之的概念化了的名人。

导　　入

开门见山，我对同学们说：今天我们来学习《承天寺夜游》，让我们先来了解一下苏轼。

我借助 PPT 向同学们介绍了如下情况：

苏轼（1037—1101），字子瞻，又字和仲，又称"大苏"，号东坡居士。与父苏洵、弟苏辙并称"三苏"，散文与欧阳修并称"欧苏"，名列"唐宋八大家"，诗歌与黄庭坚并称"苏黄"，词与辛弃疾并称"苏辛"，书法与黄庭坚、米芾、蔡京并称"宋四家"，作品收入《苏东坡全集》。谥号"文忠"，《宋史》有《苏轼列传》。

我问同学们：怎样形容苏轼的才华与成就呢？

同学们回答：才华横溢，才高八斗。

我接着说：那么让我们来看看苏轼是怎么看自己的。

我用 PPT 出示了以下文字：

吾文如万斛泉源，不择地皆可出。在平地滔滔汩汩，虽一日千里无难。及其与山石曲折，随物赋形，而不可知也。所可知者，常行于所当行，常止于不可不止，如是而已矣！其他，虽吾亦不能知也。——苏轼《文说》

等同学们大致读懂了以上文字，我问：读了苏轼自己评自己的这段文字，你们觉得他是一个怎样的人？我想用这样的问题，引导学生建立起对苏轼的亲身感受。

同学们说：如此自夸，说明他为人潇洒不羁。

我问：你们读过他的其他作品吗？

同学们说读过《水调歌头·明月几时有》《念奴娇·赤壁怀古》《浣溪沙·游蕲水清泉寺》《浣溪沙·簌簌衣巾落枣花》等篇目。

我问他们：你们读这些诗的时候，觉得苏轼是怎样的一个人？

同学们说：自由豪放、挥洒自如、意志坚定、悠闲自在、想得开等等。我们这时才正式进入对《记承天寺夜游》的学习。

环节一　诵读

第一个活动是诵读课文，我提出了几项基本要求：读准字音、读出基本节奏、结合书下注释理解词义、梳通文意、厘清文中所描述事件的基本过程。同时我也提出，要根据文中所写进一步感受苏轼这个人。

当同学们进行这个环节时，我并没有从中打扰，而是就让他们自由自在地开口读自己的。

等到同学们读得差不多了，我让几名同学站起来试着朗读一下，同时把自己认为重要的词语解释给大家听。

环节二　讲述

然后我们进入了"讲述"活动。要求是：讲述课文中的故事。任选人称，讲述中可以根据你对苏轼的了解和感受有所发挥。

同学们很快进入了状态。

一位同学站在庙中和尚的角度讲这个故事。我的PPT插图中有一幅是晚清画家钱慧安绘的《苏东坡夜游承天寺》，画面有寺僧的形象，动态鲜明。这位同学说：元丰六年十月十二日夜，月光明亮。我正在诵经，那个被贬到黄州来的苏轼到了我们寺里，他是来寻另外一位被贬的人张怀民。张怀民也没有睡觉，于是这两个被贬的人就一起在庭院里散步。他们漫步交谈，一个说："庭下如积水般空明。"另一个说："这水中还有藻荇交错纵横呢。"前一个抬了头望向天空，说："原来是竹子和柏树的影子啊。"两人轻声谈笑，不时还拉上我这个和尚也来品评一下美景。唉，何夜无月，何处无竹柏？只是难得这样两位雅士鉴赏啊。后来听说那苏轼写了一篇文章，文中说："但少闲人如吾两人者耳。"文章写得确实不错，可惜把我这个和尚给忘了。

有的同学站在张怀民的角度讲这个故事。一位同学说：元丰六年十月十二日夜，月色入户，让人睡不着。我心里想："这样的月色，要是能出去欣赏一下该多好。"但是我又想："寺中的人睡得早，我这样走出去，还不被人当成了怪物？"于是只好不出去。这时，看寺门的小和尚敲门说："苏轼施主来访。"正合我意啊。苏轼和我一起在院子里散步。庭下如积水空明，水中藻荇交横，盖竹柏影。我们心中都有这种感觉，但是我们都不多话。临走的时候，苏轼说："何夜无月？何处无竹柏？但少闲人如吾两人者耳。"这也是我想说的话啊。

有的同学站在苏轼的角度讲这个故事。一位同学说：元丰六年十月十二日夜，月光透过窗户把屋子都照亮了。我高高兴兴地出去散步，月光真好，我越走越欣喜，想到要是有人和我一起欣赏这美景该多好，于是就到承天寺去找张怀民。张怀民也没有上床睡觉，我们两个人就在寺中的庭院里散步。庭院中如积了水一样，水色空明澄澈，水中各种水草纵横交错，抬头看时，原来是竹子、柏树的影子映在庭院中。今夜，无茶无酒，却格外开心。我们二人尽欢而散，回去的路上我心里想：何时不是好时光？哪里没有比这竹子、柏树更美的景色？只是少了像我们两个这样的闲人啊。

故事讲完，同学们也都很欣喜，觉得自己好像也进入了文中的画境似的。

我问：你们觉得这篇小短文中，哪些东西值得研究呢？

同学们说：苏轼为什么会夜里出游、描写月色的句子、结尾的句子、那个"闲"字。

我问：你们有答案了吗？

同学们说了一些想法。我说：让我们来了解一下当时的情况吧。我用PPT 展示了一些东西给同学们，总题目是"苏轼与乌台诗案"——

北宋神宗年间，苏轼因为反对新法，在自己的诗文中表露了对新政的不满。在神宗的默许下，苏轼被抓进乌台（御史台）。群小轮番揭发检举，牵强附会，要把包括"大不敬"在内的各种罪名栽在苏轼身上。在狱中，苏轼尽受诟辱。一位官员曾与苏轼关在同一监狱里，与苏轼的牢房只有一墙之隔，他写诗道："遥怜北户吴兴守，诟辱通宵不忍闻。"苏轼最后屈打成招。元丰二年十二月二十九日，圣谕下发，苏轼贬往黄州，充团练副使，不准擅离该地区，无权签署公文。

临行时，苏轼为弟苏辙写下诀别诗："与君世世为兄弟，更结来生未了因。"

元丰三年，苏轼写了《答李端叔书》："得罪以来，深自闭塞，扁舟草履，放浪山水间，与樵渔杂处，往往为醉人所推骂，辄自喜渐不为人识。平生亲友，无一字见及，有书与之亦不答，自幸庶几免矣。"

元丰五年苏轼写了《寒食雨》："何殊病少年，病起须已白。"

元丰五年苏轼写了《念奴娇·赤壁怀古》："人生如梦，一尊还酹江月。"

元丰五年苏轼写了《卜算子·黄州定慧院寓居作》："惊起却回头，有恨无人省。"

但同样是在这些年，苏轼还写了很多表达另外一种思想感情的作品。

元丰五年苏轼写了《浣溪沙·游蕲水清泉寺》："（游蕲水清泉寺，寺临兰溪，溪水西流。）山下兰芽短浸溪，松间沙路净无泥。潇潇暮雨子规啼。谁道人生无再少？门前流水尚能西！休将白发唱黄鸡。"

元丰五年苏轼写了《定风波·莫听穿林打叶声》："（三月七日，沙湖道中遇雨，雨具先去，同行皆狼狈，余独不觉。已而遂晴，故作此词。）莫听穿林打叶声，何妨吟啸且徐行。竹杖芒鞋轻胜马，谁怕？一蓑烟雨任平生。料峭春风吹酒醒，微冷，山头斜照却相迎。回首向来萧瑟处，归去，也无风雨也无晴。"

也就是在黄州，苏轼还写下了著名的前后《赤壁赋》。

在这段话中，我介绍了大量苏轼在黄州时所作的诗文。听完后，同学们陷入了沉思。

我说：让我们进入下一个环节。

环节三　感受

我们的活动是：结合苏轼的经历和思想感情变化，说说你对课文、对苏轼的理解。活动要求同学们尽自己的理解而发言。我提醒同学们发言前要组织好语言，站起来以后尽量完美地表达自己的思想。我给了同学们如下提示：

一次_____的夜游

一片_____的月色

一个_____的苏轼

同学们的思维被重新启动。

他们说：一次想走就走的夜游，一次了无牵挂的夜游，一次意外的夜游，一次盼望已久的夜游，一次尽兴的夜游，一次余味千年的夜游，一次一波三折的夜游，一次思想丰富、感情复杂的夜游，一次百感交集的夜游，一次劫后的夜游，一次瞬间快乐永恒痛苦的夜游……

他们说：一片澄明的月色，一片令人神清气爽的月色，一片空明的月色，一片柔和、亲切的月色，一片包容天地、消融了过去和未来的月色，一片且行且乐的月色，一片天人合一的月色，一片无奈的月色，一片复杂的月色，一片照彻天地每一个角落的月色，一片难得的月色，一片心中的月色，一片苦难中难得的月色，一片亮彻历史的月色，一片心灵一样纯净、爽朗的月色……

他们说：一个劫后重生的苏轼，一个飘逸、潇洒的苏轼，一个忘怀得失的月色，一个"又得浮生半日闲"的苏轼，一个旷达的苏轼，一个悲伤过度的苏轼，一个大肚能容天下难容之事的苏轼，一个终于醒悟的苏轼，一个且行己乐的苏轼，一个邻居大哥一样的苏轼……

与我过去所上过的单纯地借助背景品味文本的课相比，同学们对文本的感受要更丰富，要更深入。

环节四　点评

接下来我们的活动是：点评作品。要求学生任选文中语句，点评它的妙处。

活动开始前，我提醒同学们，可以直接赏析文中语句，也可以把文中的语句与自己读过的其他作品相比较，对比优劣高下；还可以用模仿文中语句写一段话的方式来表达自己的理解、感受。

学生的点评几乎涉及文中的每个语句。

他们说：

"元丰六年十月十二日"，这个日期别有味道。此来黄州已经四年了，作者虽未明言，但无限感慨尽在其中。都说这次夜游是轻松、快乐的，可是想到苏轼这四年的境遇，心中无限辛酸。

"解衣"一词让人感觉到作者是大脱大睡，说明作者此时已经忘却了心中的伤痛，心情已经非常轻松了。

"月色入户"给人一种突然发现、灵光一动的感觉，说明此行完全是兴之所至，无牵无挂，轻轻松松。烘托出了一个童真、磊落的作者的形象。后文中的"念"字也是一样，作者想到哪里就去到哪里，无拘无束。

"欣然"写出了作者喜悦、轻松的心情。"行"字让人感受到了作者独自散步的潇洒、轻松的样子。

"至承天寺"的"至"字给人很大的想象空间。我们不知道作者的住处与承天寺是远是近，所以这个"至"字就让我们想象到了作者的行色。

"张怀民"这个人物与作者形成了相互映衬，也隐隐透露出作者的实际处境，颇有深意。

"相与"写出了那种与知心朋友月下散步的情景，写出了那种情深意浓的真切友谊。

"庭下如积水空明，水中藻、荇交横，盖竹柏影也"一句，营造出一种空明澄澈，无限光辉的境界，正是由于这一描写，全文的事件、情景、人物、思想被交融在一起，这使得小短文如诗如画，如歌如吟。

"如积水"这个比喻最妙，贴切，生动。读来好像人真的浸在透明清凉的水中一样。

146

"盖"字让我们想象出作者与友人两个成年人研究月下树影那种童真童趣，清新，好玩，还有一种风趣的感觉。

"何夜无月？何处无竹柏？"这一问有特点，看似不讲道理，但是读来却觉得还就是那么一回事，这句话的说法就能让人感受到苏轼的潇洒、大气。

"闲"字含义丰富。赏月的悠闲，无公事烦扰的清闲，"无丝竹之乱耳，无案牍之劳形"的清静，与友人相聚的喜悦，人生没有出路的无奈，都在其中了。

"闲"者不闲，因为心不闲。

"闲"者真闲，因为心放下了。

环节五　小结

同学们的解读还是有值得重视的地方的。但我觉得我们的课堂还需要一个步骤——在历史背景中理解苏轼。于是我用 PPT 展示了一段关于当时历史的描述，题目是"元丰年间那些事"——

元丰元年（1078）：词人张先逝世，他曾因三处善用"影"字，世称"张三影"。史学家刘恕逝世，他曾参与编撰《资治通鉴》，有《通鉴外纪》。

元丰二年（1079）：乌台诗案。画家文同逝世。学者宋敏求逝世，他编有《唐大诏令集》，著有《长安志》《春明退朝录》。

元丰三年（1080）：沈括命名"石油"，称为"延川石液"。

元丰五年（1082）：苏轼著前后《赤壁赋》、《念奴娇》、《卜算子》、《浣溪沙》、《定风波》等作品。

元丰六年（1083）：文学家曾巩逝世，他著有《元丰类稿》。苏轼作《记承天寺夜游》。

元丰七年（1084）：《资治通鉴》撰毕，主要负责人司马光晋升为资政殿大学士。苏轼离开黄州，重得重用，到达京都八个月之内，获擢升三次，官职由七品跃升至三品，任翰林学士知制诰，为皇帝草拟诏书。

看完这段材料后，我问：同学们有何感受？

同学们说：可惜，本当有更大作为。

但是他们也说：焉知非福？少了一些大作为，多了一些好作品。

这时，我读了苏轼于元丰七年由黄州被贬往汝州任团练副使，经过九江庐山时所作的《题西林壁》一诗："横看成岭侧成峰，远近高低各不同。不识庐山真面目，只缘身在此山中。"

我说：苏轼大概只是率性而为，可以连他自己也不了解自己吧。但是有没有做回他自己，他大概心里是清楚的。希望你们在未来的学习中进一步探究。

接下来我布置了延伸性作业。

布置作业

作业是：检验王国维的一个说法。

王国维说："三代以下之诗人，无过屈子、渊明、子美、子瞻者。此四子者，若无文学之天才，其人格亦自足千古。故无高尚伟大之人格，而有高尚伟大之文章者，殆未之有也。"

苏轼一生"历典八州，行程万里"，请你研究苏轼在工作过的地方做了哪些事，写了哪些作品，以检验王国维的这个说法。

我给了一个示例：

苏轼的经历：绍圣元年（1094），苏轼被贬为宁远军节度副使，安置在广东惠州。在那里，他听说广州经常发生瘟疫，认为这是没有清洁水源，百姓喝不洁的苦咸水造成的，于是他便给广州太守王敏中写信，建议在广州修建清洁水引水工程并对工程细节提出了很多具体建议。于是王太守组织人力，动工兴建引水工程，解决了广州全城百姓的饮水问题。

当时的作品：

发广州

朝市日已远，此身良自如。三杯软饱（饮酒）后，一枕黑甜
（睡觉）余。

蒲涧疏钟外，黄湾落木初。天涯未觉远，处处各樵渔。

我希望这个作业能引导同学们继续阅读更多苏轼的作品，更多地了解苏轼。

二、课后自读模式

课后自读的语文关联阅读指导方法，就是在课内比较通透地学习一篇课文后，以课文的特点为线索提出相应的关联阅读要求，引导学生阅读更多的作品，在关联阅读中进行更多的思考，包括对课文的思考和对相关联作品的思考。

《送杜少府之任蜀州》关联阅读活动设计与实施

在学习王勃的《送杜少府之任蜀州》时，我开展了相应的课后自读活动。活动是这样开展的：

环节一：提出要求。

小结课堂学习后，我出示了《唐诗三百首》名家辑评本中古人对这首诗的评价下：

明·顾璘：读《送卢主簿》并《白下驿》及此诗，乃知初唐所以盛，晚唐所以衰。（《批点唐音》卷一）

明·胡应麟：唐初五言律，惟王勃"送送多穷路""城阙辅三秦"等作，终篇不著景物，而兴象婉然，气骨苍然，实首启盛，终妙境。（《诗薮·内编》卷四）

明·钟惺：此等作，取其气完而不碎，真律成之始也，其工拙自不必论。（《唐诗归》卷一）

清·贺裳：王工写景，遂饶秀色。至如"海内存知己，天涯若比邻"，真是理至不磨，人以习闻不觉耳。张曲江"相知无远近，万里尚为邻"，亦即此意。（《载酒园诗话又编》）

清·陈婉俊：赠别不作悲酸语，魄力自异。（《唐诗三百首补注》卷五）

清·胡本渊：前四句言宦游中作别，后四句翻出达见，语意迥不犹人，洒脱超诣，初唐风格。（《唐诗近体》卷一）①

我与同学们一起学习这些评价，加深课内学习中对这首诗的认识。学习中我们对这些评价进行了归纳：第一类是说这首诗感情洒脱、思想独到，道理启人；第二类是说这首诗不注重景物的描写，但是文脉通畅、文气完整；第三类是说这首诗代表了初唐诗歌的风格。在此基础上，我提出了课外自主关联阅读的要求。要求如下：

1. 你能根据以上名家的评价，在古诗中为这首诗找一些"朋友"吗？"诗"以类聚，人以群分，它的"朋友"一定是在某些方面与它有着共同点的。当你把这个"朋友"介绍给大家时，请别忘了介绍这个共同点。

2. 像古代的那些诗评家一样，为这个"朋友"写一个简洁的评价语。（也可以选用能代表你个人看法的名家评语。）

---

① 顾青. 唐诗三百首：名家辑评本［M］. 北京：中华书局，2005：188 – 190.

3. 模仿书下注释的方式为这个"朋友"加注，方便大家阅读。

要求提出后，同学们对这个"作业"的做法和要求进行了进一步的咨询。

有的同学问：找一首写送别、写友情的好诗，是不是就行了？我说也要考虑思想感情方面的共同点。

有的同学问：写出了一般人写不出的哲理，但是题材不是友情、送别的可以吗？我说：尽力达到最高要求。

有的同学说：可以自己选个角度吗？我说：当然可以。

有的同学说："古诗"这一范围太大了，能不能指点个范围？我说：《唐诗三百首》《千家诗》就会让你眼界大开，也可以借助网络搜索引擎。

环节二：学生自读，完成相关探究任务。

课后，同学们自己读选相关诗作，也有同学在选好后先与我进行交流，对此我进行了积极的引导。

环节二：课上交流。

为了让这个活动圆满，我们专门用一节课时间开了一个"《送杜少府之任蜀州》'朋友'推介会"。课上，同学们介绍了自己的关联阅读成果。

同学们的学习成果是比较丰富的。

从相同、类似的题材角度选诗的成果很丰富。例如：有的同学选的是高适的《别董大》，有的同学选的是李白的《闻王昌龄左迁龙标遥有此寄》，有的同学选的是杨万里的《晓出净慈寺送林子方》。这些作品都是同学们日常熟悉的。

也有的同学选的是大家不太熟悉的。如王昌龄的《送柴侍御》："沅水通波接武冈，送君不觉有离伤。青山一道同云雨，明月何曾是两乡。"诗中的"送君不觉有离伤"与原诗有异曲同工之处。

如李颀的《送魏万之京》："朝闻游子唱离歌，昨夜微霜初度河。鸿雁不堪愁里听，云山况是客中过。关城曙色催寒近，御苑砧声向晚多。莫见长安行乐处，空令岁月易蹉跎。"表达了劝勉友人珍惜时光的积极感情。

如陆龟蒙的《别离》："丈夫非无泪，不洒离别间。杖剑对尊酒，耻为游子颜。蝮蛇一螫手，壮士即解腕。所志在功名，离别何足叹。"诗中"丈夫非无泪，不洒离别间"是对原诗"无为在歧路，儿女共沾巾"最好的注释。

有位同学选了上述评价中提到的张九龄的《送韦城李少府》："送客南昌尉，离亭西候春。野花看欲尽，林鸟听犹新。别酒青门路，归轩白马津。相知无远近，万里尚为邻。"

这些同学在选诗时，都注意了所选诗与原诗在思想感情上的相同、相近之处，思考是比较深入的。

从感情洒脱，哲理启人这个角度选诗的同学也很多。他们选出的诗句如："山重水复疑无路，柳暗花明又一村。""横看成岭侧成峰，远近高低各不同。""欲穷千里目，更上一层楼。""不畏浮云遮望眼，自缘身在最高层。""会当凌绝顶，一览众山小。""居高声自远，非是藉秋风。""沉舟侧畔千帆过，病树前头万木春。""海日生残夜，江春入旧年。""问渠那得清如许？为有源头活水来。""竹外桃花三两枝，春江水暖鸭先知。""等闲识得东风面，万紫千红总是春。""野火烧不尽，春风吹又生。""人间四月芳菲尽，山寺桃花始盛开。""蝉噪林逾静，鸟鸣山更幽。""挽弓当挽强，用箭当用长。射人先射马，擒贼先擒王。""梅须逊雪三分白，雪却输梅一段香。""问君何能尔？心远地自偏。""谁道人生无再少？门前流水尚能西，休将白发唱黄鸡。""纸上得来终觉浅，绝知此事要躬行。""汝果欲学诗，工夫在诗外。"值得注意的是，在交流的过程中，一些诗句中平时不被注意的哲理也被挖掘了出来。

也有一些同学选了文脉通畅、文气完整的诗歌，这类好诗触手皆是，不再一一列举。

同学们也对诗歌、诗句进行了评价。因为参看了名家辑评本的《唐诗三百首》，他们也推荐了一些名家对诗作的评价。

活动中，所有同学的思想合成了一个更丰富的"大"脑，思维、思路、思想在交流中不断打开。课堂是丰富的，反映出同学们对这一阅读活动的积极性是很高的。

环节四：集中展示。

"推介会"后，我要求同学们把抄写好或打印好的关联作品分类张贴在"学习园地"中，以供大家课后再次阅读。

第五章　课内真实阅读教学

如果只在上课技术的层面谈论阅读教学问题，那么面对着各种需求的学生和复杂多变的学情，阅读教学史上出现的每一种教学方法都有其适用之时、适用之人。也就是说，怎样教都有道理。

而如果只从教学理念角度谈论问题，那么所有不彻底尊重学生主体的阅读教学都是不合理的，所有不彻底尊重学生真实阅读需要的教学过程都是不完善的。也就是说，怎样教都不够好。

两相对照，我们会发现教师经常陷入这样的思想困境：怎样教都一样，教不教都一样。

而这种困境常常出现在教学实践过程之中：当把学习的权利还给学生的时候，教师能够使用的方式是由自己引导学生自主学习，而并不是让学生自学。

无论理论上怎样描述理想化的教学境界，我们都无法回避一个事实，即在课内真实阅读教学过程中，教师的主导作用是很鲜明的。教师令其真实，阅读教学才可能真实。

一方面，如果学生缺少足够的阅读积累和学习经验，他们就无法理性地认识到自己的学习需求。教师教什么，他们就得学什么，教师怎么教，他们就得怎么学。教师如果不能有效地发现学生需要学什么、需要怎么学，就只好根据自己的教学需要来确定教学内容和教学方式。

另一方面，即使学生有了相对充足的阅读积累和学习经验，他们也很难判断自己的阅读过程是不是"真实"的。例如，他们能够判断自己读得是否快乐，但是他们很难判断自己是否真的发现了读物的"秘妙"。能够做判断的是教师。就算教师没能恰如其分地引导学生走进作品深处，学生暂时也不会发现问题。

我们这样讲，并不是在夸大教师的作用，恰恰是在警醒教师：要增强自己的真实阅读教学修养，提高自己的真实阅读引导水平，才能够真正以真实阅读的方式引导学生走进真实阅读的境界。

实现课内真实阅读教学，教师要做的最重要的事情是什么呢？

从最宽视角来看，课内真实阅读教学的实现必须以学生相对充足的阅读积累和学习经验为基础，所以教师要从整体上认真做好学生的真实阅读系统管理，不断提高学生的有效阅读量，不断丰富学生的学习经验，使课内真实阅读教学能够有一个日常真实阅读的背景，能够建立在学生的真实阅读系统之中。

从最窄视角来看，课内真实阅读教学必须以学生对具体某一篇读物的充分了解为基础，所以教师要培养学生主动、完整、深入地阅读读物的习惯，培养学生发现问题、提出问题、解决问题的能力，在此基础上来开展真实阅读教学活动。

第一节　课内真实阅读教学

一．第三个视角

站在第三个视角上看课堂阅读教学，最容易认清课堂阅读教学该干什么，该怎么干。

学生需要从阅读课堂上学习真实阅读——这是最重要的出发点、立足点与归宿。

一方面，对于学生个体而言，他（她）的真实阅读应该是自成体系的，自成过程的，是自我运行、自主推进的。理想的状态是他（她）在日常生活中持续读书，遇到读不懂的地方或需要提高的方面，能得到外力的协助。这个外力来自学校、教师，也可以来自任何有协助能力的"外人"。打个比方说，一个推着货车前进的人，在上坡时力气不足，这时帮忙的人出现了。帮忙的人帮助他的方式有很多，可能是给他注入了新的力量，也可能是教给了他更好的推车方法，还可能直接帮他推了一下车。上了坡后，推车人还要继续自己推车。遇到新的坡时，帮忙的人又出现来帮忙。在反复的自我推进过程和接受帮忙的过程中，推车人增强了实力，掌握了技巧，熟悉了路径，慢慢地再也不需要外力帮忙了。课堂教学就是起这个"帮助"作用的。

也就是说，课堂教学的常规作用就是在学生的真实阅读过程中让读、助读。

另一方面，当学生接受帮助时，例如，在阅读课上学习时，学生也必须处于真实阅读状态。即使因为学生阅读基础太差，如阅读知识、方法掌握太少，偶尔需要停下来补充、提高一下，也应该在真实阅读中实现这种补充、提高。而教师若有更好的阅读经验需要传授给学生，也需要在不打断学生真实阅读进程，不干扰学生真实阅读状态，不扭曲学生真实阅读需要的前提下进行。继续使用上面的比喻来说明问题：推车者必须自己把车推上坡去，即使在接受帮助时，他也必须与帮助者共同推车，而且要与原来一样尽力，甚至更用力——除了自己用力推车外，还要学习帮助他的人是怎样推车的。

也就是说，即使在非常规状态，课堂教学起作用的主要途径仍然是学生的真实阅读。

二、课内真实阅读教学特点

"阅读教学"这个名称"最早应用于小学语文课方面"。1956 年教育部颁布的《小学语文教学大纲（草案）》中，"阅读课"改称"阅读教学"，强调"培养儿童独立地自觉地阅读的能力"。[①] 这告诉我们，中国当代"阅读教学"自诞生之时起，就是以培养学生的真实阅读能力为其灵魂的。理解课内真实阅读教学的这个特质，我们需要站在学生的真实阅读系统之中为其定位。

如果把学生个体一生的真实阅读比作一个不断发展的进程，那么课内真实阅读教学就是学生在学校里、课堂上得到帮助的那些环节。在这些环节中，学生在教师的指导下解决疑难、获取知识、提高能力、丰富认识，获取前进的养料和动力。

如果把学生的真实阅读比作一个大花园，学生的阅读就是一棵棵生长的植物，那么课内真实阅读教学就是园丁精心浇灌花木的过程，花木永远自在成长，园丁的培育使得树长得茂盛，花开得绚烂。

学生的真实阅读是一个完整的系统，课内真实阅读不是孤立于系统之外的或与学生日常真实阅读相对立的另一种阅读，而必须成为系统之中有机的、不可分割的一部分。它既不是核心，更不是一切，它只是真实阅读系统中的一个层面，是观照真实阅读系统的一个角度。但是，由于它得到了有力的协助——在课内真实阅读教学过程中，教师按照学生真实阅读需要制定目

---

① 张传宗. 中学阅读教学概论［M］. 北京：人民教育出版社，1993：10.

标、内容、方法，给学生提供重要的辅助，高质量的辅助，因而使其成了真实阅读的一种典型形态。在课内真实阅读学习过程中，学生对读物的理解更加透彻，习得的知识和能力更加重要，更加扎实、深入。

课内真实阅读教学始于学生需求，终于学生不需协助而能独立阅读。

课内真实阅读教学的内容取决于学生的实际需要。如果学生需要知识，课堂就教知识；如果学生需要方法，课堂就教方法；如果学生需要感受能力；课堂就训练感受能力，如果学生需要分析能力；课堂就训练分析能力，如果学生需要审美能力，课堂就培养审美能力。学生需要什么，课堂就提供什么。学生不需要，课堂就暂时不必教，待其确实悟不到再教。

课内真实阅读教学的方式、方法取决于学生的真实阅读需求。例如，学生需要在阅读中学习阅读，教师就必须设计以真实阅读为过程的教学。再如，有时候学生的学习需要教师的约束和讲解，这时讲授法就成为重要的教学方法。课内真实阅读教学有多种多样的形式，但所有的形式都必须符合真实阅读的要求、特征。

但这并不是说课内真实阅读教学要完全被学生能够明确表达出来的某种需要牵着鼻子走。有时候，学生需要一些东西，但他们并没有意识到，这时教师要根据自己的判断决定教什么、怎么教。例如，不同的文体有不同的阅读要求，但是学生意识不到，掌握不好，这时教师就要根据自己的经验开展教学活动。而最重要的是，教师有必要坚持正确的教育方向和学科教学取向，全面、深入地实现语文的育人功能。

根据上面的分析，我们可以提炼出课内真实阅读教学的一些基本特点：

（1）真实性。课内真实阅读教学是发生于学生真实阅读的情境中的真实过程，在这个过程中，真实的学生阅读真实的读物，获得真实的阅读成果。

（2）动态性。由于学生的发展过程和学习需要是复杂多变的，有时是迂回、曲折的，因而课内真实阅读教学也呈现出动态性。它要不断地适应学生的学习需要，针对学生的实际发展情况调整教学内容、教学策略。

（3）有限性。课内真实阅读教学的作用是有限的，它必须与学生的日常真实阅读相互联系，必须建立在学生的日常真实阅读的系统中，才能真正地发挥作用，收到实际效果。

三、课内真实阅读教学目标

课内真实阅读教学的目标是什么？

课内真实阅读教学要指向语文的本质，指向高级思维能力，指向人的整体发展。

为了把阅读的问题谈得更清楚，本书拟少谈些与"以读促写"相关的内容，而把焦点集中在"读"这个方面。

1. 指向语文学科本质

写作课要引导学生不断深入地体验"这一篇怎样写"，阅读课要引导学生不断深入地追问"这一篇为什么这样写"。树上没有两片相同的叶子，书中没有两篇相同的文章。课堂上，学生所面临的任务，不是读"这一类"，而是读"这一篇"。即使有些课上要总结"这一类"的读法，也是在读好"这一篇"的基础上进行的。"这一篇"存在的价值在于它异于其他篇，而不是同于其他篇，在于它是个偶然，必然存在于偶然之中。

阅读的本质不是求同存异，而是"参"同"研"异。重视每一篇的不同，才能够真正读懂每一篇。必须鲜明地、深刻地认识到这一要求，用这一要求指导教学，才能帮助学生正确认识阅读，从而真正提高学生的阅读能力。

课堂阅读教学要用各种方法，引导学生习惯于反复地、不断深入地追问"这一篇为什么这样写"。

追问的对象是"这一篇"。

问题是"为什么这样写"。

问题有一个落足点：这一篇的独特之处。

问题有两个角度：这一篇为什么要写这个内容，这一篇中的这个内容为什么要这样表达（包括文体选用、结构安排、选词炼句等有关语言形式的所有方面）。

问题有多个层面：文章本身的层面、文章作者的层面、文章的读者层面、文章的写作背景层面等等。

通过不断地追问，建立起一种动态阅读理念：具体文章具体阅读，具体问题具体思考。

很多课解决了"写了什么"和"怎样写的"这两个问题，只差一点就接近了阅读的本质——为什么要这样写。

2. 指向高级思维发展

阅读时，人需要怎样思考？

阅读是一个用大脑翻动书页的过程。对于有一定思维品质的阅读者来说，书页上的每一个信息都是立体的和无限的——纵接千古，横亘八方。

有些学生读不懂书。不是因为读不懂书上的字，而是因为无法理解文字背后丰富的历史文化意蕴。或者说，是因为没有足够的知识储备和思维能力理解这种意蕴。

举例来说，学生为什么很难理解文学作品中人物的"外在表现"与

"内在思想感情"的关系？不是学生不聪明，而是人物的"外在表现"与"内在思想感情"之间的关系，往往并不是原因与结果那样可以线性思考的，甚至不是现象与本质之间那样可以层层深入地思考的，而是需要立体思考的——在某一篇文章的某一个表情的背后，可能隐藏着巨大深厚的文化背景或复杂深邃的思想内涵，使得它不是通过分析、推理能够明确的，不是通过经验能够理解的。

阅读者除有丰富的阅读经验外，还必须有强大的思想能力、足够的情感积淀和理解动力。

所以，突破阅读的理解障碍，培养高层次的阅读主体，如说"有灵性的"阅读者，必须注重发展学生的立体思维，使得阅读活动由经验积累指向高级思维的发展。使得学生的思维有一种素质——能够在特定的层面上，立体地思考"这一篇为什么要这样写"的相关问题。包括通过打通与其他文本的关联、与其他阅读层面的关联来研读"这一篇为什么要这样写"。

在此基础上，培养学生在具体、真实的背景下，综合地思考问题的品质，例如，开放地思考问题的习惯、辩证地思考问题的能力、创造性地思考问题的胆识等。

最终使得思维不仅能够立足于"这一篇为什么要这样写"，而且能够不断地突破"这一篇为什么要这样写"的限制，不断达到新的境界。

举一反三，突破点的限制。"举一隅不以三隅反，则不复也。"

融会贯通，突破线的限制。"举一而三反，闻一而知十，乃学者用功之深，穷理之熟，然后能融会贯通，以至于此。"

触类旁通，突破面的限制。"引而伸之，触类而长之，天下之能事毕矣。"

从心所欲，突破体的限制。"变则标奇越险，不主故常；化则神动天随，从心所欲。"

3. 指向人的整体发展

阅读教学的价值不止于培养人的阅读思维品质。作为一种教育活动，阅读教学更大的价值在于发展人，而人是整体性的。

动态交融。阅读指向人的整体发展，强调阅读的过程不是某种单一思维的过程，而是知性、感性、理性动态交融的发展过程。片面地、主观地强调或突出某一方面，阅读教学失去活力，则会带来扭曲人、压抑人的严重后果。

健全人格。阅读指向人的整体发展，强调阅读教学要发展学生的人格。阅读教学在培养学生的阅读能力的同时，要注重培养学生美好的情感品质与正确的价值观念，健全学生的人格。"使人作为人而能够成为人"，而不仅仅是成为阅读的"专业人才"。从某种角度来看，个体思维是以人格为背景的，人格层次限制了人的思维层次。阅读教学能够引导人突破思维的层面，进入到人格的发展空间，才能真正解决思维的问题。

逐渐拥有健全人格的学生，是一个成长中不断完善、不断壮大的主体，有着逐渐强大的自我发展能力等。恰如饭食使人的身体有力量一样，人格使人的精神有源源不断的自我发展力量。

知行合一。关注学生的整体发展，更重要的是强调关注学生超越了书本阅读层面的实践能力，如因阅读而发展的参与生活的能力、创造事业的能力。知行合一方为上善。

阅读教学由于受到时、空、人等多方面具体因素的限制，目前最为踏实的落足点仍是具体的读书过程，但是教学者应该意识到，虽然读的是书，但是读书的目的却是发展人。

通过促进人的整体发展，发展完整的人。

换个角度看，伴随着人的完整发展，阅读能力也必然得到提高。

四、课内真实阅读教学内容

为什么要开阅读课？本书的观点是：阅读课的作用是为学生提供一个阅读的环境，引导学生经历真实的阅读，并习惯于自读，这种习惯表现在课堂上，也表现在日常生活中。

因此，阅读教学的内容不仅仅是读物，更重要的是阅读文本的过程——真实阅读过程本身就是阅读教学的内容。

1. 在阅读中学会阅读

课堂的作用是为学生提供一个阅读的环境，让学生在阅读中学会阅读。与物质环境相对而言，这种环境更多地表现为一种心理环境。在这个环境中，教师设计问题或活动，引导学生阅读，学生所做的事情就是阅读。

教师设计问题的目的，不是使课堂成为解决那个具体问题的过程，而是通过问题解决，引导学生读好眼前这一篇文章。阅读课最重要的目的，也不是"通过阅读这篇文章"学会"阅读方法"，而是阅读某篇文章——在阅读这篇文章的过程中，学生感受到了阅读的乐趣，领悟到了阅读的方法。一谈"通过"，这篇文章即成了工具、手段，被忽略掉了。被这样"忽略"掉的课文，都是好东西，长久下去，学生对经典反倒没有尊重感。

在阅读课上，学生的行为目的是阅读，学生的行为过程是阅读，学生的行为方法是阅读，学生的行为结果是阅读。实现阅读就是阅读课的核心目的，甚至是唯一目的。其余的收获都是附加值，其余的所有手段都是辅助手段。所以，也可以简单地说，一堂阅读课的目的，就是读好"这一篇"。教师设计教学的目的，就是通过设计，把自己想教的东西，转化成学生能够通过阅读学会的东西，使课堂变成一个阅读的环境。

在这个环境中，学生通过阅读学会阅读。

2. 经历真实阅读过程

课堂教学的另一个重要作用是使得课堂教学的影响能够有效延续到课外，引导学生在真实的阅读环境中经历真实的阅读。

真实阅读是学生独立、直接、完整、主动地研读文本的阅读。

第一，学生确实阅读了文本。

独立。学生主要以个体的身份阅读。学生用自己的眼睛看，用自己的头脑想，用自己的嘴巴说，用自己的笔写。未经独立思考，不得参与讨论。

直接。没有接触各种问题之前，学生直接阅读文本。解决问题的首选方式和第一渠道是研究文本。

完整。把文章读完整。当已有文本不能提供足够信息时，阅读足够的相关材料。读的过程中，有充分思考。

主动。学生先读，教师后引导。或学生读，教师少引导，不引导。

这本来不是问题，但在现实的教学中，这是最大的问题。

第二，学生确实思考了自己的问题，并且有自己的收获。

真实阅读是最大限度地解放了思想的阅读，特别强调学生的独立思考。让学生自由地思想，尊重学生想什么和怎样想，尊重学生思想的结果。只有当学生不会想的时候，才提供必要的思考工具，但绝不轻易介入学生的思维过程，绝不轻易干涉学生的思维成果。而当学生想不到的时候，为学生提供更多的铺垫性素材，帮助学生打开思路。"引导"学生，是为了形成学生个体性的思维路线，提高学生的高级思维能力。

在阅读中，学生思考并有属于自己的思考成果。学生不断积累思考方法，提炼思想方法，提高思维品质。逐步建立起自己的思维方法体系，最终能用自己的方式思考。

第三，学生有阅读的快感。

真实的阅读有快感。学生在阅读中揭示了读物的"秘妙"，这是快感。当学生尝试着自己思考，不断地完善自己的思考方法，不断地完善自己的思考成果时，更深层次的快感产生了。尤其当这种思考是在自由的状态下进行时，学生的快感就因有强烈的个性因素而显得充实。

真实的阅读是接近人们实际阅读状态的阅读。教师设计阅读课应该向这个方向努力。有些教师在阅读课上绑架了学生的思想。这种阅读课逼着学生按照一定的套路去思考问题，或规定学生只能思考一些问题而不能思考另一

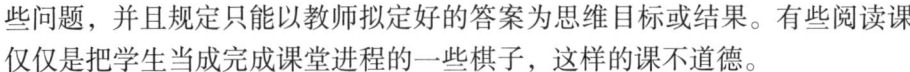

些问题，并且规定只能以教师拟定好的答案为思维目标或结果。有些阅读课仅仅是把学生当成完成课堂进程的一些棋子，这样的课不道德。

3．帮助学生习惯自读

帮助学生学会阅读还远远不够，阅读课更长远的目的是帮助学生在日常生活中习惯于真实的阅读，进而习惯于自读，成为一个有阅读习惯和独立阅读能力的人。像小鸟享受振动翅膀，人享受大口地呼吸清新的空气一样，阅读者习惯并享受自读。也就是说，阅读课要直接用真实地自读的方式，帮助学生感悟自读。

阅读课应该是学生未来自读的图式。课堂上的自读是真实的，课后的和未来的自读才可能是真实的。

习惯自读有哪些特征呢？

第一，自己阅读。学生习惯了自读，随时能够主动读书，并且能够在阅读中感受到阅读的快乐。对于他们来说，"书是自己读的"。

第二，自己理解。努力自己读懂，遇到不懂的问题会努力思考，并想方设法解决。不会思考时，会主动地寻求恰当的思维工具，并调整自己的思想方法、思维方式、思考角度。

第三，学以致用。思行结合，学而能用。

自读水平是有层次的。有的人读书，就是看个热闹，有的人读书，是真正的享受。研究人员有研究人员的享受，普通阅读者有普通阅读者的享受。换个角度说，外行享受热闹，内行享受门道。

五、课内真实阅读教学原则

怎样使学生的精力集中在真实地自读"这一篇"上呢？办法只有一个，那就是尽量减少对学生阅读过程的干预。如果一篇文章的阅读不需要教师引导，那么教师的职责就只是根据文本的特点设计恰当的评价。如果一篇文章的阅读需要教师的引导，那么教师的设计任务就是尽量把引导控制在最低限度，以给学生留下最多的活动时间、最大的创造空间、最广的领悟空白，以求得最充分的活动、最丰富的活动成果、最高的活动质量。

提炼至根本的问题，力求提高问题的价值，减少问题的数量；为问题的解决设计至贴切的活动，保证课堂有新意、有活力；为活动安排至简单的程序，保证注意力高度集中在文章本身。

1．提炼至根本的问题

一堂阅读课，不是教师想教什么就教什么的，也不是学生想研究什么就研究什么的。"自读这一篇"式的阅读教学，起点是根据文本提炼根本问题，抓住根本问题展开课堂活动，提高学习效率。

根本问题是指向文章（文本）本质、根源或至关重要方面的问题。根本问题有以下特点：

（1）根本问题是根。根本问题是文本的根，是所有问题的根。由这个根本问题上，生长出了文本，也生发出了其他问题。

（2）根本问题指向学科本质。衡量根本问题的价值，标准不是这个问题的难易、深浅、广狭，而是这个问题是否指向了学科本质，通过对这个问题的研究，阅读者能否发现学科的本质。

如果我们现在的身份是语文教师，那么这堂课的根本问题必定能引导学生领悟语文学科的本质，或者从某个角度或层面上，理解了语文的本质。

（3）根本问题是开放的。根本问题是用立体思维进行思考的问题，有多个思考角度、层面，有多种解决方案，有多种生发、转化的可能。从教师的角度来说，根本问题必须能够促进学生开放思考，激发学生的创造愿望。

如何提炼根本问题呢？先确定课堂的学科属性，然后决定引导的层面，再根据文本特点选择适恰的角度，研读文本，在适合的层面上，选择恰当的角度，找到能够体现学科特点的问题。这样的问题，一般突出一个就够了。

（1）确定课堂的学科属性。对于语文阅读课来说，这堂课的语文属性是第一的和唯一的选择。我们也可以暂时把关注点放在阅读的本质上——研究为什么要这样写。

（2）决定课堂的引导层面。这里所说的层面，主要是指文本、单元、学科这三个有着范围、层次差别的阅读理解背景。同一篇文章，研读的层面不同，根本问题就会有差别。

A. 指向课文层面的根本问题。课文，指的是编入学科教材或由教师确定的作为课堂阅读教材的一篇或一组文章。

B. 指向单元层面的根本问题。"单元"一词的内涵很丰富，可以理解为一个类别、一组文章，也可以理解为一个主题或一个话题。如教科书中的一个教学单元。

C. 指向学科层面的根本问题。

D. 指向更高层面的根本问题。（有些教师在突破这个层面时，走偏了，把课上得不像语文课了。）

引导层面的选择，多数时候受文本条件限制，也受学生条件限制。学生能够达到哪个层面与学生需要达到哪个层面，有时是矛盾的，有时是统一的。我们必须提醒教学设计者的是：当教师想要停留在课文的层面上时，可以考虑是否需要突破到单元。当教师想要停留在单元的层面上时，可以考虑是否有价值突破到学科。我们要预防的是在引导学生向新的层面突破时，把课上得不是语文课了。

（3）选择适恰的角度。在同一层面上，如果研读文本的角度不同，根本问题也会不同。例如：文本适合从主题的角度解读，适合从选材的角度解读，还是适合从写作手法的角度解读？

找到了这个角度，设计者的思维就可以进一步逼近根本问题，可以更为具体地思考如下问题：在这个层面的这个角度上，哪个问题最接近语文本质？怎样问这个问题，才能引导学生的思想接近语文的本质或阅读的本质？怎样把这个问题用适合学生的，简单、明确的问话语句表述出来，使学习"一触即发"？

当这些问题有了答案，问题的提炼才算是初步完成了。

接下来我们还要考虑：怎样把问题呈现给学生？

2．设计至贴切的活动

让问题控制学生，还是让学生研究问题？这是语文教学操作层面的根本问题之一。

有的教师喜欢用问题牵着学生走，笔者并不赞成。

笔者的观点是：教师有一个明确的问题，但是不应该把这个问题直接交给学生，应该先把问题藏起来，然后再想办法让学生在自读中发现这个问题，自己解决这个问题。方法是把问题转化成自读活动，让学生在自读过程中发现问题、解决问题。

所以笔者主张，在提炼好根本问题后，教学设计的任务进入了第二个阶段——根据根本问题，设计生动的自读活动。

自读活动是教师为达到让学生自己发现根本问题、解决根本问题的目的，而设计的阅读活动。自读活动有以下特点：

（1）自读活动是学生的活动。所有活动都要从学生学的目标、学的过程和学的行为角度考虑，并以学生的学为出发点和落足点。自读活动特别注重个体的发展。

（2）自读活动是语文的活动。自读活动是以语文为目的和内涵的活动，追求言意的和谐，语言与思想的同步飞跃，自读活动要能够打开巨大的思想空间，把最大量的时间留给学生读书，把最大量的空间留给学生思考，把最大量的表达空间留给学生操练语言。

（3）自读活动是生动的活动。自读活动讲求形式多种多样，过程充实、开放、生动活泼，成果丰富多彩、个性鲜明。

自读活动有哪些类型？

（1）以读为主的自读活动。主要是指常规的听、读和说、写活动。课堂上最常见的活动就是自读课文和对话活动。

（2）读写结合的自读活动。这里的"写"，是指比较正式的作文活动。而"以读为主的自读活动"中也涉及写，那种"写"是为了支持阅读而进行的写。

（3）非语文形式自读活动。非语文形式自读活动是指那些借鉴了其他学科或日常生活中某些常见的活动方式，并使之与阅读行为相结合的课文自读活动。如通过视频辅助理解，通过表演表达学生对课文思想内容、语言艺术的见解，通过生活实践活动评价和提升学生的语文学习成果等。这种自读活动，有强烈的综合性学习性质，甚至在其过程上，也可以与某些生活活动、社会活动相类似。

如何设计语文自读活动？

（1）选择活动种类。综合多方面因素，考虑到学生的兴趣、爱好、能力基础，结合学生的发展需要、课程进展的需要，选择适切的活动种类。也可以根据教师的特长，适切地安排活动类型。

（2）设计活动形式。深入研究内容，设计活动形式，务必使得活动形式完全适应内容（不是内容适应形式）。如果形式不能适应内容，就改造形式。如果形式不方便改造，就更换活动形式。

（3）设计活动过程。为活动的开展设计过程，包括活动前、活动中、活动后的所有安排。

3. 安排至简单的程序

虽然学生的学习活动设计好了，但课堂仍然无法很好运行。因为我们不能把文本和活动交给学生，说一句"你们学吧"，就开始和结束活动而收获成果。课还是要由教师来上的。

教学设计的任务还有第三个阶段——根据自读活动，安排至简单的教学程序。

教学程序是阅读活动的实施方案，一般是指按照时间先后顺序排列出的活动准备、活动实施、活动成果评价、活动成果巩固、扩大及延伸的顺序与具体落实措施。

教学程序有以下特点：

（1）环节至简，头绪至少，清楚明白。好课绝不能程序复杂，精当的环节和典型的活动就已足够。庞杂的头绪使得学生疲于理解程序的意义而无法把精力集中在阅读上，过多的环节使得每一项活动都无法深入到问题本质。课堂环节简洁明了，活动及要求清楚明白，学生方能"照章办事"。

（2）三突出。环节至简，但是所有环节都指向根本问题的探究，而针对根本问题的活动至充分。课堂活动突出学生的发展，突出学生通过自读求得发展，突出通过研究根本问题提升自读的价值。教为学设，在学生的整个学习过程中，教师起作用的方式尽量控制在组织学习和评价学习方面。

（3）符合认知规律。简单的环节背后隐藏着大智慧。合理的课堂活动环节一般暗合了人类的认知规律，反映了思维发展的规律，具有某种象征性或图式价值、意义，如循序渐进、由此及彼、下学而上达等，能够让学生感悟到学习的"过程与方法"的普遍规律。

如何设计教学程序呢？

（1）设计课前教学。课前学习的作用是奠定基本的学习基础，包括阅读适量的基础资料，掌握基本的学习方法，解决基本的学习问题等。所以，课前教学设计的任务是设计帮助学生高效阅读相关资料、发现问题并解决好一些浅层次的知识性问题、掌握学习基本方法的方案。对于探究式学习来说，还包括有效分组、选定主题、完成前置性研究等活动指导方案。对于学生发展层次差异较大的班级来说，还要设计挖掘特别优秀的学生做教师的助手来辅导后进生的方案等。

课前教学活动设计得好，课堂才会精彩、高效。

（2）设计课堂教学。如前所述，课堂学习不是教师教会学生阅读的过程，而是学生习惯于真实自读，培养真实自读习惯的过程。

所以，设计课堂教学的任务核心，是设计有图式意义的自读过程：学生真实的自读过程是怎样的，课堂教学的自读过程就是怎样的。学生在真实的自读过程中要解决哪些问题，课堂教学就要解决哪些问题。学生在真实的自读过程中是怎样解决问题的，课堂教学中就要怎样解决问题。学生在真实的自读过程中接受怎样的评价，课堂教学中的评价就是怎样的。

在真实的自读中，学生边读书边思考，然后与同学交流，并融入生活实践中，课堂教学的过程也应该是这样的。

学生的学习活动至充分；教师的指导活动至精当，而且处于辅助地位。

（3）设计课后教学。一堂课结束后，学生的阅读活动并没有停止，甚至可以说，学生的阅读活动才刚刚开始。教是为了不教，教是为了让学生会学。设计有效的课后活动，促进学生自学，也是阅读教学设计的重要任务。

课后教学设计的目的主要是引导学生回到自我真实阅读状态。

课后教学设计的方向也是根据学生的学习发展状况确定的。所以，课后教学设计的主要任务，有时是巩固课堂学习成果，有时是提升课堂问题层次，有时是导向新的问题，把学习引向更新的语文境界。

课后教学设计的主要内容是布置延伸性任务以及提出学习组织方法和学习评价方法。

教师们的习惯是以课堂为中心思考问题。其实，课堂只是教学最集中、最典型的呈现方式。学生可能会在课堂上得到更鲜明的评价、更集中的指导

（这是由人类社会现阶段的教学组织形式造成的），但是真正的学习随时发生，课下的时间更多、空间更大。课堂设计当然最重要，课前和课后的教学设计也要重视。

需要说明的是，在具体的教学过程中，教学程序呈现出一定的动态性。如果课前设计的程序不适应学生的学习情况，就要根据学生的实际发展情况做出调整，甚至全盘推倒重来。

六、课内真实阅读教学方法

阅读课上，教师怎样"教"？

教的目的，是为了打破学生对"教"的依赖，转而要求自己"学"——化"教"为"学"。

教的原则，是一定不要像教。那是什么呢？是教师在肯定学生，具体地说是肯定学生因良好的阅读习惯而获得的阅读成果。

教的策略，是使得教在学中，学即是教。

教的方法，是把讲授"藏"在"学习指引"中，把引导"化"在交流过程中，把训练"融"在评价环节中——把"教"转化为"学"。

1. 把讲授"藏"在"学习指引"中

课堂上教师不可能不讲授，不过应极少极精地讲授。

办法是把要讲授的内容编制成学生可以自读理解并自行操作的"学习指引"。当学生按照一个"学习指引"进行学习时，他（她）就自学了教师要讲授的内容。

一个完整的"学习指引"包括学习任务、学习方法、学习范例、学习要求等内容。

一个"学习指引"的范例如下：

任务：请从文中不同人物的角度摘要复述课文。

要求：所做复述要涉及文中所有主要事件。叙述人称是第一人称。

范例：我是咸亨酒店中站着喝酒而穿长衫的唯一的人……（孔乙己角度）

提示：摘要复述要求截取原文主要情节和内容。

复述要求把记忆、思考、表达三者有机地结合起来。

"学习指引"的语言，要求至简洁，至明确。如果是必需，也可以链接言语简明的相关学习知识。

评价"学习指引"是否合用的标准，就是看学生理解这个"学习指引"时，是否还需要经过教师的反复讲解。如果需要，那就是"学习指引"编制得还不够好。

把这样的"学习指引"嵌在符合真实自读习惯的课堂教学流程中，"教"就很容易转化成"学"。

对于那些必讲的内容，教师也不要回避讲。教师可以把讲授的过程，化成师生互动的"学习指引"生成过程。例如，可以暂且把学生的学习过程划分成两个阶段：第一阶段，学生尝试操作，师生互动生成"学习指引"的阶段；第二阶段，学生正式自读阶段。在学生的尝试操作过程中，把强势的教转化成弱势的教，尽可能地突出学生的作用，在师生互动的过程中渗透学习要求，生成学习范例，自然而然地提出学习要求，目的是生成一个合用的"学习指引"；而在接下来的过程中，学生仍然可以按照所生成的"学习指引"自读。

有些教师担心课堂上"话少"，会影响师生情感交流的质量。其实没必要担心，话多话少与情感交流的质量没有必然联系，课堂热闹与情感丰富也是两回事。

2. 把引导"化"在交流过程中

引导，作为一种教的重要方式和手段，在真实阅读的课堂教学中，主要含义是启发。但是，当其被置于学生自学环节之前，仍然不免使课堂陷入"带领""使跟随"的旧局。

我们有一种观点，即课堂上学生发言的目的，不是为了回答教师的问题，而是为了表达自己的学习成果，与同学交流思想，获得个体完善。而教师的问题，只是释放学生思想的"闸门"。教师的引导，如果化入这个学后交流的过程中，而不是安排在学生自学之前，就比较容易突出学生的学，而淡化了教师的教。

而如果这种引导的目的，不是以把学生思想导向教师预设的"答案"，而是为了完善学生个体的学习成果，就成了助学的另一种方式。

以教为目的的引导，把关注点放在学生的表达结果上，习惯于评价学生发言结果的优劣、对错。而以助学为目的的引导，则把关注点放在学生的思想发展过程上，习惯于与学生共同研究初步学习成果的思想根源，通过不断地完善学习成果，完善学生的思想认识。

这种完善，往往需要一个追问、支持、肯定的过程。

（1）追问。在与学生交流的过程中，教师要善于通过追问帮助学生明确他（她）自己的思想。教师要习惯于问这样的问题："当你这样说时，你是怎样想的？""你所说的，能完全地表达你的想法吗？"

（2）支持。当学生的思考遇到困难时，教师应能够通过补充信息、材料，或提出建议帮助学生充分思考，完善自己的思想。例如，教师可以说："你有没有考虑到作者当时的处境?""你可以换个角度来思考同一问题。"

（3）肯定。当学生的表达成果不断完善时，教师应善于通过确认、肯定其成果，帮助学生完善思想建构。

耐住性子，不断地追问、支持、肯定学生个体的思想和学习成果，引导过程就显出了助学的性质。

3．把训练"融"化评价环节中

设计明确、有效的课堂学习评价环节，把语文能力的训练融在评价环节中，是化教为学的生动、活泼的手段。

课堂学习评价环节是指为每一个课堂学习阶段所设计的评价环节。与自读、交流这两个环节一样，评价环节也是阅读课堂的基本环节。完整的课堂教学过程应该是"自读·交流·评价"三位一体的过程，而且是非线性的。

与自读、交流这两个维度相比，评价维度往往显示出更强的教师主导性。但是，如果评价的目的不只是为了检测学生的学习水平，而是同时具有提高学生学习能力的功能，它就可以转化为一种学习训练方式。例如：学生了解了文章的基本内容后，要求学生"用一个对偶句或一个排比句的方式说出文章的内容"——这种评价方法就兼具提高思维能力和语言形式能力的双重功能，这样的评价设计就使得学习评价环节转化成学习训练环节。学生完成评价题目的过程，就是提高自己的思维能力和语言能力的过程，是整合零碎的学习成果，完成个体建构的过程。以教为主要目的的评价，就转化成了以促学为目的的学的形式。

作为一种特定的促学手段，理想的课堂学习评价应有如下特点：

（1）伴随性。课堂学习的每一个阶段都应相应地安排一个评价环节。教师通过这个评价环节，确定学生是否具备某种能力，是否具备进入下一个学习阶段的条件。

（2）多样性。课堂学习评价的形式应是多种多样的，最好区别于常规的陈述性的问答。如可以采用仿写的方式评价和提高学生思维的精度；采用扩写、改写、续写等方式评价和提高学生思维的广度、灵活度；采用拓展阅读、评论现实生活现象的方式评价和提高学生思维的深度；采用对比阅读评价和提高学生学习成果的完整度等；也可以把汉语特有的修辞方法（包括积极修辞和消极修辞两个方面）作为训练的内容，编制入评价题目，评价和提高学生使用语言形式的能力。

（3）差异性。针对不同起点和不同发展能力的学生，课堂评价的内容和评价的标准往往有一定的差异性。

需要强调的是，设计评价环节绝不只是编制模式化的练习题、考试题。编制或选用"同步练习"，对其内容和题型必须得慎重设计。

有一种教师，什么也不教，什么也教不好，美其名曰"无为而治"，其实是无所作为，是不负责任。他们的"无为而治"与我们这里所说的"不教而治"不是一种性质。

第二节　课内真实阅读教学的尝试

在本节，我们将从现代文和古诗文两个角度提供一些课内真实阅读教学的具体案例。现代文部分，本书将案例分成实用文和文学作品两大类，而在古诗文部分，本书将分别提供一个古代散文阅读教学案例、一个古诗教学案例和　个史传类作品整合阅读的教学案例。

一、实用文真实阅读教学尝试

实用文真实阅读教学的目标，不只是以课文为例子帮助学生认识实用文体的"格式"，更重要的是引导学生借助文体常识深入理解"这一篇"。

在长期的使用中，某些实用文体形成了一些相对稳定的样式，大家在观念中也都认可这些基本的样式。如消息、书信的格式，说明文、议论文的基本结构等。但在具体文章的写作中，写作主体又往往根据实际需要和个人喜好，对这些基本样式进行不同程度的改造，形成了多种多样的"文本体式"。童庆炳先生认为："文体是指一定的话语秩序所形成的文本体式，它折射出作家、批评家独特的精神结构、体验方式、思维方式和其它社会历史、文化精神。"[①] 文艺文体是这样，相当多的实用文体也是这样的——事实上，在文学创作中，作家经常会借助实用文体的形式，而很多实用文作品，如演讲词、书信、新闻作品等，一直都是被当作文学作品来读的。这告诉我们，阅读实用文体不能停留在对文体形式的认识上，而要超越形式，解读文本话语秩序，把握作者的思想感情、写作意图，理解作者的个体人格。

中学语文课本中选取的实用文，体裁多样，风格各异，涉及文本体式、话语秩序、社会文化精神和作者个体人格等不同层面的问题，教师引导学生阅读时，要根据实际文本选择教学内容，确定教学重点，引导学生借助文体

---

① 童庆炳. 文体与文体的创造 [M]. 昆明：云南人民出版社，1994：1.

常识解读"这一篇",通过对"这一篇"的解读,领悟实用文阅读与写作的方法。

在教师开始教学之前,有一个认识要非常清晰,即实用文阅读的教学目的与文学作品阅读的教学目的是不同的。文学作品的阅读目的主要是生成与提高学生的文学素养,而实用文的阅读目的是提高学生在生活、工作中阅读和写作具体实用文,利用实用文解决具体问题的能力。教学目的不同,决定了教学内容和教学方法不同。

1. 初中实用文的教学内容

初中实用文的教学内容主要包括以下几个方面:

(1)把握文章的行文对象和产生情境。一般来说,实用文有其产生的具体背景和具体话由,有其特定的行文对象。如傅雷家书是傅雷专门写给自己的孩子的家信,几乎每封信都有要解决的具体问题,结合问题产生的情境和写信人、收信人的具体特点,才能够深入理解书信的思想内容和写作的技巧。也有的实用文的适用对象不是具体的某个人或某个团体,而是公众,如新闻、公开信、说明文等,但这并不影响它作为实用文的性质,因为它要解决的问题是具体的。了解实用文的写作背景,目的与了解文学作品的写作背景也不同。文学作品的写作背景,对于理解作品来说只是一个参考,而实用文的写作背景却是理解文章的必要依据。

(2)认识文章要解决的具体问题。实用文一般是为解决具体问题而写作的。文中的内容一般围绕着解决具体问题而展开,语言方式与技巧也都因解决问题的需要而选用。通过研读文本或相关材料发现这个具体问题,理解作者对问题的态度和解决问题的目的是什么,对于理解思想内容和语言起着重要的作用。如我们读鲁迅的《中国人失掉自信力了吗》一文,就必须准确、清楚地厘清文章是针对什么问题写的,也要通过阅读理解鲁迅写作该文的目的是什么。对实用文中的观点、态度,读者的理解应力求客观、深入,不应做过多主观性发挥。

(3)理解解决问题的语言方式与方法。在较好地把握了文章产生的背景、适用对象,准确地把握了文章要解决的问题基础之上,理解文章的语言,这是实用文阅读的核心。理解实用文的语言,包括理解文体形式和语言方法、语言效果等多个层面,具体教学重点由文本的实际特点决定。理解实用文的语言与品味文学作品语言的取向也有所不同,前者更倾向于实用取向,后者更倾向于审美取向。

2. 初中实用文的教学重点

明确的教学内容决定了实用文教学的重点是探究作者如何在具体的篇章中"用"文体、"用"语言。具体来说,包括三个方面:

（1）参照文体，理解体式。海森堡说："每个工具都带有用来创造它的那种精神。"掌握文体知识，理解文体的作用，不能停留在对文本格式的识记层面，而是应该在了解基本文体样式的基础上，引导学生发现文本的实际体式与文体基本格式之间的差异，进而领会到文体的应用是创造性的。创造性应用语言是语文本质的重要方面。突破了对文体的膜拜心理，思维就比较容易打破形式带来的思维定式进入到内容层面。

（2）超越体式，理解内容。实用文的形式只是方便理解内容的一种手段。实用文的"用"主要表现在作者怎样更好地解决了实际问题上，如毛泽东利用"消息"宣传了胜利的意义，鼓舞了队伍的斗志；傅雷利用书信与傅聪沟通了思想，传递了感情。因而实用文阅读教学的"实"，也应该表现在引导学生深入地理解文章的具体思想内容、写作意图上。换个角度说，重点是理解"用"，即理解作者是怎样更好地利用了语言形式为内容服务的。

（3）品味内容，领悟语言。语文教学的落足点，最终要落实到语言上。在充分理解思想内容的基础上，实用文真实阅读教学要引导学生领会作者怎样运用语言更好地传情达意。重点有两个：一是具体品味作者是怎样选词炼句的；二是研究作者怎样在一篇整体的文章中建构了自己的话语秩序、话语规范、话语特征。需要注意的是，因为有了实用的目的做参照，实用文的语言品味的侧重点也应该相应地落在其表现力上，而不是形式美方面。

体式、内容、语言，这三者实际上是文体这个问题的不同侧面，文体反映的是文本从内容到形式的整体特点，阅读中虽有侧重，但三者不可偏废。文体属于形式范畴，但是这形式是内容的形式，实用文的作者有权利驾驭语言，使得语言带有强烈的主观性，但这主观是受客观限制的主观，因而实用文的阅读，在深入研读文本本身的同时，更要充分地考虑到文本产生的背景和文本要解决的具体问题对文本形成的推进或制约作用，领会文本折射出的社会文化精神和作者个体人格。

3. 初中实用文的教学方法

实用文写作是戴着镣铐跳舞，实用文阅读教学，也是戴着镣铐跳舞。"实"不是"死"，越是显得"实"的文本，越要在阅读教学方法上有所创造。

（1）感受背景，生发情怀。教材中的每一篇实用文都不枯燥，但是比这些文章更生动的是文章产生的背景。阅读过程中适当引导学生感受背景，有利于加强学生对问题性质的认识，也有利于调动学生对作者、行文对象的情感因素，激发学生的情感因素。例如，课本中所选的傅雷的1954年10月2日家书，写于年少的傅聪带着自己的艺术理想，肩负着为新中国争光的重任远赴国外之时。在国外，傅聪发现自己的钢琴水平与其他选手有着巨大的差距，因而对自我要求特别严格，每天的训练都要比其他选手多几个小时。在这种情况下，他遇到了心理挫折，而他又是那么的敏感。面对孩子的处境和问题，一个深深地爱着、思念着、心疼着孩子而又期望着孩子能有所成就的父亲，能说些什么呢？他会说些什么呢？他又会怎样说呢？理解了这些情感因素，再去研读课文，相信学生对课文的理解会更加深入。

（2）研究问题，启发智慧。实用文一般是为解决具体问题而写作的，行文中往往表现出作者发现问题、分析问题、解决问题的智慧。因而实用文的阅读，不能停留在对文本内容的表层解读上，而是要把阅读深入到研究作者面对具体问题如何展开思考，提炼思想、围绕思想选取内容、恰当表达的思路和思维的独特性上。例如，议论文的教学，不能停留在通过阅读具体的文本认识议论文的一般结构（提出问题—分析问题—解决问题）的层面上，而是要研究作者要通过具体的文章解决什么具体的问题，在具体背景中面对具体问题时，为什么要这样提出问题，为什么用这样的材料做论据，为什么要这样展开论证，等等。简单地说，就是通过阅读文章和必要的辅助材料，研究作者写作过程中的思维活动，以发现作者写作的奥秘。在研读的过程中，开启学生的智慧，激发起学生对智慧的追求，提高学生思考与解决真实问题的能力。一些文章本身对问题产生的背景交代不够具体，原因往往是问题本身带有普遍性，涉及的人群面也比较广。这样的文章，可以把教学重点落在作者安排结构、选材用材的独特性上，也可以由教师根据实际情况合理地设计情境，使问题具体化。

（3）读写结合，深化理解。理解语言是实用文阅读重要的问题之一。实用文的语言理解的重要要求是研究作者在当时的条件下为什么要这样写。在教学中，要把这个总体的要求根据实际情况分解成具体的要求，如结合上下文分析、联系背景分析、联系作者的写作意图分析、联系作者的写作个性分析等。而这种具体问题具体分析的思维训练，也可以通过与阅读相结合的写作活动实现，例如，根据实际的问题写作书信、演讲稿、报告书、校园新闻、社区新闻等。写作的过程，其实也是另一种形式的阅读理解过程。

案例9

《傅雷家书两则》教学设计与实施

《傅雷家书两则》的文体是书信，是书信中的家书。家书是亲人间来往的书信，是人世间意至切、情至真的交流。很多人喜欢研究家书中传达的道理。但我认为，读家书首先要品味其中的真情。即使读那些说理性的文字，也要透过文字，发现其背后的情感因素。尤其像傅雷这种对孩子用情至深的父亲所写的文字，更要努力品味其文字背后的良苦用心。在傅雷家书中，我们能通过傅雷写家书的目的，发现父爱的深切与厚重；通过傅雷传情达意的语言方法，感受到父爱的强烈与深沉；通过品味傅雷对傅聪生活细节、成长细节的关注，感悟父爱的细致与温暖。那么，怎样引导学生从情感的角度去品味傅雷家书呢？

我的教学设计是这样的：我把教学主题确定为"读家书，品父爱"，并以此为线索穿起整堂课。教学重点是品味两封家书中流露出的父爱，理解文中的重点语句，学习情理交融的表达方法，引导学生懂得在生活中品味亲情，珍惜亲情。在教学中，通过诵读关于家书的古诗导入新课，引导学生认识家书的珍贵，创造感情氛围。接着，通过发现选文格式与一般书信格式的差别，感受傅雷家书体式中流露出的父爱，引导学生建立起本堂课以理解父爱为主的解读观念。之后，提出本堂课的主要问题：你在文中何处发现了父爱？把品味父爱作为本堂课的一个教学重点，在学生品味父爱的过程中，引导学生理解文中传达的一些基本道理，品味家书语言的深厚蕴涵。最后，引导学生站在傅聪的角度体会家书，谈谈对家书的感受，有条理地整理家书的思想感情和艺术特点，整合全课内容。教学过程如下：

导入：诵读关于家书的古诗，感受家书的珍贵。

出示 PPT1：关于家书的古诗

国破山河在，城春草木深。感时花溅泪，恨别鸟惊心。烽火连三月，家书抵万金。白头搔更短，浑欲不胜簪。（唐·杜甫《春望》）

洛阳城里见秋风，欲作家书意万重。复恐匆匆说不尽，行人临发又开封。（唐·张籍《秋思》）

四序风光总是愁，氄毛衰飒涕横流。此书未到心先到，想在孤城海岸头。（唐·韩偓《家书后批二十八字》）

已落双雕血尚新，鸣鞭走马又翻身。凭君莫射南来雁，恐有家书寄远人。（唐·杜牧《赠猎骑》）

客路青山外，行舟绿水前。潮平两岸阔，风正一帆悬。海日生残夜，江春入旧年。乡书何处达，归雁洛阳边。（唐·王湾《次北固山下》）

雨中鹊语喧江树，风处蛛丝颭水浮。开拆远书何事喜，数行家信抵千金。（唐·李绅《端州江亭得家书》）

未读书中语，忧怀已觉宽。灯前看封箧，题字有平安。（明·高启《得家书》）

江水三千里，家书十五行。行行无别语，只道早还乡。（明·

袁凯《京师得家书》）

　　客从远方来，遗我双鲤鱼。呼儿烹鲤鱼，中有尺素书。长跪读素书，书中竟何如。上言加餐食，下言长相忆。（汉·无名氏《饮马长城窟行》）

活动：读完古诗，请同学们根据自己对诗意的理解，说一句话。

说话范例：家书是远方亲人的……

出示 PPT2：学习主题与学习过程

　　　学习主题：读家书，品父爱

　　　学习过程：活动 1：品味家书格式中的父爱

　　　　　　　　活动 2：品味家书内容中的父爱

　　　　　　　　活动 3：品味家书语言中的父爱

活动 1：品味家书格式中的父爱

问题：你知道书信的格式吗？

出示 PPT3：书信的格式（插傅雷家书原件图片）

问题：傅雷不可能不知道书信的格式，可是他的家信却没有按照格式去写。为什么？

　　（要点：理解称呼、段落安排中蕴含的热烈、急切的思念之情。）

活动 2：品味家书内容中的父爱

出示 PPT4：傅雷 1954 年 8 月 16 日晚给傅聪信

　　围巾必须和大衣一同脱在衣帽间，不穿大衣时，也要除去围巾，手插在上衣袋里比插在裤袋里更无礼貌，切忌切忌！何况还要使衣服走样，你所来往的圈子特别是有教育的圈子，一举一动务须特别留意。对客气的人，或是师长，或是老年人，说话时手要垂直，人要直立。你这种规矩成了习惯，一辈子都有好处。

　　在饭桌上，两手不拿刀叉时，也要平放在桌面上，不能放在桌下，搁在自己腿上或膝盖上。你只要留心别的有的青年就可知道。刀叉尤其不要掉在盘下，叮叮当当的！

　　出台行礼或谢幕，面部表情要温和，切勿像过去那样太严肃。这与群众情绪大有关系，应及时注意。只要不急，心里放平静些，表情自然会缓和。

　　总而言之，你要学习的不仅仅在音乐，还要在举动、态度、礼貌各方面吸收别人的长处。

问题：傅雷对傅聪的爱是细致入微的，从生活细节到做人的方方面面的教育中，都体现了傅雷强烈而深沉的爱。傅雷的这两封家书中，哪些地方体现了对傅聪的"苦心"？

（要点：对傅聪受到的挫折与获得的成功的关注，对傅聪情绪微变化的体察，给傅聪讲的道理——要傅聪"坚强"，对傅聪的思想教育，说理的方式——打比方和旁征博引等。）

延伸：你读过其他傅雷家书吗？你能用其他家书中的内容印证你的感受吗？

出示 PPT5：傅雷 1955 年 4 月 20（？）日给傅聪信

长篇累牍的给你写信，不是空唠叨，不是莫名其妙的 gossip（说长道短），而是有好几种作用的。第一，我的确把你当作一个讨论艺术，讨论音乐的对手；第二，极想激出你一些青年人的感想，让我做父亲的得些新鲜养料，同时也可以间接传布给别的青年；第三，借通信训练你的——不但是文笔，而尤其是你的思想；第四，我想时时刻刻，随处给你做个警钟，做面"忠实的镜子"，不论在做人方面，在生活细节方面，在艺术修养方面，在演奏姿态方面。

引导：傅雷家书中寄托了丰富的思想感情。

说话活动：家书是父亲……（针对书信内容说话）

活动3：品味家书语言中的父爱

出示 PPT6：傅雷 1954 年 9 月 4 日给傅聪信

要是你看我的信，总觉得有教训意味，仿佛父亲老做牧师似的；或者我的一套言论，你从小听得太熟，耳朵起了茧；那么希望你从感情出发，体会我的苦心……哪个人教育一个年轻的艺术学生，除了艺术以外，再加上这么多的道德的？我完全信任你，我多少年来播的种子，必有一日在你身上开花结果——我指的是一个德艺俱备，人格卓越的艺术家！

问题：两封家书中，哪些语句或说话方式令你对父爱感受至深？把语句用恰当的语气念给大家听，并说说你的体会。

（要点：理解打比方和旁征博引的说话方式，理解"坚强"的含义。）

（穿插：傅雷家书中关于"生命如水"的比喻的相关内容，家书征引约翰·克利斯朵夫事例的相关内容。）

延伸：生活中，父母是怎样给你讲道理的？你能体会到其中的情感因素吗？试举一例说明。

小结：认识家书的价值。

问题：多年后，功成名就的傅聪回到祖国。这时，他的父母均已离世。有一次，记者采访傅聪，问到了他读家书的感受。同学们想一想，傅聪会怎样回答？

活动：学生根据阅读感受和生活体会回答问题，教师点评学生的回答，引导其思想认识。然后出示PPT，揭示傅聪的思想感情，也即揭示家书对傅聪的深刻影响。

出示PPT7：采访报道

傅聪说，"家书"其实我从来都不看，我不敢看，每一次要看都太激动，整天就没办法工作了，太动感情了，不敢看。我觉得"家书"的含义最简单来说，就是我父亲追求的是一种精神价值，就是这个东西，人活着就是为了一个精神的东西。这个精神价值包含了很多东西，东方的西方的，是一个很博大的精神价值，可是绝对不是物欲横流的世界。有时候我对这个世界感到很悲观，我父亲其实也是，你们看"家书"可以看出这点来。可是，只要我还活一天，知其不可为而为之，还是干下去，坚持我的这种理想，坚持我的追求，坚持我的精神价值。

小结：家书帮助傅聪培养了伟大的品格，提高了修养，成就了事业，正所谓"家书抵万金"。诚如楼适夷先生所言："傅聪在异国飘流的生活中，从父亲的这些书信中汲取了多么丰富的精神养料，使他在海外孤儿似的处境里，好像父母仍在他的身边，时时给他指导、鼓励与鞭策，使他有勇气与力量，去战胜各式各样的魔障与阻力，踏上自己正当成长的道路。"而这都是因为一个字——爱！让我们珍惜亲情，学会品味亲情，懂得回报亲情。

家庭作业：再读家书，深品父爱。

出示PPT8：作家叶永烈谈阅读傅雷家书

在一次"解读傅雷家书讲座"中，有位听众提问："作为中学生，在读《傅雷家书》时应该注意什么？"作家叶永烈回答："一方面从细小的问题做起，比如傅雷教给傅聪怎样待人接物等，中学生可以从这些细节上学起；另一方面是宏观方面，从艺术观、人生观，从对待祖国、对待人民的态度方面学习。如果从这两个方面读《傅雷家书》，你一定会有所收获。"

作业：傅雷给傅聪的教育是多方面的、深入的。阅读《傅聪版傅雷家书》或叶永烈写的《解读傅雷家书》，从更多角度感悟傅雷家书。

中学实用文教学，一定要落在"实"处。这种"实"，表现在三个方面：一是对文体的正确理解；二是对文章思想内容的深入推敲；三是对语言的深度品味。从父爱的角度品读傅雷家书，就是这样一种将教学落到实处的尝试。

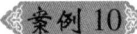

《案例 10》

《苏州园林》教学设计与实施

　　叶圣陶先生讲过："大凡读一篇文章，摸清作者的思路是最要紧的事，按作者的思路去理解，理解才能透彻。"阅读课文《苏州园林》，把"务必使游览者无论站在哪个点上，眼前总是一幅完美的图画"当作苏州园林这个说明对象的特征，从这个角度切入文章，《苏州园林》的思路可以说是非常清晰的，一读就懂。但是，除了这种阅读路线以外，还有没有其他阅读路线呢？譬如说，除了关注作为写作结果的《苏州园林》外，可不可以把阅读的视线移向《苏州园林》的写作过程方面，关注一下作者定体、立意、选材、构思、行文方面的"思路"呢？

　　如果说前者的做法是在"按作者的思路去理解"文章，那么后者的做法就是在摸清"作者的思路"的形成与实现过程。相比之下，后者是在解决了"知其然"的基础上，转而深入地解决"知其所以然"的做法。在按照前者的思路学习了《看云识天气》《中国石拱桥》等说明性文章后，学生的思维是需要这种深入引导的。如同本书前面所提到的——要培养学生思维的复杂性和深刻性。这样做对于学生真正学会阅读和写作说明文有好处，也是必要的。叶圣陶反复强调："有怎样的理解，才能写怎样的说明文。"说明文的体式如此简明，内容如此清楚，语言如此明确，但仍然有很多学生读不懂，写不出，原因恐怕也是不知其所以然——没有真正摸清作者的思路，也没有掌握"理解"事物的思路和方法。

　　那么，如何引导学生在阅读中摸清叶圣陶的"思路"呢？

　　首先，这堂课必须同时达到两个层面的目标：一个层面是理解作为写作结果的《苏州园林》这篇课文，即知其然；另一个层面是探究作者的写作过程，领会课文背后作者写作思路的形成和实现的过程与方法，即知其所以然。换个角度说，就是要使文章既作为学习的内容，又作为学习的"例子"。

　　在第一个层面上重点把握以下问题：通过理解文本的体式，进一步理解说明文的文体特征，把握说明对象的特征，厘清说明顺序，认识说明方法，品味准确、严密而又不乏生动的语言。

　　在第二个层面上重点把握以下问题：作者设计体式、确定说明内容、安排说明方法、运用说明语言的思维过程是怎样的。通过经历探究的过程，理解作者的思维过程和方法，形成一种在理解文本的基础上深入一步去探究作者思路的阅读意识，掌握探究作者思路的基本方法。

　　两个层面的教学目标中都包括培养学生热爱祖国文化的意识、培养探究问题的兴趣等情感态度与价值观的目标。

为了达到教学目标，本课尝试了如下教学策略：以体验作者"鉴赏"苏州园林的过程为线索穿起整堂课。

不同于常规教学的直接欣赏文本，本课的独特之处是通过探究文本形成的"过程"，达到各种目的。两种课的目的不同，角度不同，层面不同，思维方式不同，课堂路线和引导方法就要有所不同。当然，收获也会不同。这种课要做到课堂活动深入浅出，开放有趣，课堂操作环节清楚，引导适恰，才能有效、高效。

1. 合理设计教学活动。减少课堂头绪，使两个层面的目标在同一种活动中实现，提高课堂的效率。核心活动是在阅读文本的过程中"重历"叶圣陶的构思过程，感悟构思的方法，使得学生感觉到说明文的构思"真是这么回事"——读完了课文会说："这才了解了某事物。"

2. 充分发挥学生的主动性。课堂活动要以学生自己品读文本为主，教师的引导为辅，培养学生真实的自读习惯。

3. 提供"支架"。要在学生的阅读中，合理提供"支架"，引导学生不断接近"最近发展区"，一层层地提高认识能力。如在学生需要的时候以恰当的方式有度、有效地提供关于叶圣陶说明文观念的感性和理性的材料，帮助学生突破思维障碍；又如在学生发展的关键环节加以合理的评价等。

教学过程如下：

导入：我们在这间教室里学习这么久了，谁能用举例子的方法向老师和同学们介绍这间教室的一个特点？

过渡：在没有老师提醒的情况下，同学们已经介绍得这么好。等我们上完了今天的课以后，看看大家会不会介绍得更好。今天我们学习叶圣陶先生写的《苏州园林》。

PPT1：课题

PPT2：写作背景和作者简介

本文是叶圣陶应邀为将要出版的《苏州园林》画册所写的序文。

叶圣陶（1894—1988），原名叶绍钧，现代著名作家、教育家，有"优秀的语言艺术家"之称，代表作是长篇小说《倪焕之》，童话集《稻草人》《古代英雄的石像》。叶圣陶是苏州人，对苏州园林很熟悉，因此对苏州园林的情趣和特征有深刻的体会，写文章时也会饱含深情。

PPT3：字词（读准以下字音）

轩榭（xuān xiè）　池沼（zhǎo）　丘壑（hè）　模（mú）样

重峦叠嶂（zhàng）　相间（jiàn）　嶙峋（lín xún）

庸（yōng）俗　镂（lòu）空　蔷薇（qiáng wēi）

铺垫：学习方法指导。

PPT4：叶圣陶与苏州园林

叶圣陶先生是苏州人。他生在苏州，长在苏州，与苏州园林有不解之缘。

中学时代，他经常与同学在拙政园、留园等园林里举行文学活动，写过《游拙政园归得句二十韵》诗。

1963年秋天陪好友朱自清游览了苏州的几个园林，写下了《假山》一文。

新中国成立后，叶圣陶到北京工作，对苏州园林仍是梦萦魂牵，经常翻赏一本《苏州园林》图册。

1974年，他与编撰者陈从周教授相识。陈从周送给他松竹兰菊等国画作品，他填了一首《洞仙歌》词送给陈从周。词中写道：

园林住辇，已多年纱坑，拙政诸园寄深眷。

想童时常与窗侣嬉游，踪迹遍山径楼廊汀岸。

今秋通简札，投甓（pì，砖）招琼，妙绘频贻抱惭看。

古趣写朱梅，兰石清妍，更风篠（xiǎo，比较细的竹子）幽禽为伴。

盼把晤（握手晤面）沧浪虎丘时，践雅约，兼聆造形精鉴。

问题：你从这段话中读到了哪些信息？《洞仙歌》词中的句子告诉我们，叶圣陶是用什么样的眼光看苏州园林的？（精鉴。）你能在课文的第一段中找到表明这一态度的语句吗？

明确：鉴赏。"谁如果要鉴赏我国的园林，苏州园林就不该错过。"

朗读：要求把"谁"字改成"我"字——"我如果要鉴赏我国的园林，苏州园林就不该错过。"

解释：什么是鉴赏呢？就是鉴别、欣赏，带着喜爱的眼光看，看出苏州园林的独特之美来。

PPT5：学习过程：感受—分析—评判

提示：怎样鉴赏呢？鉴赏是一个"感受—分析—评判"的过程。现在让我们与叶圣陶一起走进苏州园林，体验一下这个鉴赏的过程吧。

环节一：感受苏州园林

目的：体验提炼说明对象特征（也即叶圣陶所说的"共性""理解"）的过程与思路。

活动：阅读课文，说说作者看到了怎样的苏州园林。

范例：苏州园林可绝不讲究对称，好像故意避免似的。东边有了一个亭子或者一道回廊，西边决不会来一个同样的亭子或者一道同样的回廊。

（学生阅读课文，找出类似的句子，并用"〰〰"线做好标记，交流。教师补充《假山》中的描写。）

PPT6：《假山》中的描写

　　A. 顾家的怡园，靠西一带假山把全园的景物遮掩了，你走到假山的西边去，回廊和旱船显得异常幽静，假山下的一弯水好像是从远处的泉源诵过来的（其实就是荷花池中的水），引起你的遐想。

　　B. 墙上砌成各式各样的镂空图案，透着光，约略看得见隔墙的景物。这种"隔而不隔"的手法，假若使用得适当，比较堆假山作障蔽更有意思。

　　C. 修剪得法，一丛树木还可以当一幅画看。

师：两相比照，我们发现叶圣陶一直用鉴赏的眼光看苏州园林，在他的眼中，苏州园林的每一处景物都是那么有趣味，似乎也有一些共同的特点。

PPT7：视频《苏州园林》

师：在刚才的视频中，我们看到的景物，是叶圣陶所说的那种情形吗？下面让我们进一步品味课文。

环节二：分析苏州园林

　　目的：体验作者是如何确定说明的内容和说明顺序的。

活动：揣摩作者分析材料的思路，研究作者是如何通过材料表达自己的"理解"的。

问题1：在充分感受的基础上，作者发现苏州园林的建筑、景物有什么共同特点？

（学生阅读课文，找出类似的句子，并用"＿＿"线做好标记，交流。）

明确：游览者无论站在哪个点上，眼前总是一幅完美的图画。

问题2：作者对哪些景物进行了分析，得出了上述这种结论的？作者为什么要分析这些景物？

明确：亭台轩榭、假山和池沼、花草树木、花墙和廊子，以及角落、门窗、建筑物的颜色。这些是苏州园林的主要景物。叶圣陶认为说明事物，要尽量全面地说清事物"所包含的种类"。

问题3：作者是怎样分析这些景物的？分别得出了什么结论？

要求：结合课文的内容，说清作者分析材料的思路。

PPT8：研究范例

课文第3自然段。

作者观察到了苏州园林的建筑物的布局是这样的：东边有了一

个亭子或者一道回廊，西边决不会来一个同样的亭子或者一道同样的回廊。

作者知道古代宫殿到近代的一般住房的布局是这样的：绝大部分是对称的，左边怎么样，右边也怎么样。

两相比较，作者得出结论："苏州园林可绝不讲究对称，好像故意避免似的。"苏州园林是讲究"自然之趣"的"美术画"。

作者思路分析：观察景物的特点—与相近的事物对比—得出结论、表达结论。

（学生自选段落或景物分析作者的思路，做好批注。交流。）

小结：通过刚才的研究，我们发现作者在发现苏州园林的总体特点时，经历了这样一个思维过程：单项观察、分析—归纳共同点。

问题4：品味文章，你觉得叶圣陶考虑过这些材料的顺序安排问题吗？你觉得叶圣陶是怎样考虑问题的？

引导：七种材料分成两大部分。前四种为一部分，后三种为一部分。前四种与后三种的关系可以理解为由整体到局部的关系，也可以理解为是由容易被注意到的景物到不容易被注意的景物的关系。

在前四种这一组中，为什么要按照现在的顺序安排材料，作者是怎样考虑的？在后三种这一组中，为什么要按照现在的顺序安排材料，作者是怎样考虑的？仍然是按照由容易被注意到的景物到不容易被注意的景物的顺序来安排的，这符合人的视觉规律、观赏规律、认识规律（由浅入深、由易到难）。

鼓励学生根据自己的理解说出这两组材料之间的关系。

学习评价活动：学习到这里，再让你介绍一下自己的教室，你会怎么做？

要求：学生清晰地说出一个思路，或一个内容提纲即可。

引导：第一步，先对门、窗、黑板、桌椅等东西分别进行分析，列出自己看到想到的各种特点；然后进行归纳，找出它们的共同点，作为说明对象的特征。（要提示学生，这一步也可能在一瞬间完成。）第二步，确定哪些东西值得作为说明文的内容，并按一定标准排好顺序。（一般来说是时间顺序、空间顺序、逻辑顺序。）

环节三：评判苏州园林

目的：体验作者运用说明语言的思路。

活动：作者是以鉴赏的眼光看待苏州园林的，在感受、分析的过程中作者对苏州园林有所评判。品味这些表明作者态度、评价的语句，研究作者运用语言表现说明对象特点的思路。

PPT9：语言品味示例

你认为哪些句子、词语表明了作者对苏州园林的评判？这个语句是什么意思？

①例句：倘若要我说说总的印象，我觉得苏州园林是我国各地园林的标本。

②句意："标本"，这里是典范、样本的意思。

引导：文中评判的方式有两种：

第一种是用评价的语句直接说出自己的看法。例如：假山的堆叠，可以说是一项艺术而不仅是技术。

第二种是通过选择词语表明自己的态度。例如：一切都要为构成完美的图画而存在，决不容许有欠美伤美的败笔。

问题1：作者在文中反复提到了"图画美"这个词。"图画美"是什么意思？文中有能够解释这个词的语句吗？

明确：自然之趣。

（学生找出文中的语句，勾画出来，做好批注。交流。）

PPT10：叶圣陶《游拙政园归得句二十韵》诗（节选）

斗雨值休辰，园游恣幽赏。回沼抱南轩，几窗爱净朗。

环顾卉树森，浓绿弥众象。稀处现楼台，微风动帘幌。

PPT11：元代诗人释惟则《狮子林即景》诗

鸟啼花落屋西东，柏子烟青芋火红。人道我居城市里，我疑身在万山中。

解说：两首诗都写出了苏州园林的自然之趣，可与本文相互印证。

拓展：《假山》一文中，作者认为"假山"并不重在真有山林之趣，而这里却又说苏州园林的假山有自然之趣。这是不是有点矛盾？

PPT12：叶圣陶散文《假山》（节选）

假山实在算不得一件好看的东西。乱石块堆叠起来，高高低低，凹凹凸凸，且不说天下决没有这样的山，单说阳光照在上面，明一块，暗一块，支离破碎，看去总觉得不顺眼。石块与石块的胶粘处不能不显出一些痕迹，旧了的还好，新修的用了水门汀（水泥），一道道僵白色真令人难受……

假山上大都种树木，盖亭子。往往整个假山都在树木的荫蔽之下，而株数并不多，少的简直只有一株。亭子里总得摆一张石桌，可以围坐几个人，一座亭子镇压着整个所谓"山峰"也是常有的事。这就显得非常不相称……

依传统说法，假山并不重在真有山林之趣，假山本来是假山。

引导：教师可以从多个角度引导学生理解此类问题，帮助学生深刻理解文本，理解作者的思路。例如：一个是从整体上（类型上）来说的，在各种园林的假山中，苏州园林中的假山相对好一些；一个是从个体上来说的，有些园林中的假山堆得不够好，但这不影响园林的整体特点。再如：鉴赏能力的提高有一个过程，年轻的时候的认识可能不够深入，在以后的成长中能力得到了完善。又如：可以引导学生理解做学问的道理："纸上得来终觉浅，绝知此事要躬行。"要学会发现问题，研究问题，具体问题具体分析。要注意培养学生的发散思维、辩证思维能力。

问题2：作者运用这些评判性语句，想达到什么目的？

提示：这些评判性语句与说明对象的特征有什么关系？

PPT13：语言品味示例

①例句：倘若要我说说总的印象，我觉得苏州园林是我国各地园林的标本。

②句意："标本"，这里是典范、样本的意思。

③思路：作者希望用"标本"一词深入地揭示出苏州园林的重要地位以及对各地园林的影响；希望人们重视苏州园林，看苏州园林时用鉴赏的态度，为下文做铺垫。

引导：运用评判性的语句，主要是揭示景物的图画美，即自然之趣，揭示所列举景物与苏州园林总体特点的关系。教师要引导学生从"作者为什么这样用""作者是怎样想的"这样的角度思考问题，耐心、深入地品味叶圣陶运用语言的思路。

小结：叶圣陶认为说明就是要表明自己的"理解"。作者所确定的苏州园林的特点是他的"理解"，作者选择景物、安排材料顺序，是为了使自己的"理解"让读者更好地理解，作者选词炼句，也是为了更好地传达他的这种"理解"。在说明文中，语言是为了传达作者的"理解"服务的。

问题3：这些评价性语句，在句式上有什么特点？

活动：比较以下两句话。

问题4：这两句话都是在"描写"景物吗？

PPT14：句式比较

A. 苏州园林在每一个角落都注意图画美。阶砌旁边栽几丛书带草。墙上蔓延着爬山虎或者蔷薇木香。如果开窗正对着白色墙壁，太单调了，给补上几竿竹子或几棵芭蕉。（叶圣陶《苏州园林》）

B. 那藤蔓缠着麻线卷上去，嫩绿的头看似静止的，并不动弹；

实际上却无时不回旋向上，在先朝这边，停一歇再看，它便朝那边了。前一晚只是绿豆般大一粒嫩头，早起看时，便已透出二三寸长的新条，缀一两张长满细白绒毛的小叶子，叶柄处是仅能辨认形状的小花蕾，而末梢又有了绿豆般大一粒嫩头。（叶圣陶《牵牛花》）

引导：A句写的是苏州园林角落的共同特点，B句写的是牵牛花的状态。

A句的目的是举例说明"苏州园林在每一个角落都注意图画美"这一特点，B句的目的是描写牵牛花成长的过程和成长中的样子。

A是说明句，B是描写句。

PPT15：说明句与叙述句

叙述句所说述的是事物的现成情形。我们见了猫在捕鼠，就说"猫捕鼠"。见了桃花的红色，就说"桃红"。事物的情形"怎样"就说"怎样"。这是叙述句。

说明句所说述的并非事物的现成情形，乃是我们对于事物的判别和解释。例如说"猫是会捕鼠的"，"桃花是红的"。不管眼前有没有"猫"或"桃花"，我们随时都可以这样说。这是说明句。

（见《国文百八课》第一册第十四课"文法十一：叙述句和说明句"）

活动：在《苏州园林》中再找了一些"说明句"，品味叶圣陶为了使本文更能体现出说明文的特点，在语言运用方面做了哪些努力。

学习评价活动：仿写文中的"说明句"，说明一下教室的某个特点。

PPT16：仿写范例

原句：苏州园林在每一个角落都注意图画美。阶砌旁边栽几丛书带草。墙上蔓延着爬山虎或者蔷薇木香。如果开窗正对着白色墙壁，太单调了，给补上几竿竹子或几棵芭蕉。

仿句：教室的每个角落也都很有书香气。靠前窗的墙角摆着一个小书架，书架上摆放着几十本文学名著。黑板的右下角写着读书名言。

总结：知其然并知其所以然。

活动：按以下思路总结学习成果。

PPT17：总结

叶老曾说："大凡读一篇文章，摸清作者的思路是最要紧的事，按作者的思路去理解，理解才能透彻。"这堂课，我们换了个角度学说明文——研究了一下叶老的写作思路，按照他的思路去理解课文，不知道大家的理解是否更透彻。现在让我们来检测一下大家的学习水平。请按照以下两条思路来说话。

思路1：阅读课文，说出课文的结构。（知其然）

思路2：回顾这堂课，说出叶圣陶构思本文的过程。（知其所以然）

小结全课：俗语说："江南园林甲天下，苏州园林甲江南。"苏州园林是中华文化的瑰宝。1979年初，陈从周教授邀请叶圣陶为他新编的《苏州园林》图册作序，圣翁慨然允诺。苏州园林让叶圣陶先生热爱，也让我们向往。更让我们向往的是叶翁那深邃的思想、精妙的思维。

1997年12月，苏州园林被列入了"世界文化遗产名录"。世界遗产委员会是这样评价苏州园林的："没有哪些园林比历史名城苏州的四大园林更能体现出中国古典园林设计的理想品质。咫尺之内再造乾坤，苏州园林被公认是实现这一设计思想的典范。这些建造于16—18世纪的园林，以其精雕细琢的设计，折射出中国文化中取法自然而又超越自然的深邃意境。""铁马秋风塞北，杏花春雨江南，椰树骄阳海岛，牦牛冰雪高原。"中华文化博大精深，中华美景无处不在，希望同学们常用鉴赏的眼光观看，写出传承文化的精美文章。

PPT18：叶圣陶谈说明的要求

叶老说："作说明文，却全凭存在于内面的理解；没有理解，固然动不来笔，有了理解而还欠充分、真切，也就写不成完美合式的文章。有怎样的理解，才能写怎样的说明文。"（见《国文百八课》第三册第八课"文话八：说明和记述"）

作业：以"鉴赏"的眼光观察教室，用本课上学到的构思方法和写作方法，写一篇介绍教室的小短文，字数不限。如果觉得教室不适合自己，也可以选择其他对象。

二、文学作品真实阅读教学尝试

与实用文真实阅读教学的目标不同，文学作品真实阅读教学的主要目标是生成和提高学生的文学素养，对于初中生来说，重点是接触适量的经典文学作品，提高文学审美情趣和进行初步的审美实践，教学方法应突出感受、体验和鉴赏。

1. 初中现代文学作品的教学内容

现代文学作品的目标决定了初中文学作品教学的主要内容是引导学生经历文学审美的完整过程，体验文学审美的愉悦，学习鉴赏文学作品的基本方法和基本知识。"我们观察一切事物，有三种方式——实际的、理论的和审美的。一个人若从实际的观点来看一座森林，他就要问这森林是否有益于这地区的健康，或是森林主人怎样计算薪材的价值；一个植物学者从理论的观点来看，便要进行有关植物生命的科学研究；一个人若是除了森林的外观没有别的思想，从审美的或艺术的观点来看，就要问它作为风景的一部分其效果如何。"① 文学作品真实阅读教学最重要的观念，就是引导学生把文学作品当作文学作品来读。

（1）引导学生经历文学审美的完整过程。文学作品阅读过程是个审美过程，是阅读者以审美的姿态观照文学作品的过程。"文学是一种意识形态"，"文学是人类的一种审美活动。文学的意识形态性与文学的审美特性有机结合在一起，就产生'质变'，产生了作为文学的根本性质的'文学审美意识形态'"②。强调过程的完整性，是针对教学中存在的片面突出阅读过程中某些环节的现象而言的。完整的审美过程应当包括审美准备阶段、审美观照阶段、审美效应阶段。审美准备阶段是发现或预期审美对象的阶段；审美观照阶段是审美感知与审美理解阶段，即"观"和"品"的阶段；审美效应阶段是阅读者理性、感性、知性相交融的审美评价和审美欲望唤醒阶段，即"悟"的阶段，对应于我们常说的鉴赏阶段。过于突出审美观照阶段，会使教学显得理性不足，没有深度；过于突出审美效应阶段，特别是过于突出理性的鉴别，则会使教学显得不像文学课。"质胜于文则野，文胜于质则史。"有所偏重的教育不独使阅读效果打折扣，长远地说也会影响学生文学审美能力的正常发展。

（2）在阅读的过程中体验文学审美愉悦。体验文学审美愉悦，是文学作品阅读过程的重要内容和重要成果。教师和学生共同树立起这种过程即是成果的观念非常重要。这种观念引导着学生安心地沉浸在审美过程中，使得审美愉悦不断升华的过程即是审美能力不断提高的过程。在教学的层面，它使审美学习自然地成为现实，在人的发展层面，它使人的主体性充分显露出来。李泽厚先生把艺术审美形态划分为"悦耳悦目""悦心悦意""悦志悦神"三个方面，认为这三个方面是人（人类和个体）的审美能力（趣味、观念、理想）的形态展现。"悦耳悦目"指的是人的耳目感到快乐，"包含着想象、理解、情感等多种功能的动力综合"，是在生理基础上但又超出生理的感官愉悦，它主要培育着人的感知。"悦心悦意"指的是通过耳目，愉悦走向内在心灵，一般是在理解、想象诸功能配置下培育人的情感心意。

---

① 勃兰戴斯. 十九世纪文学主潮：第 1 卷 [M]. 侍桁，译. 北京：人民文学出版社，1958：166.

② 童庆炳. 文学概论 [M]. 武汉：武汉大学出版社，2000：72，80.

"悦志悦神"是在道德的基础上达到某种超道德的人生感性境界。"悦志"是"对某种合目的性的道德理念的追求和满足，是对人的意志、毅力、志气的陶冶和培育"；"悦神"则是"投向本体存在的某种融合，是超道德而与无限相同的精神感受"。① 三者都是感性与理性、社会性与自然性相统一的成果，阅读过程中体验文学审美愉悦，其实是人的身心对文学作品的全面接受、体验与反思，也是对人自身的体验、反思与提升。在文学作品真实阅读教学的过程中，引导学生发现和体验这些审美形态，有利于发展学生的审美情趣，提高学生的文学鉴赏能力。

（3）学习鉴赏文学作品的基本方法，了解鉴赏文学作品的常识。文学素养包括文学情趣、文学感觉等方面，自然地也就包括了鉴赏文学作品的方法和相关的鉴赏知识、文学常识在内。知识不仅是文学素养的重要组成部分，更是文学审美能力形成和提高的助力。但是我们不提倡脱离具体的文本阅读进行系统、完整的知识讲授与操练。

对于初中生来说，这种文学审美过程不要求系统深入，重点突出即可。重点是"体验，以及在体验之后的反思"②。

2. 初中现代文学作品的教学重点

"什么是文学？"这个复杂的问题提给初中生，不仅无益于提高他们对文学的认识，还可能会导致文学作品阅读思路的概念化。初中现代文学作品阅读教学，要在引导学生适量阅读经典的文学作品的过程中，提高他们的文学审美情趣和进行初步的审美实践。

（1）接触适量的经典文学作品。这里面有两个关键：一是要引导学生对经典文学作品发生兴趣。经典是什么？是指那些具有典范性、权威性的作品或著作，阅读经典文学作品的最大作用就是从根本上引导学生对文学产生正确的认识，树立正确的文学观念。二是要适量。以往有一种笼统的说法，就是要"多读"。多读不是"滥读"，所以也要有限度，要向学生推荐真正有益的作品，还要注意不同种类作品，如不同文体、不同流派、不同国家和民族的经典作品的相互搭配。教材中选取的课文和推荐的作品，绝大部分都是经典，教师可以在这个基础上，根据学生的实际情况，加推一定数量的作品，开阔学生的视野，丰富学生的认识。这里谈适量，还有一层意思，就是要照顾到学生的实际接受能力，不能因为要读完教师要求的作品，而影响了学生的全面发展。

（2）提高文学审美情趣。审美情趣即审美鉴赏力，直白地说，就是学生

---

① 李泽厚. 美学四讲［M］. 北京：生活·读书·新知三联书店，2008：154 – 171.

② 王尚文. 走进语文教学之门［M］. 上海：上海教育出版社，2007：305.

欣赏、鉴别、评判美丑的能力。对于初中生来说，这种审美活动中的偏爱，如果没有正确的引导，往往会受到流行文化的诱惑而出现偏差，进而使得学生的审美选择和评价出现偏差。在现今的教学实践中，即使是教师，也容易对文学审美的意义认识不清，如有些教师习惯于把文学作品当作实用文来教，根本原因就在于他们不认为发展学生的审美情趣有什么意义。发展学生的审美情趣，实际上是综合地发展学生的审美知觉力、感受力、想象力、判断力、创造力，这对提高学生的语文素养、人文素养是非常必要的，因而是文学作品真实阅读教学的重中之重。

（3）进行初步的审美实践。意大利哲学家与历史学家克罗齐说过："只有对于用艺术家的眼光去观照自然的人，自然才现得美；动物学家和植物学家们认不出美的动物和花卉。"① 只有用文学的眼光去观照文学作品的学生，文学在他们眼中才显得美；一个只懂得记叙文、议论文、说明文、应用文的学生，不会理解世界上为什么会有诗歌。所以，我们前文谈到引导学生经历文学审美的完整过程是初中文学作品真实阅读教学的内容。但限于学生当前发展阶段的实际接受能力，这种审美活动也应该是适合学生发展需要的。所以，《义务教育语文课程标准（2011年版）》一方面提出要"在理解课文的基础上，提倡多角度、有创意的阅读，利用阅读期待、阅读反思和批判等环节，拓展思维空间，提高阅读质量"；另一方面也强调"要防止逐字逐句的过深分析和远离文本的过度发挥"。②

3. 初中现代文学作品的教学方法

怎样引导学生有效地开展文学审美活动，达到文学作品真实阅读教学的目标呢？朱光潜先生说："我认为文学教育第一件要事是养成高尚纯正的趣味，这没有捷径，最好的办法是多多玩味第一流文艺杰作，在这些作品中把第一眼看去平淡无奇的东西，玩味出隐藏的妙蕴来，然后拿'通俗'的作品来比较，自然会见出优劣来。"③ 由此可见，文学作品真实阅读教学要遵循的重要规律是引导学生进入到作品独有的艺术境界中，沉浸在境界中"玩味"作品，在玩味的过程中，养成高尚纯正的趣味，提高文学鉴赏能力。我们平时说的感受、体验、品味等，是玩味的方法，而形象、思想感情、语言等，是玩味的内容。

---

① 克罗齐. 美学原理 美学纲要［M］. 朱光潜，等译. 北京：外国文学出版社，1983：109.

② 中华人民共和国教育部. 义务教育语文课程标准（2011年版）［S］. 北京：北京师范大学出版社，2011.

③ 朱光潜. 谈文学［M］. 桂林：广西师范大学出版社，2004：32.

（1）感受：入乎其境。"在艺术中，我们专注于现象的直接外观，并且最充分地欣赏着这种外观的全部丰富性和多样性。"[①] 进入文学作品境界的最重要的方法是感受形象。在接触文学作品的时候，教师要努力引导学生充分感知内容，在整体感知的基础上，把语言文字还原成具体的形象，通过想象、联想建立起形象生动的背景，通过揣摩形象的状态使形象逐渐完整，通过推敲语言使形象细致、生动，通过比较发现形象的独特性，总之是通过感受使形象鲜活地出现在学生的脑海中。形象，在不同的文学作品中表现为不同的形态，也可能是人物，可能是景物、情景、境界，也可能是一些细节。有些形象是有形的、有限的，而有些形象则是无形的、无限的。有的诉诸视觉，有的诉诸听觉、触觉，有的诉诸理性、直觉。无论是哪一种情况，教师都要引导学生在身体上和心灵上感受形象的存在，使形象在文学作品中构建的背景中显现出来。读者感受的表现方式是多种多样的，可能是能够描述出形象在心目中的样子，也可能是通过诵读作品的语气、节奏表现出来，也可能是通过肢体动作表现出来，还可能是通过对与相近形象的异同点的把握表现出来，所以调动感受的手段也应该是多种多样的。感受是进入境界最重要的方法，但是感受在进入境界的过程中不是独立起作用的，感受的过程伴随着读者的体验活动、鉴赏活动。感受也不只作用于进入境界的阶段，它伴随着读者的审美活动的整个过程。强调感受在入境阶段的特殊作用，主要是为了使这个过程更接近于审美的状态，而不是分析的状态。

（2）体验：浸乎其间。进入境界是审美活动的开始，继之而来的是对形象的感同身受，进入形象之中，体验形象，特别是体验形象的思想感情，在体验中有所领会，有所感悟。如果说感受是见到了形象，体验就是与形象进行思想感情的交流，甚至完全换位成形象，喜同其喜，悲同其悲，知道其心中所想，口所欲言，行所欲为。体验是一个复杂的认识过程。它是感性的，读者可能会借助肢体的比画，借助在纸上涂抹某些形象，口头上模拟着某种语言、语气；它是理性的，读者在体验的过程中，必然会进行理性的分析、对比、综合、筛选；它也是知性的，体验会调动起读者的知识积累和审美经验，以使体验走向深入。但是这三者都只是体验的方法和过程，而不是体验的结果，体验的结果是对形象的心领神会，有一部分是可以言说的，而有一部分是不可言说的，是无限的。"读一首诗、看一幅画、听一段交响乐，常常是通过有限的感知形象，不自觉地感受到某些更深远的东西，从有限的、偶然的、具体的诉诸感官视听的形象中，领悟到那日常生活的无限的、内在的内容，从而提高我们的心意境界。"教师引导学生体验形象，最重要的目

---

① 卡西尔. 人论［M］. 甘阳，译. 上海：上海译文出版社，1985：215－216.

的是帮助学生"浸入"到作品之中，玩味它，直到形象本身或形象的某一个特征与读者的心灵产生了某种契合。体验的对象，不仅仅是思想感情，也包括形象、境界、语言艺术等方方面面。

（3）鉴赏：跳出其外。这个过程，即是王尚文先生所说的"体验之后进行反思"的过程，是学生依据自己的主观愿望或某种标准对形象、形象的价值，作品文体形式、语言、创作手法的高低优劣进行评价的过程。鉴赏的展开必须跳出作品之外，甚至跳出作者之外，以一种理性的姿态面对作品。鉴赏的视野，也不限于作品本身，教师应该引领学生走向作品所关涉的更为宽广的艺术世界，甚至与现实生活相关联，探讨作品的现实价值。鉴赏活动对于文学作品真实阅读教学的意义，是通过鉴赏"这一篇"培养学生的文学鉴赏能力，提高学生的文学趣味和文学感觉。但是鉴赏的意义，也不止于提高学生的文学素养，更在于让学生能够通过鉴赏活动认识自我、升华自我，即李泽厚先生所说的"悦志悦神"。

审美是无止境的。审美过程中发生的一切，只有亲历者才有资格言说。所以，教师在课堂上给学生创造的，应该是一个开放的审美世界，一个能够让学生充分释放自我、发展自我的学习环境。

《案例 11》

《泥人张》教学设计与实施

《泥人张》所在的单元主题是"民俗"。"单元提示"和课前的"引言"侧重于对作品题材、素材方面的说明，未对主题、写作艺术方面的教学加以限制，解读的空间非常大。结合课程标准来看，本单元教学的侧重点应该是以"民俗"类文本阅读为载体，引导学生学会"欣赏文学作品"，而不是单纯地"了解民生和民间文化"，或浅层次地"体会多种艺术手法综合运用产生的艺术效果"。

"泥人张"原名张明山。张明山自幼随父亲从事泥塑制作，练就一手绝技。18 岁即得艺名"泥人张"。他只须和人"对面坐谈，抟土于手，不动声色，瞬息而成。面目径寸，不仅形神毕肖，且栩栩如生，须眉俱动"（据《天津县志》记载）。"泥人张"艺高胆大，沉稳干练，性格内敛，不惧邪恶。课文《泥人张》所描写的"贱卖海张五"的故事，是"泥人张"性格的集中体现，也是旧社会手艺人性格的集中体现。

《泥人张》选自冯骥才的小说集《俗世奇人》。《俗世奇人》由 17 个短篇小说连缀构成，每篇记述一个奇人趣事，各自独立。内容虽互不相关，但"读起来正好是天津本土的'集体性格'"（冯骥才语）——其精华是对手艺精益求精，自信，自立，自尊。这种旧社会手艺人的特有性格，是中国人特有的美德之一，也是当代中国人修身处世应重视的德行。

　　培养初中生"欣赏文学作品"的能力，有三个基本点：体验作品中感人的情境和形象、品味作品中富于表现力的语言、联系文化背景评价作品思想感情倾向，进而从中获得对自然、社会、人生的有益启示。一粒沙中看世界，一滴水中显太阳。我们能从小说《泥人张》和其主人公——旧社会的手艺人"泥人张"身上发现什么呢？

　　根据以上分析，设计教学目标如下：通过感受"俗世"，体会"泥人张"形象，掌握"据世论人"的小说人物欣赏方法，品味作品富有特色的语言。通过研读《泥人张》和《俗世奇人》中的其他作品，了解小说在具体环境中，通过故事情节塑造人物形象的创作手法。通过"泥人张"形象与《俗世奇人》中其他人物形象的对比，发现"天津人"的"集体性格"，并进而引导学生反思"中国人"的"集体性格"。引导学生逐层深入地领会中国人应有的美德，感悟为人处世哲理，培养学生正确的人生观、价值观、处世观。教学重点是体会"泥人张"形象和品味小说富有特色的语言。

　　为实现以上教学目标，教学中可以引导学生做如下尝试：第一，通过体验智斗海张五故事情节中"泥人张"的形象，掌握"知人论世"的小说人物欣赏方法。通过欣赏小说中的人物形象，引导学生逐层深入地领会中国人应有的美德，培养学生正确的人生观、价值观、处世观。第二，在这个过程中，引导学生发现小说的特点，欣赏《俗世奇人》在具体的环境中，通过传奇故事情节塑造人物形象的创作手法，引导学生领会小说的创作特点，为学生深入地欣赏小说打下良好的基础。第三，品味小说富有特色的语言。这也是语文教学的重中之重。《泥人张》描述的虽然是旧天津的风土人情，但故事情节生动有趣，语言通俗易懂，只要学生能够充分进入文本，上述教学目标不难实现。

　　本课设计也充分考虑到了打通课内外界限，还原真实阅读状态的问题——把课前学习、课上学习与课后学习用阅读相互关联的作品的方式联系在一起，把阅读学习建立在真实阅读的过程之中。学习过程分为三个步骤：

　　课前，要求学生认真阅读课文《泥人张》，初步发现"泥人张"的性格特点，并参考教师提供的"对比阅读范例"，通过比较"泥人张"与《俗世奇人》中其他人物的性格，初步发现"天津人"的"集体性格"。

　　课上，引导学生深入品味小说中所表现"俗世"之中的"泥人张"的性格特点，认识"天津人"的"集体性格"，并由此反思当代中国人应有的美德。在这个过程中，初步掌握欣赏小说人物形象的方法，了解小说创作的特点。具体的操作方法是把课堂划分成三个大的环节，分别为：

环节一：解读文本，体会"泥人张"美在何处。

环节二：关联全书，体会"天津人"美在何处。

环节三：联系现实，体会"中国人"美在何处。

其中"环节一"和"环节二"在课上完成，"环节三"为课后作业。

课后，完成课堂学习中布置的"发现身边的奇人"的作业，并进行展示、交流。

教学过程如下：

课前学习

布置学生课前阅读《泥人张》及《俗世奇人》中的其他作品。阅读活动主要有：

1. 课文《泥人张》中的"泥人张"奇在何处？

2. 通过小说《泥人张》，你能发现作者选择"奇人"的标准是什么吗？

3. 选读小说《俗世奇人》中的另外一篇，参照老师提供的"对比阅读范例"，写作短文《泥人张与×××的异同点》。要求个人独立完成，个人独立完成后，由学习小组长主持组内交流，根据老师提供的《对比阅读作业评价量规》进行互评和小组评价，推选一篇在课上交流。

对比阅读范例如下：

《刷子李》中写道："当刷子李刷完最后一面墙，坐下来，曹小三给他点烟时，竟然瞧见刷子李裤子上出现一个白点，黄豆大小。黑中白，比白中黑更扎眼。完了！师傅露馅了，他不是神仙，往日传说中那如山般的形象轰然倒去。但他怕师父难堪，不敢说，也不敢看，可忍不住还要扫一眼。这时候，刷子李忽然朝他说话：'小三，你看见我裤子上的白点了吧。你以为师傅的能耐有假，名气有诈，是吧。傻小子，你再细瞧瞧吧——'"

《泥人张》中写道："只见人家泥人张听赛没听，左手伸到桌子下边，打鞋底抠下一块泥巴。右手依然端杯饮酒，眼睛也只瞅着桌上的酒菜，这左手便摆弄起这团泥巴来，几个手指飞快捏弄，比变戏法的刘秃子还灵巧。海张五那边还在不停地找乐子，泥人张这边肯定把那些话在他手里这团泥上全找回来了。随后手一停，他把这泥团往桌上'叭'地一戳，起身去柜台结账。吃饭的人伸脖一瞧，这泥人张真捏绝了！就赛把海张五的脑袋割下来放在桌上一般。瓢似的脑袋，小鼓眼，一脸狂气，比海张五还像海张五。只是只有核桃大小。"

通过这两处描写我发现："刷子李"和"泥人张"的共同点是

都非常善于观察，不同点是"刷子李"快人快语，而"泥人张"含蓄内敛。

对比阅读作业评价量规如下：

评价项目	得	分			评价后失误修正记录
性格异同点发现准确	25	20	15	10	
性格异同点表述明白	25	20	15	10	
举例恰当	25	20	15	10	
有简要分析	25	20	15	10	

堂上学习

环节一：品味《泥人张》中的人物性格

1. 品味"俗世"。

活动1：本文选自《俗世奇人》，"俗"有何含义？文中有何表现？根据理解，朗读"俗"的内容。

活动2：说说你对"俗"的感受。

发言参考：这个"俗"啊，真让人……

小结：是可忍，孰不可忍？

2. 品味"俗人"海张五。

活动1：阅读文本，说说谁最令人不可忍，这个人哪里令人不可忍？

活动2：说说你对海张五的感受。

引导：哪个字最能概括海张五的为人？（贱）

发言参考：海张五"贱"得令人……

小结：世可忍，俗不可忍！

3. 品味"奇人""泥人张"。

过渡：网络上说"人至贱则无敌"，面对海张五，你怎么办？

活动：研读课文，说说"泥人张""奇"在何处。

参考：沉稳、干练、镇定自若、胸有成竹、后发制人、应对从容、个性内敛……

引导1：请用一个字概括泥人张的特点。（奇）

引导2：面对海张五的侮辱，"泥人张"怎么做？

小结：品味具体环境下的具体情节中的具体人物表现，就是"审美"。

4. 品味"奇语"（品味小说语言的妙处）。

活动：品味课文中的具体语句，说说小说语言妙在何处。

环节二：品味"天津本土"的"集体性格"

过渡：冯骥才说："……忽有念头，何不把（老天津）一个个人物写出来。各自成篇，互不相关；读起来正好是天津本土的'集体性格'？于是就此做了。"

比如，很多外科医生有一种并不自觉的冷静细致，很多警察有一种并不自觉的严肃……所谓"集体性格"，是指某一类人共同的性格倾向与价值追求。

活动：把"泥人张"的性格与小说《俗世奇人》中的其他人物做对比，发现小说中"天津人"的"集体性格"。

引导1：《俗世奇人》中其他人物"美"在哪里？（学生分组展示课前预习时所写的短文《泥人张与×××的异同点》，教师根据具体情况加以引导。）

引导2："泥人张"身上有他们的性格特点吗？

引导3："天津人"美在哪里？

引导4：再次理解下面这句话："手艺人靠手吃饭，求谁？怵谁？"

小结：世可忍，俗亦可忍！

环节三：反思"中国人"应该"美"在哪里

过渡：近年来，冯骥才致力于城市保护和民间文化遗产抢救。冯骥才一再强调，抢救中国民间文化的目的，不是为了保存某种形式，而是为了中国在全球化进程中保留下她那些美好的情感与精神，对于世界文化来说，东方成果是一个尚未开发的矿藏。靠着冯骥才执着的呼吁和奔走，人们开始认识到了古老文化的价值。

冯骥才说："知识界要做的，就是去唤醒大众认识这些文化的价值，但这是一项浩大的文化工程，不是单靠某几个知识分子就能完成的，重要的是，我们民族能够开始对自己本民族的文化热爱并了解了其独具的价值，特别是精神上的价值，并能逐渐成为人们的一种共识。"

活动：中国人美在哪里？请参考老师提供的学习范例，课后认真思考，设计"探究身边的奇人"活动方案，制作"身边的奇人"PPT，留待交流、展示。

小结：世不必忍，俗亦不必忍！

课后学习

堂上学习完成后，我们为学生推荐了课后读物，还布置了一个设计性学习活动。

1. 推荐阅读：《中国人，你为什么不生气？》（龙应台）、《品人录》（易中天）。

2. 家庭作业：设计"探究身边的奇人"活动方案，制作"身边的奇人"PPT，留待交流、展示。

我希望能引导学生通过阅读《泥人张》完整地了解《俗世奇人》。初中生读书的基本功，很重要的方面是内引、外联的能力。内引，就是按照文章的内部规律读好这一篇；外联，就是按照悟到的方法读好这一类——同时也是借助阅读这一类更好地读解这一篇。《泥人张》的阅读方法和"泥人张"的鉴赏方法能够具有普适性吗？

《俗世奇人》中，"泥人张"身上有着诸多人物的特点，很多人身上也有着泥人张的特点。例如，所有人物都有着对自己的技艺的自信和倚仗。"手艺人靠手吃饭，求谁？怵谁？"（《泥人张》）"码头上的人，全是硬碰硬。手艺人靠的是手，手上就必得有绝活。有绝活的，吃荤，亮堂，站在大街中央；没能耐的，吃素，发蔫，靠边呆着。"（《刷子李》）再如，人物身上令人肃然起敬的自尊和豁达。"泥人张头都没回，撑开伞走了。"（《泥人张》）"他扔下石锁，哈哈大笑，扬长而去。"（《张大力》）这些都不是偶然的现象，也基本上不是作者的创造。借用书中的说法是："这一套可不是谁家定的，它地地道道是码头上的一种活法。"

冯骥才自己谈到《俗世奇人》的创作意图时说："鄙人写完《神鞭》与《三寸金莲》等书后，肚子里还有一大堆人物没处放，弃之实在可惜。后来忽有念头，何不把一个个人物写出来。各自成篇，互不相关；读起来正好是天津本土的'集体性格'？"

什么是"集体性格"？我觉得可以有两个层次的理解：第一层次，"集体性格"是人物们性格的集合。在这个集体中，性格呈现出多样性，什么性格的人都有；同一个人身上，性格比较复杂。承载性格的是独立的和完整的"人"，又是生活在集体中的人。单篇的和浅层次的阅读，容易使审美思维停留在研究个体性格的层次上。第二层次，"集体性格"是"某一类人受地域、民族、时代、文化、职业等影响而形成的共同的性格倾向与价值追求"（《〈好嘴杨巴〉教学参考》）。"泥人张"们身上，展示着旧天津特有的地域文化所塑造出来的"集体性格"——他们的行当、行为、作风各有差异，但是又能鲜明地看出共同点。小说人物形象具有典型性，完整地和深层次地阅读，审美感受就会更加深广。从学生学习这个角度来说，对人物形象分析、鉴赏手法的掌握——对审美过程的理解——就会更加深刻，因而也就能做到由此及彼，由"泥人张"及其他。

所以，了解了"泥人张"这一个，就等于抓到了了解这一群的钥匙。同时，了解这一群，也可以帮助更好地了解这一个。解决问题的关键在于用什么办法把"泥人张"和其他人物关联起来。

于是就有了上面的这样一课。

《那树》教学设计与实施

简洁即美。

我追求从"一"开始的简洁课堂。

我追求简洁的原因是想尽量减少教师的活动对学生的原汁原味的阅读造成的影响。

一、日常的追求

我总是希望一堂课能够有一个单纯的线索,这条简洁的线索却是串起一切器官机体的大动脉,它能够为课堂上的每一个问题输送养分,也能够让每一个脉动鲜活。

有时,"一"是一个活动。学习《绿色蝈蝈》时,我们的活动是探究"矫蝈蝈人的一天"。

有时,"一"是一个问题。学习《最后一课》时,我们研究"小说中哪些地方表现了韩麦尔先生热爱法语"。

有时,"一"是一个要求。在《散步》这篇课文中,我要求学生找出文中的"三"。

有时,"一"是一个做法。在《金色花》的学习中,我要求学生把它读成一篇散文,读成一首现代诗,而后读成一个短剧。

有时,"一"是一个提示。在《邹忌讽齐王纳谏》的学习中,我给学生提示了一个思路:邹忌是个好下属。

有时,"一"是一个结果。学习《皇帝的新装》时,我要求学生找到身边的"皇帝"。

我觉得,单纯的线索是深品课文后的提纲挈领,它从容地静处于课堂大局深处,像慈祥的老父,鼓励着、纵容着而又规范着孩子们探索可能的和不可能的一切。

我觉得,单纯的线索能够使思维纯净到丰富的程度,可以使学生集中精力去感受,去思考,去升华。

我觉得,单纯的线索可以让学生忘掉身在课堂,放开一切,就像一棵树一样,生命沿着树干无限向上,一路绽放了叶,绽放了花朵和果实,享受了所有季节。

单纯是因为经过了提纯，单纯是因为经过了浓缩，像大海，像大气，像"空"，单纯孕育一切，包容一切。

当然，这不是说我已经拥有了"一"就终止一切，恰恰相反，我的意愿是从"一"开始探究一切。

二、课前的准备

我备课时爱朗读课文。"那棵树立在那条路边上已经很久很久了……"读到口干舌燥而又齿颊留香的时候，开始慢慢品出了文章的思路。从不同的层次、角度看，《那树》至少有多条"线索"可以用：

1. 大树由生到死到被遗忘的过程。
2. 人们伐去大树的过程。
3. 作者的感情变化过程。
4. 人类文明的进程。
5. 大树经历了哪些磨难？
6. 树与人的关系是怎样变化的？
7. 人与树的关系是怎样变化的？
8. 随着社会的发展，人们对树的看法（认识、态度）有哪些变化？
9. 一生中，树在想些什么（树的思想是怎样变化的）？
10. 人类的生存环境是怎样变化的？
……

我把课文拿给学生，提一个要求：认真读这篇课文，然后提一个问题，问题的答案要能够串起全文的思想内容。

我其实是想知道学生更需要怎样解读。

学生们提出的问题，基本把以上的"线索"包括了。但最后，我没有选用这些问题中的任何一个作为我上课的主线。因为我觉得这些线索还是不够简洁。我的追求是——

简，简至一看到这个问题就能轻易地把握全篇的内容；

简，简至一思考这个问题就能把整篇文章的方方面面全都"拎"起来；

简，简至一琢磨这个问题就能够激发出无限的思考和品味；

怀里揣着这个问题，就等于把整篇文章都揣进口袋里来了；

心里想着这个问题，就等于把整个世界都萦绕在脑海里了；

笔端流着这个问题，就等于把整个思想都包容在思绪里了……

洁，洁到思维不会拖泥带水，能够从繁杂的"思想"和"结构""材料"等一切所谓阅读要素中跳出来，跳出来后可以无限自由地飞翔、旋舞、升腾；

洁，洁到包罗万象；

洁，洁到复杂多变；

洁到三汇入二，二升成一。一的一切，一切的一，一升成"无"。

什么是"无"呢？就是似乎有这个问题也行，无这个问题也行，反正问题一提出，课堂就能够在不经意间，一切思考都开始了，开始到了激烈的时候戛然而止才猛然回首——为什么我们说了这一切？我们说了这一切是为了什么？

只有全然的忘却，才能拥有自我。

如果学生在一堂课下来后，还只是想着那个问题我弄明白了没有，那这堂课就是失败的，老师的问题就是偏狭的和"师本"的或"文本"的，而不是"生本"的，也不是"思本"的。

我希望有一个问题触动了一切思绪，但回头时大家都忘记了问题是什么。

就算记得这个问题，我们也只是当它是一个开关，不会把它放在太重要的地位，也不会把一切收获都归纳到这个开关上。我们在灯光下所做的一切，不会把功劳归给那个电灯的开关。

这就是"无"。无的有，有的无。

于是我追索作者的思路。作者是怎样创作的呢？

在看了王鼎钧更多的作品后，我开始闭上嘴读，闭上眼读，闭上心读——不思考，就感受。有一瞬间，当我的思绪终于跳出课文的内容停留在标题上时，我突然想到一个问题——如果抛开作者，这篇文章还剩什么？"菩提本无树，明镜亦非台。本来无一物，何处惹尘埃？"作者没了，剩下的当然是"那树"。

——树是如何绿着生，绿着死，死复绿的？

于是所有的问题都变成了这一个问题，包括到底是什么使人们砍掉了树甚至忘掉了树，也包括文章中的人对树的所作所为代表了社会上哪一些人和哪一些思想，也包括文章为什么没有写大树"死复绿"。

三、课上的引导

这个问题能够串起很多，包容很多吗？

如果说课堂是一棵大树，这个问题就只是那根树干。

在这根树干上，生出了叶、花、果以及一切；

还落了小鸟；

还有孩子们在树下唱歌；

白云也愿意在树上的天空飘过；

风也愿意在树间刮过；

歌声也愿意在大树间流连——

要让这一切变为现实，还要围绕着问题设计一些启发性的问题。我把课堂设计成了很普通的三个环节：一是整体感知，二是细致品读，三是升华思维。每个环节的活动，都围绕着"绿着生，绿着死"这个问题设计。设计这样简单的问题，目的也是让学生能够放下对课堂形式的累赘，全心进入"欣赏散文"这个活动的内核。

环节一：整体感知

根据课文内容，按要求完成"概括"训练。

1. 普通概括：课文描写了大树由____到____，最后____的过程。

2. 精练概括：概括地说，就是由生到死的过程。

通过这两个概括活动，我们整体感知了作品内容，引出大树"绿着生，绿着死"的问题。

在此基础上，我设计了思维提升活动：根据你的理解，说说在本文中，"绿"是什么。

活动："绿"是……

环节二：细致品读

1. 用直线画出文中表现大树"绿着生"的句子，说出句子的妙处。

本层次引导学生懂得从色彩、形态、声音、味道、气息、感觉、思想、感情、字、词、句、段、篇等多角度进入文本进行赏析。

2. 用曲线画出文中表现大树"绿着死"的句子，品析句子中所蕴含的情感。

这个层次，给了学生两个说话活动：

A. 这棵大树死得真……

B. 伐树的人啊，你真……

这两个活动的目的是帮助学生尝试"进入角色"和"换位思考"这两种欣赏散文的方法。

通过对"绿着生"的内容的品读，掌握欣赏散文语言的方法；通过对"绿着死"的内容的品读，掌握欣赏散文思想感情的方法。

整个课堂的核心部分围绕着"绿着生，绿着死"拓展开去，挖向深入。主线是掌握欣赏散文的基本方法，附线是学会"批注"的基本方法。课堂饱满而又单纯，而最重要的是一切都在不经意间进行，由于"绿着生，绿着死"这个问题的牵引作用，学生应该不会把"欣赏散文"和"学会批注"当成难事。一切平时因刻意强调而显得麻烦而又有难度的任务，变得轻盈顺畅。这也应该算是做到了重点突出，难点突破。

本环节活动快结束时，也点了一下本文的主题——对大树命运的痛惜，对都市文明发展的利弊、对人与自然的关系的深层思考和深重感慨——为下一环节的展开做铺垫。

也设计了一个思维提升活动：

根据你的理解，说说在本文中，什么是"绿"。

活动：……是"绿"。

环节三：升华思维

通过对南京"彭宇案"的简述，引出本环节的活动——

活动：这不只是一棵树，它还象征着……

这个活动的目的是学会迁移的、个性化的、感悟式的欣赏方法，是对"绿着生，绿着死"的价值的扩大和升华。

这个活动是整堂课的思维升华活动，它的另外一种表述是：根据你的理解，说说在本文中，"绿"其实是什么。

课堂的结尾也有一个大胆的设计。备课时，我翻阅了不少的教学设计，这些设计几乎都是让学生在习得之后说说面对文中描述的现实，自己或人类该怎么办。但是经过反复思考后，我就觉得王鼎钧的文章并没有一定要得出一个结论的意思，只是"发人深省"，于是我有一个大胆的想法：冒着被否定的危险，留下课堂的悬疑。反复推敲后，我为课堂设计了这样的结尾——

讲课的老师在抒情蓄势和足够长的停顿后，在静默中按下回车键。红黑两色大字出现在电子屏幕上：

生与死的冲突，到底……

为什么？

怎么办？

四、课后的期望

小结之后，我布置了这样的作业：以"我见过这样一棵树"为题目写一篇文章，或根据阅读所得自拟题目写一篇文章。

我希望这篇文章的写作能够帮助学生从原始文本中跳出来，从更新、更好的角度认识"那树"，塑造他们自己心中的一棵"树"。

由于《那树》是一篇文学作品，所以我预设的教学目标是引导学生在品读课文的过程中把握散文欣赏的基本方法；在欣赏的过程中领会本文细致生动的描写手法和表情达意尽量节制而含蓄，文章意味深长的特点，从字里行间读出作者的思想感情来；领悟作者对大树命运的痛惜，以及对都市文明发展的利弊、人与自然的关系的深层思考和深重感慨。

沿着"绿着生，绿着死"这条线，一切水到渠成，也基本上做到了从容不迫。

卡内基说：要把鸡蛋放在同一只篮子里，然后小心看护这只篮子。

我希望我的课堂是一个篮子，我和学生们的鸡蛋就放在这个篮子里，小心看护，让蛋孵化成无数只小鸡，鸡长大了再生蛋，蛋再生鸡……

案例 13

《祖国啊，我亲爱的祖国》教学设计与实施

有些文学作品，我们一定要读懂作者的本意；有些文学作品，我们需要读懂其应有之意；有些文学作品，我们借助它来升华自己。各类体裁的作品都是这样，诗歌也是如此。

不同的诗有不同的读法。有些诗意在借用诗的形式有趣味地传授科学知识，读这种诗，要先理解诗中的科学知识；有些诗意在叙事，讲故事是诗的情趣所在，读这种诗，要先读懂诗中的故事；有些诗是借助语言文字塑造形象、境界，再通过形象、境界表达思想感情，读这种诗，重在感受意境、形象；有些诗，是借助语言文字的意思传情达意的，读这种诗，要通过理解语义来领悟诗意；而有些诗，是借助文字调动读者的思想，语言在诗中只是一种符号、一种形式，语义被情境化了、主观化了。读这种诗，重在释放读者自己的感受，在阅读的过程中建构自己思想中的境界。

对于诗，不同的人有不同的读法。有的人喜欢研究诗中的思想，在他们心目中，一首诗即使是以抒写某种情绪为主，但也一定会表现某种主张，无论什么诗，他们都能通过理解诗本身或联系某种背景、某种现实，发现诗中的某种道理，甚至读出作者的某种建议；有的人喜欢品味诗中的感情，在他们心目中，"诗"是感情的代名词，作者无论写什么都是在抒情，就算诗中的道理指向再鲜明，他们也能在理解作者思想主张的同时，品味出作者对生活、对事物、对人的情感、情绪；有的人喜欢感受诗中的形象，在他们心目中，"诗"美在感性，无论作者是否借助诗中的内容传达了思想、感情，但最重要的东西是诗中的形象，他们调动一切手段让诗中的形象"活"起来、"动"起来，他们读诗，必须"见"其形象，"闻"其声音；有的人只是享受诗带来的那种感觉，他们也会对诗做理性的分析，甚至索隐式的研究，但在阅读的时候，他们只是放开心灵，让诗带来的一切感受左右自己的思想感情，让自己入迷，他们不在乎是自己在读诗，还是诗在读自己。

同一个人呢，有时这样读，有时那样读，甚至对于同一首诗也会变换读法。

哪一种读法"正确"呢？哪一种读法更适合于用来读诗呢？总有些老师

和同学想要找出能够"一揽子"解决诗歌阅读所有问题的方法，这种想法是不现实的。我的观点是，每一种读法都对，每一种读法都好，只要阅读者真的读进去了——把诗读进自己心中去了，把自己读进诗中去了。

诗歌阅读教学的要旨就在于把学生带入这种阅读的心境中去，让学生能够投入地阅读。学生自然能在阅读中找到自我，找到诗本身，找到意义——见到诗的境界。

环节一：大声把诗读几遍，说说你读诗的感觉。

这个活动的主要目的是形成整体感受。

《祖国啊，我亲爱的祖国》是这样一首诗：它有思想，但它不只是靠思想折服人；它有逻辑，但是它并不只是靠逻辑警醒人；它有画面，但它并不只是靠画面感动人。它让人震撼的，首先是激情——激动的心情，沸腾的热情，爱国的深情。诗人的感情在心中回荡着，汹涌着，奔腾着，某一刻突然间爆发了，所以它没有铺垫，没有渲染，没有遮拦，一冲破束缚就是高潮！多少痛苦，多少无奈，多少歉疚，多少坚忍，多少委屈，多少热爱，多少期待……说不清，道不明，但一瞬间就像走失的孩子终于见到了那个熟悉的身影一样，一声忘情的"妈妈"脱口而出——我是你边上破旧的老水车，数百年来纺着疲惫的歌……

进入这样的诗，不能倚重理性。释放学生心中的热情，只需要开口诵读，忘情地读就够了。当学生诵读的时候，他们有可能读懂了什么，也有可能没有读懂什么，但是奔腾的旋律会感染他们，激发起某种直觉。聆听诗的音阶，就是聆听学生自己的心声。

在平常的阅读中，这种直觉本来不需要，也不会通过语言说出来。但是说出来，也是一种强化感觉的方式，就像人在某种感情状态下，会有某种感性的表达方式一样。

环节二：一句一句地读，真切地说出你看到的画面。

这个活动的主要目的是感受意境。

由于诗题所带来的特有的指向性，读者在接触这首诗的时候，思维很容易被拘束——这是一首表现对祖国热爱的诗，阅读的过程中要重点地去欣赏作者是怎样通过意象和语言形式传达对祖国的热爱的。这会使得诗歌阅读的过程变成一种理性认识过强的工作。阅读者受了理性解析思路的暗示，会更重视更理性地思考，如分析诗作表达了怎样的思想感情、鉴定诗歌好在哪里、区分诗作的独特之处是什么等。因为这样的阅读过程是在理性认识的思维背景之下展开的，所以往往也使得阅读成果带有了纯理性的色彩。阅读者知道了诗作是优秀的，但是没有真正感受到诗的美。当阅读者对诗作的阅读隔离在理性的沙箱中进行时，显然他（她）并没有真正进入到诗的境界中去。在这种情况下，教师要做的最重要的事情就应该是——帮助学生打破这种阅读定式，直接地进入到诗的境界中去。朱光潜先生说："诗的境界是用'直觉'见出来的，它是'直觉的知'的内容而不是'名理的知'的内容。"即"有一顷刻中把它所写的情境看成一幅新鲜的图画，或是一幕生动的戏剧，让它笼罩住你的意识全部，使你聚精会神地观赏它，玩味它，以至于把它以外的一切事物都暂时忘去"。① 读舒婷的《祖国啊，我亲爱的祖国》，需要的就是这种"直觉"的"见"——见到诗的境界。

这首诗在创作手法上继承了中国传统诗歌"意象—意境"式的创作方法而又有所创新。全诗"选取大量新鲜活泼、意义隽永的意象，以蒙太奇的方式剪辑组合成一幅幅流动凝重的画面"（李霆鸣），构成了四组意象群，营造出了博大深沉的意境。怎样让学生进入到境界中去呢？办法是让学生直接感受到画面，感受到画面与画面的组合与对接。如果学生能够理解"枯藤老树昏鸦，小桥流水人家，古道西风瘦马"或"鸡声茅店月，人迹板桥霜"的写法与意蕴，学生也能够进入到本诗的境界中去。

与中国传统诗歌不同的是这些意象基本上是作者创造的而不是直接继承的，阅读者无法直接借用对古诗的认识来解读其意义。但是这恰恰是一件好事。不能直接理解，反倒"逼"着学生要独立地去感受、去体验。在想象、联想中建立起真实的认识，避免了借助经验的推断。

就这样一句一句聚精会神而又自由舒畅地咀嚼着，学生把诗以外的一切事物"都暂时忘去"，进入到了诗歌的境界之中。他们可能不一定"懂"，但是他们"见"到了境界。

环节三：一节一节地读，说说你读到了怎样的"我"。

话题：我读到了一个_____的"我"。

我发现了一个_____的"我"。

这个活动的主要目的是体验情感。

文学作品阅读过程是一个体验的过程。如列夫·托尔斯泰说："艺术活动是以下面这一事实为基础的：一个用听觉或视觉接受他们所表达的情感的人，能够体验到那个表达自己的感情的人所体验过的同样的感情。"② 这是一种感受、知解、体悟相互交融的开放过程。在阅读者的认识中，有时这个方面占了主导，有时那个方面占了优势，但是三者密不可分，互相促进，螺旋上升。

---

① 朱光潜. 诗论［M］. 北京：北京出版社，2011：51.

② 托尔斯泰. 什么是艺术［M］. 丰陈宝，译. 北京：人民文学出版社，1992：174.

阅读舒婷的《祖国啊，我亲爱的祖国》的过程，也应该是这样一个感受、知解、体悟相交融的体验过程。舒婷的诗，有着缜密流畅的逻辑，但这种逻辑表现在诗作内部意象的相互关联上，是伴随着感情的抒发而一层层地明朗起来的。这种诗性的关联，通过语言来解析是比较复杂的，但是通过感受却比较容易觉察到。

为什么强调一节节地读呢？这是由诗歌的内在逻辑决定的。这首诗中的四个小节，每一节都没有固定的情感指向——各种情感是交融在一起的。但是各节都有一个整体的意义倾向。如第一、第二节倾向于回顾过去，第三、第四节倾向于正视现在。第一节重在抒写历史的苦难，第二节重在抒写苦难中的希望，第三节重在抒发重生的惊喜，第四节重在抒发献身祖国的热望。在同一节内，意象与意象以蒙太奇的手法切换着，在切换中流露出作者的思想感情。节与节也即意象群与意象群之间的切换，则推进了诗歌的历史线索与情感线索的发展。一节节地读，比较容易建立起对同一个意象群的完整体验；一节节地推进，则比较容易感受到诗人情感的波澜。

这种读法，也有利于推进学生体验的深度。王尚文先生认为文学作品真实阅读教学的内容包括体验以及在体验之后的反思。所谓"体验之后的反思"，就是"让学生反思文本为什么能感动自己，或者说自己为什么能被感动"。理解诗中内容和内容之间的关系，与下一个环节（环节四）中的品味语句，都是一种反思。但是，我们在诗歌阅读课堂上把它处理成了一种相对感性的形式。

环节四：一字一字地读，说说哪些语句让你浮想联翩。

提示：一字一字、一词一词、一句一句、一节一节地读，读到口顺、心顺。读到你认为每个字、每个词都很重要，都不能忽略为止。

这个活动的主要目的是品味语言。

一字一字地读，让学生认识到诗中每一个字的存在。《祖国啊，我亲爱的祖国》每个字都值得一品。例如，这首诗写作出来的时候，诗人蔡其矫曾建议舒婷改两个字，一个是"风车"改成"水车"，另一个是"纺着疲惫的歌"改成"唱着"。前一个舒婷改了，后一个舒婷坚持自己的意见。她说："我觉得'纺'比较好。那时候他们老一辈还是比较严谨，（认为）纺是不对的，风车怎么能纺歌。我觉得这个就是要用'纺'。"这告诉我们，诗中的每一个字都对造成诗意蕴起着某种作用。感受到每一个字的存在，才能够充分理解语言的含义，深入感受诗歌的内容，形成独特的感悟。

例如，标题"祖国啊，我亲爱的祖国"，"祖国"是怎样的形象？"我"是谁，是怎样的？"亲爱的"有什么内涵？"我亲爱的"传达了一种怎样的情感？"我亲爱的祖国"有没有更丰富的意蕴？"祖国啊，我亲爱的祖国"

代表了一种怎样的情绪？这是咏叹祖国，还是咏叹自我，还是咏叹爱国的情怀？是咏叹，还是宣泄、慨叹、期待、呼召？当读到"祖国啊，我亲爱的祖国"时，阅读者经历了怎样的心路历程？阅读者在阅读中是否生成了某种新的认识？自我是否有所升华、超越？等等。

再如，第一句"我是你河边上破旧的老水车"，这句诗一字一顿地读就是——

我／是／你／河边上／破旧的／老／水车

有这样读的必要吗？对于有些诗来说，这种读法是不必要的。但对于本诗来说就有必要。诗人要说的话不是"我像水车"，而是"我'是'水车"。"是"与"像"的差别在于"像"使得"我"和"你"分开成了两种形象，"我"在"你"之外，而"是"使得"我"成了"你"中的一种因素，给人一种"你就是我，我就是你，是血是肉我凝聚着你"的感觉，因此"是"就要单独地品味。整首诗中的"是"都有这个味道。"河边上""破旧的""老"都能调动起人们对某种形象的联想与想象，把它们当作"水车"的"一个"定语来读，每个语义都被忽略了。对比余光中《乡愁》中的诗句，这种感觉会更加明显——

乡愁／是／一枚／小小的／邮票

余光中的诗，并没有刻意突出"是""一枚""小小的"这些词语的特殊意蕴，而是把重点落在了"邮票"上，一字一顿地读，反倒使诗句显得空洞了。

经过了一字一顿的感受，学生渐渐会找到词与词之间的语义关联和情感关联，形成了自己的感悟。停顿可能会变成这样——

我是你／河边上／破旧的／老水车

或者是这样——

我是你／河边上／破旧的老水车

我是你／河边上破旧的老水车

甚至可能是这样——

我是你·河边上破旧的老水车／数百年来·纺着疲惫的歌

我是你·额上熏黑的矿灯／照你在历史的隧洞里·蜗行摸索

造成多种可能的原因，并非是教师"允许""同意"这些结果存在，而是因为这首诗在人的心中造成的感觉本来就是多种多样的。

再如，诗中的四句"祖国啊"，该怎样读？是四句一致，与标题一起形成对整首诗的统摄，还是各随其所在诗节，作为情感变化的标志？可不可以各自独立成段，成为独立的咏叹？

又如，诗结尾的"祖国啊，我亲爱的祖国"应怎样读？可以有多少种读法？怎样处理这一句与标题中的"祖国啊，我亲爱的祖国"的关系？

怎样读，与学生有怎样的感受和体验有关。诗的境界是由作者、读者和诗本身共同创造的。

在活动中，也可以引导学生说说是怎样理解具体某些语句的，通过调动理性认识深化体验。

环节五：一遍一遍地读，用诵读表现你对诗的理解，表达你此刻的心情。

这个活动的主要目的是整合认识，升华情感，升华自己。

读诗，表面上是在发现诗作，发现诗人，但其本质是发现阅读者自己，并通过阅读发现新的世界。这个新"我"可能与诗有关，也可能与诗无关。可能是渐悟到的，也可能是顿悟到的。而诗在潜移默化中也改变了阅读者。改变可能是直接的，也可能是间接的。直接的如阅读者通过诗悟到了某种道理，改变了自己的某种思想、某种行为方式；间接的就是诗改变了人的心灵，改造了主体——人整体上改变了，所以某些细节的东西、显性的东西都因之改变了。"新的人"又在新的境界中重新品味诗歌，得出更新的东西。就这样反复式地推进。诚如徐复观所言："一切艺术文学的最高境界，乃是在有限的具体事物之中，敞开一种若有若无、可意会而不可言传的主客观合一的无限境界。"①

诵读是表达阅读者对诗的理解的一种方式，而这种理解其实也是对自我的理解与发现。学生在一字一词一句一段的反复诵读中，逐渐地领会了诗意，就会自然地感受到某种节奏。从本质上来说，这种节奏是一种心灵的律动，是阅读者对诗人情感的感同身受。

不是所有的诗都适合诵读，有的诗必须默读。但是这首诗适合诵读，而且，这首诗在诵读上有着多种多样的处理方式。

三、古诗文真实阅读教学尝试

初中古诗文阅读教学与现代诗文阅读教学的差别，不仅在于古诗文要经过翻译这道"工序"，更在于古诗文阅读教学承担着认识中国古代汉语文化的重任。

1. 初中古诗文阅读教学的内容

古诗文阅读教学的基本内容是积累古汉语知识、感受文章的思想内容和品味作品的语言。

---

① 徐复观. 中国文学论集［M］. 台北：学生书局，1980：114–115.

（1）积累古汉语知识。包括积累理解文本内容所必需的语法知识、修辞知识和帮助理解文本的必需的文化知识等多个方面。积累的方法主要是理解性记忆和在阅读中应用。文言文阅读，不能回避知识和方法的积累。留不下记忆的阅读是没有意义的。

（2）感受文章的思想内容。对于不同文体的文言作品来说，侧重点和感受方法也各有不同。以叙事性为主的作品，主要是知晓事件的过程，关注事件中人物的表现，感受人物的形象，体验人物的感情，理解事件的意义；以写景为主的作品，主要是把握文中景物的特点，感受文中的意境；以说明为主的作品，主要是了解文中介绍的知识；以议论为主的作品，主要是理解论点，分析论点与论据之间的关系。

（3）品味作品的语言。包括理解作品的表现手法、手法运用意图和欣赏表达效果等方面，对于中学生来说，要特别注意对作品典型语句的品味，对基本选词炼句方法、修辞方法、表达技巧及其具体效果的认识与掌握。对于文学类作品，要注意从语言如何塑造形象、意境等角度去阅读；对于实用类作品，则要侧重于理解语言是如何准确、具体地传情达意的，与现代文阅读中的要求一样，二者尽量不要混淆。

2. 初中古诗文阅读教学的重点

有效地引导学生完成积累、认识与品味古诗文，要求古诗文阅读教学能够把握住教学重点。

（1）引导学生在阅读中，特别是在日常阅读中，能借助书下注释和必要的工具书，完成浅易文言作品的准确翻译。如学生在平时的读书看报中，遇到了文言引文能使用恰当的方法理解引文的含义和作用。再如，在学习教科书中新的文言作品之前能通过阅读书下注释和查阅工具书完成初步的理解。

（2）对于所学的文言作品中的思想内容，能与所阅读的现代文作品中的思想内容或生活中的实际现象相联系。如读过了《童趣》后，再读《从百草园到三味书屋》时，能够把相关的内容联系在一起考虑，对童真童趣有更好的体会。再如，学过了《山市》后，能与现实生活中的海市蜃楼联系在一起思考。

（3）对汉语的运用方法与运用效果有更好的体会。如在阅读现代文品味语言时，文言文的阅读经验能够提供帮助，而在阅读文言文时，现代文的阅读经验也能起到一定的作用，二者有一定的融会贯通。再如学过的文言文中的某些手法和技巧，能够对写作的构思与表达有一定帮助。

这些重点教学目标的达成，一方面表明学生掌握了基本的阅读方法，另一方面也表明学生形成了一定的运用能力的意识和经验，也即学生的课堂阅读能力发生了转化——翻译文言语句的能力转化为了理解一般语言的能力，认识特定作品思想感情的能力转化成了阅读感悟能力，品味文言语言的能力转化成了鉴赏一般语言的能力。

转化的发生，有其与阅读学习相关的特定的心理机制。一是在文言文阅读的过程中，发现了古代汉语与现代汉语的深层联系，就像发现了书面语与口语的深层联系一样，不再把文言文阅读当作"孤立"的事件来对待，因而能够把文言文当作一种常规的文本来对待，进而能够在阅读中主动地综合运用在现代文阅读中积累的各种有效的方法帮助认识文言文本。同样，在这个过程中，学习者也不再把现代文阅读看成是易于或优于文言文阅读的事情，能够主动地借助在文言文阅读中获得的经验，提升自己的现代文阅读能力。二是在这种融合式的阅读过程中，课堂阅读与生活阅读的深层联系被逐渐地发掘出来。学生不再把课堂阅读或日常阅读当作是"孤立"的事件来对待，因而能够主动地、充分地调动生活积累和各种阅读经验帮助理解课文。同样，学生也不再把生活阅读当作特殊的行为，而能够主动地运用课堂阅读中获取的经验和能力提高自己的阅读质量。三是在学习过程中，语文学习与个人整体发展的深层联系也逐渐被认识到，语文学习不再被当作"孤立"的事件。语文学习的经验被广泛地、自然地运用到各种学习中，并融会贯通成为人的整体认识、整体经验中的有利因素，促进人的发展——在人所创造出的种种成果，包括人本身中，都客观地自然地存在着语文的因素。

也就是说，实现文言文阅读能力的"转化"，是实现文言文阅读教学有效性的关键。

3. 初中古诗文阅读教学的方法

怎样的古诗文真实阅读教学有利于实现"转化"呢？

（1）重视对语言的感受。要在解释语义的基础上，对语义所表达的思想内容有充分的感受。申小龙认为："传统语文研究以人的感受去拥抱汉语的精神，运用辩证的两端来具象化，用简单的比喻来表达自己的语感和体验，从内容和形式的有机统一所产生的表达效果上整体地把握语言特征，……它对于在世界语言之林中有很大特殊性的注重功能、注重内容、注重韵律、注重意会，以神统形的汉语来说，无疑有着不可忽视的长处。"① 怎样增强对语言的感受呢？一方面是站在作者的角度，对文中描述的情景有所感知，对文中表达的思想感情有所体会；另一方面是站在现实生活的角度，对文章的思想内容有所体验，使文章的内容还原为真切的生活认识。在教学过程中，教师要引导学生充分调动知识积累和生活积累，通过感知、联想、想象、分

---

① 申小龙. 汉语的人文性与中国文化语言学：重评《马氏文通》[J]. 读书，1987（8）：114-121.

析、综合、对比、归纳等多种方法，实现对语言的知解向对语言的理解的转化。

我们也要特别强调，解释语义是感受语言的前提和基础。王国维曾经指出，词汇的差别、语言运用过程中产生的语境义等都是造成文言文难以理解的原因。他说："讹阙，一也。古语与今语不同，二也。古人颇用成语，其成语之意义，与其中单语之意义又不同，三也。"① 没有对语义的正确理解，真实的感受也就无从发生。

（2）重视对思想内容的感悟。感悟是指阅读者在阅读过程中产生的感想与体悟。阅读感悟并不仅仅来源于文本，而是生发于文本思想内容与阅读者亲身经历与感受的碰撞。感悟的生成，有赖于相应的背景资料、现实资料、个人经历在阅读过程中的有机融入。在阅读过程中，教师要有意识地引导学生接触、研究与文本相关的各种材料，有意识地引导学生把文本中的思想内容与相关材料中的内容相联结，以加深、拓展学生对文本的认识，或与文本相关的某一主题的认识，也包括对学生自己、对生活、对世界的认识。

感悟的生成不是完全依赖于学生顿悟的，也可能通过引导生成。首先，在阅读过程中，教师要引导学生通过对文本的挖掘，去粗取精，去伪存真，把握住文中思想内容的精华点，或学生个体的兴趣点，并结合文中的内容深入理解其内涵。其次，要引导学生通过拓展阅读或联系具体生活开放思考，发现这个精华点（或兴趣点）的价值、意义，如结合现实生活具体评价"移山精神"的价值，或在《公输》中发现墨子的移山精神。在这样的深入、开放的认识中，建立起学生对生活、对生命的体验和感悟。最后，教师可以通过重新评价文本或将感悟迁移到其他文本的阅读、写作或生活实践中的方式，使得感悟体现出某种创造性，如引导学生发现自己的"移山意识"或创造自己的"移山行为"。

（3）重视文言文本阅读与现代文文本阅读的融会。文言文真实阅读教学不单是为了教学生学会阅读文言文而存在于语文课程中的，它是整体的"语文"教学的一部分，与现代文阅读教学和其他课程内容共同承担着提高学生语文素养的任务。在教学中，教师要把文言文阅读与现代文阅读深入地联系在一起，把现代汉语的学习与古代汉语的学习深入地联系在一起，引导学生形成对汉语的完整认识，培养学生学习"语文"的能力，提高学生的"语文"素养。

部编版语文七年级教科书中，文言文本与现代文文本仍是融会在具体的主题之中的，这实际上给我们提供了非常明确的要求，就是要打破文言文本

---

① 王国维. 观堂集林 [M]. 北京：中华书局，1959：75.

与现代文文本的界线。本着这样的思路，教师也可以有意识地在教学中将文言文本与现代文文本进行组合，实现阅读目标、阅读内容、阅读方法、阅读成果方面的融会贯通。组合的方式可以是多种多样的，可以是相同主旨的组合，也可以是相同内容、相同形式、相同手法的文本的组合。如有的教师在上《皇帝的新装》一课时，即把它与《高僧传（初集）》中的"狂人之细布"的故事组合在一起。在单篇课文的教学中，两种语体的融会贯通也是有契机的，如鲁迅的作品中时有文白夹杂的现象，朱自清的《春》等作品中，也有引用、化用古诗文的手法，遇到这种情况，如果不是避开或忽略，而是主动地促进融合性思考，对于促进学生的文言文阅读能力的转化，也是大有好处的。

案例 14

《湖心亭看雪》教学设计与实施

《湖心亭看雪》是部编版义务教育教科书九年级上册第三单元的一篇自读课文，它独特的风格和婉曲的意蕴，令人把卷难舍。

《湖心亭看雪》是明末清初文学家张岱在清朝顺治年间所写的一篇回忆性小品文。作品描述了明朝崇祯年间一个大雪之后的夜晚，作者独撑一叶小舟在雾凇沆砀的西湖上看雪，在湖心亭上偶遇两个金陵客并与他们共同饮酒的经历。作品通过描绘阔大混蒙、如真似幻的湖山夜雪图和湖心亭上的奇遇情景，表现了作者对个性独立、精神自由的追求，流露出作者对往昔美好生活的无限眷恋。结合作家的人生经历和思想变化，隐隐可以品味出亡国之痛。作品写景笔墨混然，炼字出奇，叙事笔调潇洒，夭矫善变，大自然的奇美、作家的独特性情与汉语的神妙，三者完美交融，创造了空灵晶莹的艺术境界。

作者张岱（1597—1679），明末清初文学家、史学家。字宗子，又字石公，号天孙、陶庵、蝶庵居士，晚号六休居士。张岱少为富贵公子，明朝灭亡后隐居著书，最优秀的作品是回忆前朝繁华生活的《陶庵梦忆》和《西湖梦寻》。概括地说，他是一个用后半生回忆前半生的人。前半生，他与明末的多数文人一样，打着追求个性解放的旗号，过着奢靡的生活，"极爱繁华，好精舍，好美婢，好娈童，好鲜衣，好美食，好骏马，好华灯，好烟火，好梨园，好鼓吹，好古董，好花鸟，兼以茶淫橘虐，书蠹诗魔……"（张岱：《自为墓志铭》）凡俗世享受，无所不至其极。明朝灭亡后，"陶庵国破家亡，无所归止，披发入山，骇骇为野人"（张岱：《陶庵梦忆序》）。"葛巾野服，意绪苍凉，语及少壮秾华，自谓梦境。著书十余种，率以'梦'名。"（《绍兴府志·张岱传》）从他的诗文作品来看，他对前明的眷恋是真挚的和深沉的，饱含着无限的忏悔和忧戚，其胸中猿咽，笔下泉鸣，着实令人动容。

大部分初中生有借助书下注释和工具书通读浅易文言文的能力，这使得他们能够较好地进入作品。而初中生对新鲜的事物有着好奇心，《湖心亭看雪》中奇丽的西湖雪景和湖心亭上传奇般的偶遇，不仅能够引起学生的兴趣，如果教师善加引导，还能调动起学生感受自然美、人情美的热情。

根据以上客观情况，本课拟引导学生参与如下活动并取得收获：通过复述活动，准确理解"俱绝""拏""沆砀""强饮""白""喃喃"等字词，充分感知"湖上雪景""亭中奇遇"等情景，理解文意。通过感受活动，进入文中情景交融的境界，领会作者在文中表现出来的豪爽性格、洒脱性情与对个性独立和精神自由的追求，品味作者对往昔美好生活的眷恋之情。通过点评活动，对作品简练质朴、炼字自然的语言特色有所体会。

把文言文教"活"，是文言文教学应当追求的境界。何为"活"呢？主要表现有三个方面：一是能在掌握基本字词的基础上，对作品内容有较好的理解，能用自己的话灵活复述内容；二是对作品中的形象、境界有真实的体验，有文若己出之感，品出味外之旨；三是能品味作品语言特点，有意识地学以致用。让学生学得主动，能够用自己的思维方式参与学习，是达到"活"学境界的根本途径。吕叔湘说："教师培养学生，主要是教会他们动脑筋，这是根本。"根据上述要求，《湖心亭看雪》这一课拟设计复述课文、感受课文、点评课文三个活动，并以诵读为线索贯穿全课。

活动过程如下：

导入：与学生共同了解作者基本情况后，出示幻灯片：

明文第一，非张岱莫属。而且，如果在中国散文史上评选"十佳"，估计他也能入选。尤其是《陶庵梦忆》，篇篇都是好文章，随便翻开一页，都是可圈可点。……每次重读《陶庵梦忆》，总是"其乐融融"。——陈平原《都市诗人的奇情壮采》

师：（齐读屏幕上的文字）今天，就让我们一起来学习《陶庵梦忆》中最好的篇章之一《湖心亭看雪》。（板书课题、作者）

出示幻灯片：

三个活动：复述、感受、点评

师：这节课我们有三个活动：复述、感受、点评。下面进入第一个活动"复述"。

目的：充分感知作品内容，熟练运用新学字词。

环节一：复述

这个环节用复述带动学生对课文的全面理解，强化对新学字词的运用。

在学生初知文意的基础上，先引导学生找出文中描绘的主要情景，然后学生从作者和金陵客等角度复述课文。要求复述能自然串起原文中描绘的主要情景，准确用好"俱绝""拏""沆砀""强饮""白""喃喃"等词语。在这个带有一定创造性要求的复述过程中，学生充分而灵活地理解内容，也实实在在地运用新学字词，有效地完成字词积累。

1. 请同学们自由地大声诵读课文，思考本文写了一件什么事，有哪几个主要画面。

2. 指名朗读，要求读准字音，读顺句子。请学生指出应该特别注意的字音，教师随机补充。

重点读音：崇祯（zhēn）　更（gēng）定　拏（ná）　毳（cuì）衣　雾凇（sōng）　沆砀（hàng dàng）　强（qiǎng）饮

3. 本文写了一件什么事？（湖心亭看雪）

4. 文中写了哪些情景？分别用四个字概括一下。

参考：人鸟声绝、湖上雪景（独看雪景）、亭上饮酒（亭上奇遇）、舟子喃喃等。

出示幻灯片：

活动：以作者的身份讲述这件事。

要求：复述中自然地串起文中几个主要画面，并准确用好以下词语。

重点积累词语参考：俱绝、拏、沆砀、强饮、白、喃喃

5. 活动：请同学们默读课文，理解课文。然后从作者或金陵客的角度讲述这件事。如果有兴趣，也可以选取其他人物的角度复述课文。要求复述中自然地串起几个主要画面，并准确用好以下几个词语。

重点积累词语参考：

俱绝：都消失了。拏：撑（船）。强饮：尽力饮酒。白：酒杯。

雾凇沆砀：雾凇，冰花；沆砀，白汽弥漫的样子。

喃喃：连续不断地小声说话的样子。

6. 老师检测一下同学们对课文的理解程度。请根据课文，完成如下对联。

师生活动参考：

湖上看雪——亭中（饮酒）

湖上看大雪——亭中饮热（沸）酒

西子湖上张岱独看大雪——湖心亭中（天孙）强饮热（沸）酒

7. 学生齐读课文，要求断句准确，读出节奏感。

环节二：感受

这个环节引导学生经历感受的过程，形成感悟。本课的感受活动在学生充分感知内容的基础之上，把对课文的品读再深入一层。这个环节的活动又设计了三个递进的层次。首先是调动感官感受雪境，深入到心理感受；然后在感受雪境的基础之上，感受作者的心理、性情和精神追求；接着通过提供张岱的人生经历助学材料，引导学生感悟作品的主旨。在这个自由感受的过程中，学生感官接触物象，身体融入情境，经历身心体验，形成感悟。读文言文，要培养这种对文字的敏感，这也是文学审美的基本要求。

师：英国美学家夏夫兹博里说："眼睛一看到形状，耳朵一听到声音，就立刻认识到美、秀雅与和谐。"读文言文，要培养这种对文字的敏感。下面进入第二个活动"感受"。

出示幻灯片：

默读课文，从视觉、听觉、触觉、感觉等角度体验文中景物，感受人物心理、性情与精神追求。结合文中的具体语句说说：

这是一片_____的雪景。

这是一个_____的张岱。

1. 课堂交流：这是一片_____的雪景。

师：结合文中具体语句，说说"这是一片_____的雪景"。说出你的身体或心理感受，并尝试朗读出这种感受。（引导学生展开联想，读出身在雪境的感受。）

重点：感受雪景的静寂、清寒、洁白、苍茫、迷蒙等方面的特点。

2. 课堂交流：这是一个_____的张岱。

师：结合文中具体语句，说说"这是一个_____的张岱"。品味人物的心理、性情、精神追求，并尝试朗读出这种感受。（引导学生展开联想，读出游湖的兴致。）

重点：感受人物游湖时喜悦、陶醉的心情，品味人物高雅、潇洒、大方、率性的性情，引导学生理解张岱对个性独立与精神自由的追求。

3. 请同学们根据自己的感受完成对联。

师生活动参考：

一场大雪，静寂、清寒、苍茫——三个奇人，（潇洒）、（喜悦）、（自由）

出示幻灯片：

张岱是一个用后半生回忆前半生的人。

张岱少为富贵公子，"极爱繁华，好精舍，好美婢，好娈童，好鲜衣，好美食，好骏马，好华灯，好烟火，好梨园，好鼓吹，好古董，好花鸟……"凡俗世享受，无所不至其极。

1644 年，明朝灭亡。"陶庵国破家亡，无所归止，披发入山，骇骇为野人。""语及少壮秾华，自谓梦境。"明亡后不仕，入山著书以终。

4. 师：了解张岱的人生经历后，你觉得张岱为什么要写这篇《湖心亭看雪》？

参考：寄寓幽深的眷恋、感伤的情怀、深挚的隐逸之思等。

5. 师：这正是"以乐写哀，倍增其哀"。你还知道其他采用了同类手法的文艺作品吗？

参考：《天净沙·秋思》中的"小桥流水人家"、张择端的《清明上河图》等。

6. 学生自由读课文，读出情感的变化。引导学生尝试背诵课文。

环节三：点评

这个环节让学生站在较高的思想意识层面上鉴赏作品。点评的意思是指点、评论。与"品味语言"的区别在于，点评引导学生发现作品的长处，也鼓励学生根据自己的理解指出作品的"不足"。这样，学生就站得比作品高了，他可以"指点江山，激扬文字"，而不是被动地分析作品"好在何处"。实施点评活动的方法是先通过一个点评范例引导学生理解点评的方法和要求，然后学生任选角度点评作品。本课由于时间限制，只要求学生任选一个词语或句子，点评写作手法或丰富含义，并要求把点评写在书页空白处（批注），希望能够突破对文中写景的语句、"独""痴"等词语和白描手法的认识。学生如果有其他方面的发现，也鼓励亮出来与大家分享。在文言文教学中，点评活动应该是一个有新意的尝试。

1. 师：下面进入第三个活动"点评"。

出示幻灯片：

点评的含义：指点、评论

点评的目的：发现长处、指出不足

点评的方法：直接点评、比较分析

本次点评重点：词语、句子

示例："上下一白"之"一"字，使人唯觉其大；而"一痕""一点""一芥"之"一"字，使人更觉其小。大小映衬，境界顿出。

活动：任选一个词语或句子，加以点评。（如果你有其他方面的发现，也可以亮出来与大家分享。）把点评写在书页空白处。

重点：写景的语句、白描手法及独、痴等词语。

师生活动参考：

A. 写景的语句：

"雾凇沆砀"：形容湖上雪光水汽，一片弥漫。

"天与云与山与水，上下一白"：迭用"与"字，生动地写出天空、云层、湖水之间白茫茫浑然难辨的景象。

"上下一白"之"一"字，使人唯觉其大；而"一痕""一点""一芥"之"一"字，使人更觉其小。大小映衬，境界顿出。

由"痕"到"点"，到"芥"到"粒"，其镜头则是从小而更小，直至微乎其微。这真是一幅水墨模糊的湖山夜雪图！

B. 写作手法：

白描手法：（如上）

对比手法：大与小、静与动、冷与热、孤独与知己

C. 含义丰富的词：

"独"字的含义：一个"独"字，写出了作者的特立独行，孤怀雅兴。使作者那种独抱冰雪之操守和孤高自赏的情调溢于言外。

"痴"字含义丰富：痴迷于美妙的西湖风景，痴迷于热烈的生活，痴迷于对故国深沉的怀念，痴迷于对往昔的无限追忆，痴迷于梦境不愿醒来，痴迷于内心感受到的艺术境界，等等。

2. 教师相机借用对联点拨、提升：

看来有些问题值得我们深思——

出示幻灯片：

贪玩天孙崇祯年西子湖上独看大雪强饮酒，个性仿佛独立了，精神好像自由了，真高兴

寂寞陶庵顺治岁茅草屋中梦忆繁华痴著书，隐居真的潇洒吗，避世就是坚贞吗，费思量

3. 品完课文，你觉得哪些词语、句子值得充实到摘抄本中？你在何种情况下会使用它们？

作业：美学家朱光潜先生曾经这样描述小品文的特点："就大体说，这一类文章是属于'悟'的。它们没有系统，没有方法，没有拘束，偶有感触，随时记录，意到笔随，意完笔止，片言零语如群星罗布，各个自放光彩。"读完本文后，你对哪些方面的问题最感兴趣，请以其为主题，搜集相关文学作品或材料，进行广泛、深入的阅读，并进行分析、对比。

出示幻灯片：

示例：课外自主阅读主题——雪

A. 张岱的《夜航船》中，记载了很多有关雪的故事。如：

柳絮因风：晋谢太傅大雪家宴，子女侍坐。公曰："白雪纷纷何所似？"兄子朗曰："撒盐空中差可拟。"兄女道韫曰："不若柳絮因风起。"公大称赏。

欲仙去：越人王冕，当天大雪，赤脚登炉峰，四顾大呼曰："天地皆白玉合成，使人心胆澄澈，便欲仙去！"

雪夜幸普家：宋太祖数微行过功臣家。一日大雪，伺夜，普意太祖不出，久之，闻叩门声，普亟出，太祖立风雪中。

B. 古今中外的文学作品中，还有很多关于雪的诗文。如：湖南大雪（洛夫）

雪落无声/街衢睡了而路灯醒着/泥土睡了而树根醒着/鸟雀睡了而翅膀醒着/寺庙睡了而钟声醒着/山河睡了而风景醒着/春天睡了而种籽醒着/肢体睡了而血液醒着/书籍睡了而诗句醒着/历史睡了而时间醒着/世界睡了而你我醒着/雪落无声

设计复述、感受、点评这三个活动，是基于学生能够基本读懂作品，能对作品中的美有基本的感受，有基本的意境和文学语言赏析能力这样一种判断而决定的。学生能做到的，课堂上不要浪费太多时间，学生需要提高的，课堂上要花大力气引导学生有所突破。这三个活动的价值，我们希望复述能超越"翻译"，感受能超越"理解"，点评能超越"赏析"。

除此之外，我们还要考虑到文言文赏读过程中的诵读、积累等问题。

这堂课以诵读为线索，既提高学生的诵读能力，又引导学生情感不断升华。全课预设了逐层推进的诵读活动，依次是：读准字音，读顺句子——断句准确，读出节奏感——读出身在雪境的感受和读出游湖的兴致——读出情感的变化。课堂上没有把诵读活动独立出来，主要的考虑是诵读与理解是不可分割的，诵读不仅是一种能力，更是一种学习文言文的重要方法。

在各个环节的理解与应用中，引导学生完成积累，不只是字词的积累，更包括写作艺术、思想内容等方面的积累。

"主题自读"式作业和借用对联开展的学习情况评价活动，则要教师个性和学生个性的体现。

案例15

《渔家傲·秋思》教学设计与实施

过分倚重理性分析，跨越感性意识活动过程，用理性分析代替应有的感性意识活动，是诗歌教学的主要偏差之一。感性意识活动不充分，使得阅读活动

215

往往游离具体文本，对诗歌的认识由感同身受变为知道事实，由心领神会变为理解道理，这就偏离了诗歌的本质特点，也偏离了语文学习的根本特点。

在诗歌鉴赏过程中，理性分析是重要的，但是理性分析必须建立在感性认识的基础之上。陈伯海先生说："感受是知解（科学认知与逻辑思维的独特方式）的前提，知解必须在感受的基础上生成。"① 这是人类意识活动的基本规律。这也是语文教育界的一种共识，例如方智范先生说："让学生感性地揣摩课文……是一切理解、探究的基础。"②

纠正诗歌教学中感性缺失偏差的根本方法是教师在教学中有意识地引导学生经历感受过程，以具化学生的感受行为，丰富学生的感性认识，为感悟打下基础。

感受是感性意识活动的典型形态。陈伯海先生对此有比较详细的阐述。他说："感性意识从认知的角度上一般称之为感知，即感觉与知觉，但感性意识活动往往不停留于对当下直观对象的感觉和知觉，而常要通过联想的作用同以往的经验挂钩，甚至凭借既有经验对当下的感知予以改造变形，这就进入了记忆和想象的领域。感性意识心理也不局限于对事物的认知，还常伴随着由感知、记忆、想象所激发起来的种种情绪、情感、愿望乃至意向，而这些情绪、情感、愿望、意向等又会反过来推动人的联想，对记忆和想象活动起引导作用，进而加深、扩大或转移对当前事物的感知。所以，就日常经验来说，纯粹的感知是很少有的（不包括不经意的视听印象，那只能算原意识心理，未曾上升到意识活动的层面），感知过程中通常换杂着多种心理成分，于是感知转形为感受，感受才是感性意识活动的典型形态。"③ 本文就是以此为基础，并以《渔家傲·秋思》教学为例，来探讨古典诗歌教学中如何引导学生由感受而达感悟的方法问题。

《渔家傲·秋思》课例由感受意境、感受意象、感受细节三个环节构成，每个环节各有针对具体对象的感受过程。

环节一：感受意境

以不断深入的感受活动为线索，引导学生经历"构境—入境—拓境—出境"的意境感受过程，一步步打开更为深广的境界，在感受的过程中形成感悟。

步骤1：构境。

活动：以"那一天"为题，描述诗中情景，可以增加一些想象性内容。

---

①③ 陈伯海. "思"与"在"：意识活动探源［J］. 社会科学，2009（9）：154 – 163

② 方智范. 语文教师要成为文本作者的"知音"：谈当前语文阅读教学的若干问题［J］. 人民教育，2004（21）：30 – 33.

（构建丰满意境，激发感受）

步骤2：入境。

活动1：阅读材料《范仲淹知延州》，说说范仲淹是怀着怎样的思想感情写这首词的，词中哪个句子给你感受最深。（深入领会意境，深化感受）

活动2：词中哪个句子能令你想象到范仲淹的形象？你能描写一下他的言行举止、神态、心理吗？（丰富意境细节，内化感受）

步骤3：拓境。

活动：结合范仲淹的"先天下之忧而忧，后天下之乐而乐"等名言重读本词，你能读出新的味道来吗？（拓展意境内涵，激发感悟）

步骤4：出境。

活动：由这首词，你能联想到其他诗词吗？你新的收获是什么？（深刻体味意境，升华感悟）

教学过程中，"构境"环节是学习的起点，学生通过诗句想象具体情景，初步感受意境；"入境"环节把本词放入了范仲淹知延州的背景中，学生对意境的认识更加充分；"拓境"环节再把范仲淹知延州的背景放大到范仲淹人生信念的背景中，学生对意境的理解上升到一个更高、更完整的层面上；"出境"环节又通过引导联想的方式把词境的背景放大到与范仲淹类似的有志之士共同的追求层面上，学生对意境的认识更加充分，更加深入。在学习过程中，学生的理性分析始终与感性意识相交融，而感性认识始终是理性分析的基础和支撑。学生的学习过程是以实在的感受为基础的感悟过程，因而显得真实、扎实。学习的结果是学生不是"知道"了这首词，而是领会了这首词。除此之外，学生应该还收获了一些关于生活、生命的体验。

环节二：感受意象

"意象的组合构成诗词的意境。"[1] 感受意象，是鉴赏古诗的重要方面。本课在深入地感受意境的基础之上，再次创设感受过程，一步步引导学生领会词中意象。如对"羌管"这个意象，我设计了"想象—联想—激悟—内化—外显"五个简洁明快的步骤，帮助学生由感受而达感悟。

步骤1：想象。

活动："羌管悠悠霜满地"是一种怎样的情景？能把你想象到的情景描述出来吗？（通过想象还原意象，形成感性认识）

步骤2：联想。

问题1：你在其他文学作品中见过类似的意象吗？（引发联想，清晰认

---

① 方智范. 意象与意境（下）：古代诗词教学新视角之四 [J]. 中学语文，2005（11）：34 - 35.

识意象，丰富感性认识）

问题2：在其他文学作品中，羌管或笛子给你带来过相反的感受吗？（通过对比，使感性认识更加真切）

步骤3：激悟。

问题：吹羌管的是怎样的人？他心中在想谁？他想对那个人说些什么？（引发情感体验，激发个体感受）

步骤4：内化。

问题：读了这样的诗句，你有何感想？（明确个体感受，领会意象情志）

之后出示名家对此的鉴赏，帮助学生提高认识：

"羌管悠悠霜满地"，写夜景，在时间上是"长烟落日"的延续。羌管，即羌笛，是出自古代西部羌族的一种乐器，它所发的是凄切之声，唐代边塞诗里经常提到它。如王之涣《凉州曲》"羌笛何须怨杨柳，春风不度玉门关"，岑参《白雪歌送武判官归京》"中军置酒饮归客，胡琴琵琶与羌笛"等，皆为人所熟知。深夜里传来了抑扬的羌笛声，大地上铺满了秋霜。耳所闻的、目所睹的都给人以凄清、悲凉之感。如果深夜里安然熟睡，是听不到，也看不到的。这就逗出了下句"人不寐"，补叙上句，表明自己彻夜未眠，徘徊于庭。（李廷先）

步骤5：外显。

活动：根据此刻心中感受，再次描述诗中情景。（迁移感受，感悟意象）

在这个意象逐渐清晰的过程中，学生的感知、记忆、想象、联想与其激发出来的情绪、情感、愿望、意向等相互作用，使得学生对意象的感受不断加深、扩大、转移，象中之意一点点显露出来，象外之意不断生成。如果我们不让学生经历这样的感受过程，而是直接问"这句话是什么意思，它表现了作者怎样的思想感情"，欣赏诗歌就弱化成了结合上下文和诗人经历分析诗人思想感情。在教学中，有些教师和学生有一种按照意象的一般意义来解读意象的习惯，这是一种失误。诗人创造意象，有强烈的文化继承性，但好的作品，往往是"妙手偶得之"。王夫之说："现在不缘过去，作影现成，一触即觉，不假思量计较。"物象有同，意无定向；意向有同，物无定象。引导学生结合具体情境深入地感受诗中意象，更有利于感悟意象的独特性和特定内涵。

如果说感受意境重在整体领悟，感受意象则是重在具体领会。

环节三：感受细节

细节是指诗中细腻地描绘人物性格、事件发展、社会环境和自然景物的最小的组成单位。在学习中，引导学生经历"发现细节—感知细节—语义对比—意蕴领会"的细节品味过程，能够使得审美感受更加细腻，对诗美领会得更加深入、透彻，也有助于深化对意象、意境的感悟。《渔家傲·秋思》

一课，在感悟意境、领会意象的基础上，我这样实施细节品读活动：

步骤 1：发现细节。

问题：词中哪些细节让抒情主人公形象更加动人？

步骤 2：感知细节。

活动：任选一个细节，想象抒情主人公当时的姿态。

步骤 3：语义对比。

问题：换一个词来描写这个细节好不好？为什么？（如"浊"换成"冷"、"一"换成"几"、"悠悠"换成"幽幽"、"满"换成"遍"等）

步骤 4：意蕴领会。

问题：词中细节对表现抒情主人公的思想感情起了什么作用？对营造意境起了什么作用？

在这个细节品味的过程中，学生的感受再一次被打开，并且直指诗人的内心深处。在那些看似诗人信手拈来的细节背后，往往隐藏着诗人不为人知的深沉，甚至隐藏着关于诗人或时代的宏大秘密。品味细节的过程，既是深化意象、意境感悟的过程，也是更加细致、深入地品味诗歌语言的过程。"语言对诗来说，恐怕是第一要义。诗到语言止，诗又从语言始。"① 细节中，暗含着诗家造语的密码。

在《渔家傲·秋思》的教学过程中，感受意境、感受意象、感受细节三个环节各有其具体过程，而这三者之间，也构成了一个由宏观到微观的感受过程。当然，这不是一个单纯的感性意识活动过程，而是一个感性和理性相交融的过程，感性使理性更加深刻，理性使感性更加深沉。这个过程，虽然烦琐，但对于学生，尤其是初学者来说，却是十分重要的，因为它为感悟奠定了基础。没有这个感受基础，感悟就是空中楼阁，飞来之石。这种以"感受"带动"知解"的阅读方法，不仅适用于写景、叙事诗，也适用于说理诗。

要说明的是，本课如此安排教学过程，固然是由诗中意境、意象、细节三者之间的内在关系决定的，但也是由学生的具体学习情况和教师的个人偏好决定的。不同的诗歌如何安排教学过程，每个感受过程如何安排，要视文本、学生、教师和具体学习情境而定。

感受，说白了就是感同身受。在感受的过程中，一切可以和需要的有利于学习的因素都被调动了起来，帮助学生对文本产生深刻的认识，感悟当然容易生成。感受是诗歌鉴赏的第一步，也是贯穿诗歌鉴赏过程始终的一条线索。这个看似轻易的工作，决定着诗歌鉴赏的层次。

---

① 尚永亮. 唐诗艺术讲演录［M］. 桂林：广西师范大学出版社，2008：87.

结　语

阅读终究是个体的事。

书要捧到某一个具体的人的手里。

读书的过程是他自己在思考，他得到了自己想要的，通过阅读他这个人提升了自己的价值。

书也通过他这个人实现了价值。

他在，书在。

他不在，书还在。但是，是以另外的方式存在——对他没有意义。

所以，一定要让他以个体的身份读下去，读懂。

当他独处时，他也能读点有价值的书，他能以读书的方式独处。这就是有了良好的读书习惯。

以个体的方式读书还不够，还要按照有益于个性发展的方式去读书，最重要的是任他独立思考。

任他思考自己喜爱的问题，用他自己的方式思考，得出他自己的结论。

如果真的想给他一点指导——当他出现了偏差或他遇到了困难的时候，好的方式是为他提供多一点有益于他的书，可取的方法是与他交流思想，稳妥的技巧是提出于他有价值的引导性问题。如果你想他成为一个有用的人，就不要告诉他答案，不要强制他接受你的答案，不要代替他思考。更聪明的做法，是为他创造环境，使他能够完整、自信地发表自己的阅读见解，使他个性化的阅读行为成为一种参与社会的方式。读什么书，怎样读，读到些什么，怎样让书发挥作用，归根结底都显现出他的个性发展水平。

想尽办法支持他独立思考，而不要想着怎样去教他。独立的人不是教出来的，独立的有个性的人当然更不是教出来的。

在独立思考的过程中，他圆满了自己。在这个圆满自己的过程中，他使他的阅读成为一种发自本性的阅读。

教书就是教做人。

最后，回到读书这个角度谈问题——他习惯并满足于自己的阅读方式。

他能够读懂一本具体的书。他能按着自己的个性去思考，并有自己的思考成果。这个成果因他而有社会意义。

当他读不懂而又想读懂时，他能够找到恰当的方式解决自己的困难，如他懂得向同行请教。这也是他令自己愉悦的习惯之一。

他的阅读是一种独立的行为，但不是封闭的行为。恰如个体是在多方面有个性的有生命的个人，但他处在一定的社会关系中。

对于他来说，读书很真实。像他习惯于吃早餐，早餐习惯于吃一碗粥一样，他喜欢随时按自己的方式读点书，这很真实。

真实阅读教学建立在学生的真实阅读基础之上，因而培养学生的自读能力就成了真实阅读得以发生和良好运行的重要保证。本节从养成学生真实自读习惯、提高学生真实思维品质和引导学生掌握自读方法三个方面，谈谈如何培养学生的真实自读能力的问题。

一、养成学生真实自读习惯

1. 自读全部书的习惯

阅读教学，首先要养成学生区别对待各种书的习惯，提高阅读效率。

要让学生明白，有的书了解一下就行，有的书需要浏览，而有的书必须深入研究。

（1）了解。"了解"书是读书行为的一个必要部分——它是正式阅读的必要预备活动。

培养学生"了解"书的习惯，有利于学生广泛、及时地知道自己喜欢的阅读范围内曾经有哪些好的作者、好的书，新出现了哪些作者、哪些书，方便自己调整阅读内容和阅读方法、策略。具体地说，应当培养学生形成以下习惯——

流连在图书馆或书店的书架子前。这是一种有效地了解书的方法，也是一种优雅的习惯。一本一本地翻阅自己喜欢的书，知道书的名字、作者、写作背景，并简单地了解书的内容，有助于对书的价值做出初步的判断。

习惯于看书评。这也是一种了解书的好办法。报刊上的读书栏目时时介绍好书、新书，也往往会有专业人士写书评从特定的角度引导读者正确关注一本书。好的书店也会自编新书书目或新书介绍内刊。

浏览专门的读书网站或出版网站。这是站书架的另一种方式。

看一些本专业的史书。这是了解经典书籍的好方法，如喜欢文学的人可以以知道有哪些好书为目的翻阅一些文学史或主题研究类的书，然后"按图索骥"。

了解书，当然也包括与志同道合者交流，听取信息。如果能够认识一些专业人士，由他们根据真实的研究经验推荐阅读篇目就更好。

看一些节选本、缩写本。这也是了解书的一种方式。不过要想得到与原著贴近的节选本、缩写本不是一件容易的事，所以在各种办法中，我们仍然首先推荐读原著。

（2）浏览。浏览是大略地看。这种习惯在阅读课堂教学中就可以培养。

记叙类的文本，主要是把握关于主要人物的主要事件、主要情节，品味思想感情；说明类的文本，主要是理解知识；论说类的文本，主要是把握主要观点以及主要论据，可以同时关注论证过程。所有的文本，都要在浏览的同时思考作者想要表达的主要思想、想要实现的写作意图。

部分实用性文本，如公文、合同书等，不适合用浏览的方法阅读。

教师也要善于指导学生认识浏览与翻阅的不同。翻阅只是一知半解性地翻看，而浏览则是以整体把握一本书为目的的快速阅读。浏览的过程，是一个积累的过程。要尽可能多地记住书中的内容，尤其是集中体现该书主题的主要内容。浏览中也要尽可能地发现问题，思考问题，形成自己对该书的初步见解，让阅读过程对自己关注的问题或对自己的整体素质提升有所帮助。可以把丰富积累作为突破口，不断地提高浏览的效率——这应该是阅读者一种明确的自我要求。

很多阅读者看书，看完了就忘完了，像个漏斗。这种阅读实际上只是消遣，还不是真正的阅读。教师要引导学生尽可能地避免无目的地看书。

不同的浏览者，目的有所不同。有的人只是为了知道书的基本内容，有的人是为了发现问题，而对于比较专业的研究者来说，则是为了发现与研究与主题相关的内容。所以，教师要培养学生有目的地浏览的习惯。

浏览者阅读的心理过程也是不同的。前期阅读量较少的浏览者，往往只是要求单纯地知道这一本书的内容，而经验丰富的阅读者，则可能会同时与已经阅读过的书籍或已有的阅读经验进行对比，对正在阅读的书籍进行品评。所以浏览虽然是大略地看，但对于不同程度的读者来说，其细致程度实际上也应有所不同。对于阅读经验不够丰富的人来说，应该比较完整地把书看一遍，而对于有一定鉴别能力的人来说，可以带有一定的跳跃性。教师要善于引导学生根据自己的实际水平选择浏览的方式。

（3）研究。精读研究问题。阅读好书或重要的书，要有一种研究的态度和习惯。要理解书，学到书中的精髓，最好能在理解的基础上，有所创造。

研究可以针对书的整体，也可以是针对书的精华部分或自己关注的部分。学生或初学者开展研究活动，最好是选择一个较小的切入口，从某个具体的角度展开。研究的方法有很多，如：

收集相关材料。收集与本书或书中的某些问题相关的材料，结合材料研究本书。

辨析相关评价。研究对本书的各种评价，通过对评价的辨析，深入理解本书，产生问题，提出创见。

关注相关问题。关注与本书相关的问题或现象，通过对相关问题的研究，在更广阔的范围中理解本书。也可以由本书的阅读开始关注本书内容或主题所在的领域，并由此迁移或扩展到相关的领域。

掌握相关方法。研究，还包括对于不同书籍的不同阅读方法、阅读常识的掌握。不同文体、不同流派、不同用途、不同类型的文章（作品），阅读方法不同。阅读研究，还包括对特定文章的特定阅读方法、阅读常识的掌握和研究。

提出相关见解。阅读者在研究的过程中，应当善于记录自己的思考过程和思考成果，学会对自己的观点进行论证，在不断的思考和论证中，提出属于自己的新的观点或解决问题的方法。

这些方面，我们在后文的"本篇阅读""类型阅读"和"主题阅读"内容中，也有相关介绍。

研究，是探求事物真相、规律的过程。对于学生阅读者来说，学习的基本情况可能是研究层次比较低、范围比较窄、认识比较浅，但是对于他们来说，研究的过程与方法的体验才是教育的目标。有了研究的兴趣和习惯，研究成果是不可限量的。

学生进行研究性阅读，其效果是显而易见的。如学生有一本或一些自己喜爱的书，有一个或几个自己关注的主题、问题，掌握了一些较为常用的阅读方法，对所阅读书籍形成了一些明确的认识，也有了一些能够经常在一起研究问题、研究书籍的朋友，等等。这些都是学生有了良好的读书习惯的表现。

由大量了解书籍，到有选择地浏览书籍，再到抓住重点，研究自己关注的书籍，其实也是一个"知道问题—发现问题—研究问题"的过程。在这里我们强调，一定要帮助学生建立对书的感情，形成自己关注的主题，才能够把学生的阅读引向深入。

2. 自读一类书的习惯

要养成学生自己找书读的习惯。

养成学生自己找书读的习惯，基本方法是在阅读单篇文章的过程中，引导学生自己组织符合自己兴趣和需要的本篇阅读、类型阅读、主题阅读。

（1）本篇阅读。所谓本篇阅读，是指阅读有助于知解某篇课文的各种相关文章和材料。例如：

A. 背景性材料。对文章的深度理解，需要了解相关的写作背景。文章的背景包括宏观背景和具体背景两种。宏观背景一般指文章写作的时代或文章思想内容所产生、发展的时代，具体背景包括写作时作者的具体处境、思想状态等。写作背景往往影响着作者的思想倾向、价值取向，因而影响了文章的取材立意，甚至影响着文章的写作手法、语言运用等细微的东西。

B. 知识性材料。阅读文章，需要了解阅读常识。知识性材料包括对具体作者、作品的介绍，对文体特点的说明，也包括整体上的语言、修辞、逻辑、文学、文化方面的知识。

C. 经验性材料。丰富阅读经验，有助于提高阅读效率。经验性材料包括不同文体的基本阅读方法和阅读过程、阅读技巧等。经验性阅读是掌握阅读基本方法，培养阅读能力，形成阅读个性的必需部分。

D. 研究性文章。阅读别人的，尤其是名家的研究性文章，有助于丰富认识，开启智慧，形成深刻的思想。比较适合中学生的研究性文章是鉴赏类文章和与文章直接相关的阅读随笔。

E. 原系列文章。有的文章，是同一个作者的系列性文章（或一组文章，如同一文集）中的一篇，尽量完整地阅读原系列中相关的文章，有利于加深对文章的理解。有的课文，是原整篇文章中的一部分，完整阅读原文，有利于全面地理解文章的思想内容。有的文章，在选入课本或选本时，经过了编者的加工，阅读原版文，有利于准确理解作者的思想感情。

如果只读文章本身，而没有适度的延伸拓展，却想要准确、深入地理解文章，对于中学生来说是不现实的。在阅读具体文本的同时，进行"本篇阅读"，有利于阅读者更好地理解文章。"本篇阅读"是一种基本阅读，是阅读的起点，是阅读的根本方法之一。读文章，向来有"知人论世"和"以意逆志"之说，"本篇阅读"即是"知人论世"和"以意逆志"的根本途径和方法。

（2）类型阅读。所谓类型阅读，就是阅读体裁、题材、手法、风格、评价等方面相同、相近、相关的文章。例如：

A. 体裁相同的文章。阅读体裁相同的文章，有利于丰富、增强对文体的认识。阅读同一作家相同体裁的文章，有利于深入了解该作家的写作风格。阅读不同作家相同体裁的文章，则有利于理解该体裁的特点和不同样式。同体裁阅读是类型阅读中一种比较容易实现的方式。这类作品不需要阅读专家的专门推荐，普通读者根据一般的阅读经验也可实现。

B. 题材相同的文章。阅读题材相同的文章，除有利于丰富阅读者对题材的认识外，更有利于丰富阅读者对于作家思想水平、写作艺术的了解，是增强鉴赏能力的有效阅读方式。特别是阅读取材相同的文章，更容易在阅读中发现写作艺术的奇趣。同题阅读即是一种典型的同题材阅读。这种阅读对于阅读专家的依赖也不强，依靠基本的阅读经验和相关的较好出版物即能实现。

C. 手法相似的文章。阅读手法相似的文章，特别是文体不同而写作手法相似的文章，更有利于理解文章写作基本规律，深入领会写作手法的作用，融会贯通阅读经验，增强写作艺术鉴赏能力。换个角度说，这种阅读更有利于阅读经验向写作能力的迁移。写作手法概念涉及的面非常广，文章结构、艺术手法、表达方式、修辞方法等都属于此类。较之其他几种类型的阅读方法，相似手法阅读更依赖于阅读者平时注意归纳整理，对阅读者的主动性要求很高。

D. 风格相近的文章。阅读风格相近的文章，有利于深入感受一个作家、一个流派、一个时代、一个民族的写作艺术，特别是语言艺术。倾向于阅读某种风格的作品，虽然会使阅读者的视野和思想受到局限，但其实也是一个普通阅读者阅读审美心理逐渐稳定、成熟的一种标志。相近风格的阅读也比较容易实现，如阅读同一流派的经典作品集，或阅读某种类型的报刊，等等。当然，最容易实现的方法是阅读同一作家的同类作品。

E. 评价相关的文章。阅读对文章的评价相互有关联的文章，有利于启发阅读者多角度思考问题，全面认识问题，增强鉴赏能力。借助于本篇阅读中研究者对文章的各种评价，特别是对比性评价，阅读者很容易找到一组组评价相关的文章。对这些文章的评价，有时相同，有时相反，有时区分优劣高下。而这些因各种原因成"组"的文章，虽然不一定在内容和形式方面有着相同或相近的因素，却总能够令人自然而然地认识到它们之间某种微妙的联系，从而激发人的研究愿望，拓宽研究眼界，掘进思维深度。

从阅读学习的角度来看，类型阅读是一种巩固性的拓展阅读，有利于巩固对同类对象的认识，丰富对同一知识的认识，提高同种能力的操作水平，巩固阅读经验，形成阅读能力。当然，也有利于阅读者加深对本篇的理解。

类型阅读的起点是认识"同"，但却同样有利于求"异"，同中求异，因同求异，同中悟异。

当然也会反过来因异悟同。

（3）主题阅读。所谓主题阅读，是通过研究归属于某一主题的一组文章或材料，发现问题和解决具体问题的阅读。

主题的内涵极为丰富。宽泛地说，有目的的阅读都是主题阅读，如阅读者所建立的主题，可以是针对社会生活或现象的某一方面，也可以是某个学科领域的某一个具体的问题。阅读者可以根据个性意愿建构阅读主题。凡有所愿，皆成主题。例如：

A．教材单元主题。例如，现行人教版初中语文教材就是按主题编排的，主要目的是训练学生开放阅读、开放思考、自主发现问题和解决问题的能力，帮助学生养成主题阅读的习惯。

B．学科问题主题。学习者在学习的过程中，对具体学科的具体问题产生了兴趣和疑问，因此而构建主题开展的主题阅读。

C．社会焦点主题。阅读者因关注当前社会焦点问题而构建的主题阅读。

D．团体关注主题。阅读者为解决自己所在团体或委托团体所关注的问题而进行的主题阅读。

E．个人发展主题。阅读者为解决个人发展问题所构建的主题阅读。

主题阅读是一种深度阅读，是研究性阅读，是为了解决具体问题而进行的阅读。主题阅读基本的和最重要的思维方式是分析。

主题阅读的特点是以主题为核心聚拢文章，各种文章超越体裁、题材、手法、风格的约束，从不同角度、不同维度、不同层面支持主题。

主题阅读是一种开放性阅读，阅读者自主发现问题，解决问题。实现主题阅读的关键在于提高学生在阅读过程中从具体文章的内容或形式中抽象出具体问题的能力。

提高主题阅读效率的方法是在一篇或一类文本中找出与主题相关的内容。阅读者不需尽读全部书籍，但一定要有能力筛选支持主题的内容。

主题阅读是一种主动阅读。阅读者主动地根据自己发现的问题，建立主题，收集材料，研究主题，转化主题，实践主题。

主题阅读重在求异，是一种创造性阅读。

本篇阅读是一种"点"的阅读，类型阅读是一种"面"的阅读，主题阅读是一种"体"的阅读。一些教师指导学生阅读，过分注重"点"的阅读能力，学生的知识和能力形不成面，因而也无法构成体，这是阅读教学和阅读学习的悲哀。

要让学生明白，书不是等着别人给到了手里才读的，要自己找来读。要在持续的找书读的开放阅读活动中，养成学生自己找书读的习惯。

3．自读一篇文章的习惯

养成学生自读一篇的好习惯，在于有规律地开展学、思、行一体同步的阅读活动，引导学生"述而能作"。"述"知其本，"作"创其新。

复述解文意，阐述通文理，评述鉴文艺。复述认识文章写了什么，阐述认识文章是怎么写的和为什么要这样写，评述认识这样写好（美）在哪里。

复述是阐述的基础，复述和阐述是评述的基础。复述、阐述、评述都是整体理解与局部理解相结合的阅读方法，是述中有作、述作合一的阅读方法。

（1）复述解文意。复述的过程是充分认识文章内容的过程。

复述是最笨拙的读书方法，却是好的阅读习惯之一。说复述最笨拙，在于复述必须以尽知文意为前提和目的，而要尽知文意就必须一遍遍地读原文，这显然不追求学习的"技巧"性；说复述是最好的读书习惯，也在于其能够帮助阅读者尽知文意，练好阅读基本功。复述的主要作用是知道文章写了什么。

在阅读课堂上，教师要执着而坚定地引导学生落实复述文章的行动。

A. 照本宣科。最笨拙的复述方法是读完一两遍后，合上书，努力按照文章本来的面目说出文章的内容，不分主次，没有筛选，照本宣科。

有人可能从阅读理论上鉴定这不是"复述"，是没有意义的"眉毛胡子一把抓"，但笔者认为这是一切阅读行为的前提和基础。没有这种对文章内容的通盘知晓，理解就容易流于肤浅，甚至陷入偏差。

B. 讲述梗概。稍微便捷一点的复述是依据文章的脉络，说出主要内容——讲述梗概。听者听到的是梗概，但是讲述梗概的人，心里知道文章的全部内容。他（她）知道自己省略了什么，简略了什么，突出了什么，也知道为什么要省略、简略、突出。

C. 概括性复述。最为轻松的复述是概括性复述——复述者根据某种要求或解决具体问题的需要说出文章中相关的关键内容。听者听来是轻松的，但是复述者思想中已经经历了一个根据某种标准，为达某种目的的筛选和重组的艰难过程。

D. 概括。最为智慧的复述是概括。复述者用一两句话、三五个词，就说尽了文章的内容，而且条理清楚，内容明确。概括能够帮助阅读者抓住重点内容、关键内容，而复述能够帮助阅读者全面把握内容，在全面把握内容的基础上分清主次。

没有概括的复述往往显得臃肿，但是概括却必须以"照本宣科"为基础——当阅读者说出几个关键词、关键句时，他（她）的头脑中，必须有着全文的所有内容。

E. 创意性复述。最为有趣的复述是创意性复述。复述者根据自己的愿望，选择复述的内容和复述的角度，甚至用自己的语言方式复述文章内容。例如，他（她）可以从非主角的任何一个人物的角度复述文章内容，也可以根据自己的理解，打乱原文的顺序进行重组。

F. 创造性复述。最为大胆的复述是创造性复述。善于内容创造的复述者根据自己的理解，结合推断、想象、联想，把原文中想要表达而没有明说的内容也展现出来。善于形式创造的人则会打破原文的结构，重建话语秩序。

复述是理解文意最重要的方法。会享受的阅读者，当他（她）合上书本时，他（她）会闭上眼睛，在脑海中"过电影"。当他（她）再睁开眼睛时，他（她）已洞悉文意。很多阅读者在这个过程中已经理解了思想内容，厘清了文章的思路脉络，分清了内容的主次，初步把握了文章的写作艺术特点。不会享受的阅读者，随读随忘，饮茶如水，除知道自己喝过某种液体，痛快过一下以外，别无所剩。

把复述作为必须养成的好习惯来养成，还在于其能帮助阅读者养成一种稳重的性格。在阅读者没有全知一切时，他（她）不会轻易做判断，他（她）做判断时，必须有充分的依据。他（她）不妄言、妄思、妄行。

（2）阐述通文理。阐述的对象是文理，目的和作用是从各个层次上透彻地理解、说清文章是怎样写的和为什么这样写。例如，这样写对于达意、表情有何作用，为什么会有这种作用，符合什么规律。

如果说复述是一个感知的过程，那么阐述则是一个理性分析的过程。所有的阐述都是要与语境相结合的。语境，有时是具体的句子，有时是具体的段落，有时是整篇文章，有时还要涉及篇外的相关内容。

A. 阐述语意。阐述语意的重点是分析语句或文章的意思、含义、作用，并把分析的结果或过程，完整、清楚地表述出来。

阐述意思。看起来比较简单的阐述如说清词语、句子在语境中的具体意思与为什么是这个意思。例如，"孔乙己排出九枚大钱"中的"排"是什么意思，孔乙己是如何"排"的。"说出"与"知道""理解"的区别在于后者停留在思想中，可能是模糊的、不确定的，而前者是通过语言的方式将意思明确了。对于一部分文学作品来说，确知其意可能有损其美感，但是对于大多数普通文章来说，确知其意是阅读的必需。

阐述含义。比说出意思更为深入的阐述是说出语句的深层含义与为什么会有这种含义。例如，说出"走一步，再走一步"在字面意思之外，有什么深刻含义。在相当多的文章中，作者有意识地赋予了一些语句或一篇文章以多重含义，理解了语句的深层含义，才是正确地理解了文意。

阐述作用。对于一篇文章来说，阐述的内容还包括语句的作用，例如，"转朱阁，低绮户"对于表现诗人思想感情变化过程、营造作品的境界，起了什么作用。再如，句子的积极修辞方法、写作技巧是怎样起作用的。从这个角度来说，阐述作用还包括说清一篇文章在特殊背景下所起的社会作用，以及能够发生作用的原理，如品味文章所折射了的社会文化精神与作者的个体人格等。这是更高层次的阅读行为，教师可以引导学生适当练习。

B. 阐述结构。与阐述语意相比，对思维的整体性、全面性、深入性要求更高的，是阐述结构。

文章的结构涉及文章整体的布局谋篇、局部的构造、局部与整体的关系、特殊结构技巧的运用等多个层次和角度的问题。结构是作者内在写作思路的外在表现，阐述结构也即阐述一篇文章的写作思路。

阐述结构的重点，是从不同的层次和角度分析文章的结构和思路，并把分析的结果和过程完整、清楚地表述出来。

"局部"是一个相对的说法，对于文章整体来说，层次、段落、句子等是局部，而对于文中的某个层次来说，层次是整体，段落、句子是局部。所以我们这里说的局部，既包括层次、段落，也包括句子和具体的修辞方法等语言结构；既包括某个独立的局部，也包括局部与局部的关系。

阐述整体结构。说清楚围绕着具体中心或某种写作意图，作者是怎样布局谋篇的，具体地说包括整体上如何安排材料的顺序、详略，如观点是怎样论证的、主题是怎样表现的等等。对于一些"语体文"来说，还有必要分析文章的基本结构方式。

阐述局部构造。充满活力的整体，由有机的局部构成。在理解整体结构的基础上，细致地研究某个句子、某种语言方法（如修辞手法）、某个段落、某个层次的内部构造是怎样的，以及其中的词语与词语之间、句子与句子之间的具体关系，能够帮助阅读者更为深入地理解文章的写作思路，更好地理解作者的思想感情、写作意图，理解为什么这样写。从语义的角度看，这也是研究语言的核心任务之一。

阐述整体与局部的关系。包括阐述整体与局部的关系、局部与局部的关系、标题与整体和局部的关系等，如整体对局部的约束、局部对整体的作用、局部与局部的关联等。

细致的阅读者应当有意识地培养自己认识语句间、段落间、层次间、标题与内容之间关系的能力，也需要有跨越语言的物理排列顺序认识语句、段落与主题之间关系的能力。例如，我们经常说要结合具体语境思考问题，这种思考方式，实际上就是要理解具体语境中具体语句与上下文的关系。

C. 阐述思想。阐述思想是指说清文章的中心思想或文中表现出的各种观点，包括说清观点是什么，观点的含义，观点的作用、价值，等等。高一层次的观点阐述包括说清观点的来龙去脉，发展过程与如今发展状况，各方面对观点的评价、看法，等等。

阐述主旨或写作意图。说清楚文章的主旨或作者的写作意图。有时文章的主旨即是作者的写作意图，有时作者的写作意图比文章的写作主旨更加深刻，阐述写作意图有利于知人论世，能够帮助学生超越文章本身和自己思想的局限，对文章有更丰富、更深入的认识。

阐述思想可以针对多个层次，如阐述文章的整体思想、中心思想，阐述层次、段落的思想，阐述语句中的思想，等等。

阐述不同篇章主旨的异同或各种关联。阅读主旨、题材类似的文章时，应通过阐述不同篇章的主旨的异同，加深对本文主旨的认识，拓展思想认识。对于题材或主题关联不够明显的文章，可以引导学生发现篇章间主旨的各种关联，以提高思维的深刻性。

阐述现实现象、材料与本篇主旨的关系。阐述主旨的现实意义，如利用文中的观点分析现实生活现象，或运用现实生活中的材料证明主旨的真伪等。

把阐述作为必须养成的好习惯来养成，还在于其能培养阅读者清晰的思路和对思考的热爱。对所有的事物，他（她）都喜欢理性思考，切实分析，他（她）理解作者的思路，理解作者的心思，力求深知其然，并知其所以然，对于文中的每一个内容，甚至每一个语句，他（她）都知道来龙去脉，不糊里糊涂。最重要的，是他（她）有了创造性思考的愿望。

（3）评述鉴文艺。评述主要针对文章好（美）在哪里，是一种鉴赏行为。

这里不说"赏文美"，而说"鉴文艺"，主要是希望学生的阅读行为更接近阅读的本质——从更高层次上研究"这一篇为什么这样写"，在研究的过程中提高鉴别文章的写作艺术水平的能力，通过阅读"参与"写作的过程，而不是被动欣赏文章的结果。"赏文美"针对的是文章成品，而"鉴文艺"针对的是创作过程。"赏"往往侧重于一种精神享受，而"鉴"则是对行动的一种提高方式。

鉴赏文艺之美的过程是一个发现美、感受美、认识美、表现美的过程，是一个知性、感性、理性交融的过程，是个人的阅读积累与文本之美相互碰撞，形成新的审美认识的过程，是阅读者与作者共鸣的过程，也是再评价、再创造的过程，是语感充分酝酿、形成的过程，是创造力充分张扬的过程，是人的整体提高的过程——是完成建构的过程。鉴赏文艺之美是完成阅读的核心环节。

带着审美的眼光审视文章时，认识的是文章的个性，鉴赏的是文章的至优之点，研究的是"这一篇为什么这样写"，因而阅读虽不一定以审美为目的，但鉴赏性阅读却使语文学习大大接近了阅读的本质——只有进入到鉴赏环节，阅读才进入了语文学习的核心环节。

不仅文学作品，任何一种文章都各有其美，只是各有其不同的鉴赏角度而已。文章之美表现在文章的方方面面，如思想内容、艺术形象、文体形式

（文章体式）、篇章结构、选词炼句、修辞方法等，各种因素各助文章之美，各成其美。这里只从最重要的三个方面做些提示：

A. 评述思想。评述文章思想感情的正误、优劣、高低，深入认识作者为什么要表达这种思想，在评述中形成阅读者自己的思想认识。

B. 评述形象。评述文章中的形象。如小说中的人物形象，散文中的景物形象，诗歌中的意境、意象、细节，等等。

C. 评述语言。从整体上的文体创造到细节上的选词炼句，都属于语言运用的范畴。评述语言，包括评述文章的文体形式（文章体式）、篇章结构、选词炼句、修辞方法等各种语言方式、方法和技巧。

评述的过程，是把文章变成阅读者自己的思想的过程。这既是一个学习的过程，也是一个批判的过程，还是一个形成阅读者的观点的过程。

评述是分析，更是创造。分析的过程是深挖文本的过程，但分析的目的却不一定是证明文章本身"好"或"正确"，也可以证伪，分析的结果也不应局限在对文章本身的认识，可以更广泛，更深入。

把评述作为必须养成的阅读好习惯来养成，还在于其能培养阅读者的审美意识，使阅读者享受阅读而不是完成任务。

"二述"的重点在于对内容和语言艺术的理解，更在"述"。"述"是一种把文本转化为个人思想的过程，是创造性表达，是完美表达，是学习方法，也是交流方法和评价方法。

从语文的角度看，"述"的过程，是学、思、行相整合的过程。学的过程中，也即读取文章内容的过程中，思维和信息完成了第一层次的整合；在思考品味的过程中，语言和思维完成了第二层次的整合；在表述的过程中，思想和言语完成了第三层次的整合。这三个层次的整合不是线性发生的，而是一体同步的——阅读对象和阅读行为创造性地转化成了阅读者的思想能力和行动能力。

所以，我们说阅读一篇文章的好习惯在于述而能作，述即作。

4. 认识具体语句的习惯

要养成学生深入认识具体语句的习惯。认识具体的语句，包括知道具体语句的字面意思，理解语句蕴含的意义，领会语句在传情达意、营造语境中所起的作用等很多方面。认识语句的习惯包括解释、感受、分析等。

（1）解释。解释语句的意思是最重要的阅读习惯。尽管某些文学作品由其自身的特点决定，其中一些语句的含义是不必确知的，但对其有所理解也是必需的。

解释语句的意思，应从三个层次上考虑：一是知道语句本身的意思，修辞句要知其本义和修辞义；二是要理解语句在具体语境中，也就是在本段、

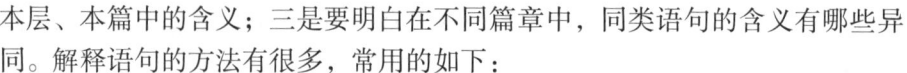

本层、本篇中的含义；三是要明白在不同篇章中，同类语句的含义有哪些异同。解释语句的方法有很多，常用的如下：

A. 查阅字典、词典。这是理解语义最基本、最便捷的方法。查阅字典、词典是一个阅读者必须养成的好习惯。

B. 参考相关文献。当字典、词典不能满足阅读者的愿望时，可以参阅相关文献，帮助理解语义。如对一些新生的网络语言，可以查找相关的网络文献。

C. 参考研究者的言论。对于一些语义有争议的语句，可以参考本领域内比较有权威的研究者的相关言论，自己判断语义。

还要养成积累的习惯，特别是对一些典故、意象的理解，要随识随记，以丰富自己的文化知识，提高阅读效率。

（2）感受。认识具体语句，需要有感受语言的能力和习惯。感受是感知的典型形态，是感知、记忆、想象和与之所激发起来的种种情绪、情感、愿望、意向相互交融、扩大、转移的复杂的心理过程。如阅读者读到"白毛浮绿水"时，不仅仅是知道了鹅浮在水面上，还形成了色彩鲜明的对比所营造的清新的视觉感受，体会到了作者欣赏景物时清纯的心境。简单地说，阅读者在接触具体语句时，不仅要知道语义，还要在脑海中形成对所写内容的感性认识和理性认识。

读文学类、故事类的书，需要阅读者有较强的感受能力；读科学类、应用类的书，也需要一定的感受能力。

A. 感受事实。感受语句所写的事实，并能够理解作者借助语句传达出怎样的思想感情。

B. 感受形象、意境。对于文学作品，阅读者要习惯于感受语句中所塑造的形象、营造的意境。

C. 感受意蕴。感受文章中渗透出的思想感情，感受语句通过素材传达的精义。好的文章，特别是好的文学作品，意蕴是丰富的。

D. 感受情趣。感受作家、作品中流露出的性情志趣。有些作家、作品中流露出的情趣是迥异世俗的，阅读这些作品，仅仅感受具体的语句还不够，还要有对作家、作品流派的认识。

养成感受的习惯，是培养真实阅读能力的重要方面。良好的感受往往是建立在对真实生活的正确认识基础之上的，良好的感受能力也往往是健康、充实的情感能力、思想能力的表现，而这两者，都有助于阅读能力的提高。

对于一般的阅读者来说，感受的缺失，有时会造成阅读理解的偏差。如因缺乏必要的感知过程，而不能区分文学作品与写实文章的差异，会造成对文章的理解只是浅解或产生误解。

（3）分析。认识语句，还要养成分析语句的习惯，培养分析能力。

分析是指把一件事物、一种现象、一个概念分成较简单的组成部分，找出这些部分的本质属性和彼此之间的关系。对于具体语句来说，就是找出某个语句与文章其他部分之间的关系，例如，认识某个语句与另一个语句的关系，认识某个语句与文章主旨的关系等，目的是通过认识这种关系更为深入地认识这个语句，或通过认识这个语句更好地认识文章整体。

A. 联系上下文分析语句。结合具体的语境理解语义，是阅读中至为重要的方法和习惯。我们也可以这样认为：离开具体语境的认识，或不以认识语境为目的的分析，都是与本文阅读无关的认识。

B. 联系文章的主旨分析语句。"意犹帅也"，具体语句如果不直接与文章的主旨有关，那一定是间接地与主旨有关——通过作用于部分而间接地作用于整体。通过认识语句与文章的主旨的关系来分析语句，能更为深刻地揭示语句的意蕴。

C. 联系写作意图分析语句。作者想通过文章整体或具体语句达到什么目的，这是理解语句至关重要的问题。联系作者的写作意图分析问题，可以更为准确地理解语句的意蕴和作用。（有时，文章的主旨与作者的写作意图在表面上并不统一，这是一种值得注意的现象。）

D. 联系文体、作品的写作风格分析语句。正确把握文体、作品的风格，有利于正确认识语句。风格一旦被阅读者认识，它就成了认识文本的思维背景和思考工具。

在一般情况下，人们习惯于把分析与综合对立起来看，其实在具体的思维过程中，二者有时是相统一的。没有离开综合思维的分析，也没有离开分析思维的综合。

分析与感受也是紧密联结在一起的。分析的对象，其实也不仅仅是语句中包含的道理或语句背后的写作原理，很多时候，语句中的形象、意境乃至人物或作者的情绪也是可以分析，或可以通过分析领会的。也就是说，分析其实也是一种感性和理性共存的思维过程。同理，道理、意义也是可以感受的。

二、提高学生真实思维品质

1. 培养开放性思维

真实的阅读必然与学习、思考、实践相结合。好的阅读者让这个过程变得主动。好的阅读课要努力养成学生主动地学习、思考、实践的习惯。

（1）读学结合。阅读的过程，本来是一个学习的过程。在读书的过程中，阅读者要主动地积累学识。积累的要义，在于提高阅读者的学识修养。具体来说，一在丰富知识，完善阅读者的学识结构；二在增长见识。简单地说，培养学生读学结合的习惯，就是培养学生边读书学习边积累的习惯。

A. 丰富知识。有意识地理解新知识，积累新知识，是读书的主要目的之一，也是读书行为的实质起点。知识是人类认识和经验的总和，人类社会的每一分进步，都是建立在前人认识与实践的基础之上的，掌握知识，完善自己的知识结构，思想和行动有了正确的起点，才不会盲目。

阅读新书，全部地或有选择地记住书中对自己有用的东西，甚至记住书中的全部东西，并不是一个过分的要求，而应该是一种特别要养成的习惯。阅读旧书，复习旧的知识，也是积累的另一种方式。

B. 增长见识。我们读书，不仅仅是在读书本身，更是通过书本认识世界，认识社会和人。好的阅读者通过阅读不仅能更好地了解自然的变化和社会的变迁，了解人的千变万化，获取人生的和社会的经验，学到解决问题的方法，提高处世的修养，还能够通过阅读学习作者的观点、态度，学习作者研究学问、思考问题的方法，提高自己的思想认识，提高思想修养。不会读书的人"读死书"——书上写什么就读什么，注意不到主题之外的社会信息；读到什么就局限于什么，不会联系现实思考问题；书上写什么就信什么，不会分辨真假。

（2）读思结合。"学而不思则罔，思而不学则殆。"阅读行为本身是一个开放的思考过程，思考使阅读成为现实，阅读使思考更有价值。理解内容，研究问题，是最为重要的读书方法。要想扎实地提高学生的阅读能力，教师就必须注重培养学生读思结合的习惯。

A. 还原。还原有益于读懂书本身。

信息在通过文字传递的过程中，阅读者的主观认识往往会使之发生某种变化，使之转变成阅读者的思想，而不完全是写作者的思想。这就造成了评价是否读懂了一本书的标准往往会有两个：一个是阅读者按照自己的标准建立起了对书的整体认识，另一个是阅读者按照写作者的标准建立了对书的整体认识。当这两个标准比较接近甚或完全相同时，阅读就进入了比较理想的境界。

所以我们提倡培养学生还原式阅读的习惯，即阅读者通过自己的对事物的感知、感受、理解，结合对作者的认识，使得自己的认识尽量贴近作品本身或贴近事实本身。读形象类的书，如文学作品，阅读者应该努力调动自己的联想、想象能力，使得文字成为再现形象、意境的载体，而不是停留于意义本身。读说理类的书，如论说文，阅读者则应努力进行分析、判断，使得对道理的认识，接近于作者的思想，对事实的认识符合于事实真相。读理论类的书，如文学理论，则应努力了解该理论所属的理论体系，根据该理论体系的特有标准，认识具体内容。

作为一种最为基本的读书方法，还原让阅读者看到了事物的本来面目，对书本认识所能达到的细致、深入程度，是局限于文本本身的分析所不能企及的。

B. 比较。比较是研究问题的根本方法。

阅读者追求读懂文字背后的意义，其实包含着两个层次的思想取向，一是对书中内容的研究与评价，二是对该书所研究问题的思考，而后者更为重要。阅读者的追求不是读懂书本身，而是通过读一本书，读懂书中研究的问题——研究这本书，也是研究这个问题的整体行为的一部分。比较性思考，帮助阅读者打破一篇文章、一本书的局限。

经验丰富的阅读者会从各种角度组织比较阅读。如对作者思想的前后变化进行比较，借以深化对具体问题的认识，把作者的思想与其他同类思想做比较，以正确评价作者思想的地位和价值。问题的专门研究者也会把作者的思想与阅读者本人的思想相比较，以期发现新的研究突破口。再如，针对某篇文章的具体内容和语句进行不同版本之间的比较、不同注释之间的比较、不同评价之间的比较等。

比较的过程，不是单纯地发现异同点的过程。如果阅读者掌握的材料足够充分、丰富和典型，那么比较的过程就是归纳、演绎、类比的过程。这种逻辑思维的过程，除有利于更为深入、全面地认识问题外，更有利于阅读者在比较中得出自己的结论，这也就增强了阅读的创造性。

比较阅读所可能采取的角度是比较灵活的，阅读者的积累越丰富，发现问题的愿望越强烈，比较的价值就越大。

（3）读行结合。阅读不止于对书本的研究和思辨。客观地说，因行而读和因读而行是阅读真实状态。真实的阅读产生于实践的需要，也必然回归于实践。审美阅读是一种以阅读为行为的独特的实践方式。

应试教育产生了独立于正常阅读之外的"假读"现象，阅读者被要求按照某种特殊的阅读理论和思维路线建立起一种暂时的应试阅读方式。在这种"假读"过程中，阅读者（主要是学生）的思想暂时脱离了实践，但一旦"假读"的强制条件被撤掉，阅读就显示出恢复到常态的趋向。

因而，在书本阅读之上，我们特别要强调培养学生阅读与实践相结合的阅读习惯。

A. 把阅读植入实践。深入一点看问题，我们会发现阅读并不是一种能够通过单纯的文本解读实现的行为，真实的阅读从来都是与具体的实践相结合的。文本解读的大师们，往往在拥有深厚的阅读修养的同时，拥有丰富的阅历。如越是对某个专业精通的阅读者，越是专业阅读的高手。他们融会贯通了各种知识，触类旁通，所以能够洞幽烛微。文学鉴赏大师往往在拥有丰富的文学阅读经验的同时，拥有丰富的社会阅历。而"纸上谈兵"则是讽刺那些只有阅读经历而无实践经验的人。我们甚至可以说，阅读本来就是实践的一种辅助行为。所谓"汝果欲学诗，工夫在诗外""纸上得来终觉浅，绝知此事要躬行"就是这个意思吧。

因而我们主张在条件允许的时候，尝试把阅读植入实践，开展综合探究式的阅读，即根据阅读者学习和发展的需要，确定针对具体社会问题、科学问题的研究主题，在研究问题、解决问题的过程中，带着问题读书，带着任务读书，把阅读和调查研究、社会实践、科学实验结合起来。

换个方式表达这个建议，可能会更容易令语文阅读专家接受，即在语文阅读的过程中，在条件允许的情况下，引导学生开展综合性学习活动，通过研究文本涉及的科学问题和社会问题（其实也包括语言问题），帮助学生理解语文原理。

独立的阅读者则不必受教师的某种指令的限制，应该主动地以自己关注的问题为研究主题，自我设计读行结合活动。

相当多的学生和语文教师把阅读变成了一种独立于实践之外的专门的语文阅读活动，并且特别强调阅读的语文性特征，往往是因为受了学习时间和语文学科学习任务的限制。这对学生语文能力的发展虽然没有明显的坏处，但是对学生的整体发展确实有着限制作用。

B. 用实践升华阅读。有形的阅读是阅读者捧着书本研究问题，无形的阅读是阅读者以阅读为指导或辅助，在实践中探索问题的本质。

局限于"语文课"的角度探讨阅读问题，似乎科学探究、社会研究与阅读无甚关系。但是阅读并不是语文学科的特权，任何学科都有阅读，都需要阅读，语文学科所培养的阅读能力不能仅仅指向特定的"语文类"文本，而应指向各类文本。学科的特点决定了有些学科的阅读是无形的——是用富有学科特点的研究实践行为升华了阅读，但其仍与文献的研究关联甚密，并且不断地回到有形阅读状态。对比"语文类"阅读和科学类阅读可以使对这个问题的认识更加鲜明。"语文类"的阅读或许更多地落实在对"语文"的研究上，其实践方式是读和写，如阅读理论指导阅读实践，写作理论指导写作实践，或更好的方式读写结合——在语文人的眼中，这种阅读始终是有形的，但它实际上已经走出了起始的书本。科学类的阅读则更多地落实在对科学现象、社会问题的研究上，因而不会局限于对语言、文字的咀嚼，而是代之以科学实验的验证行为和社会问题的调查研究行为和社会改造行为——这虽然不再是研究书本形式的阅读，却是无形的阅读，因为它实际上并未抛弃前人积累的认识和经验，恰似所说的手中无书，心中有书。

事实告诉我们，阅读者如果能有意识地跳出书本走向实践，再有效地由实践回到书本，阅读成果和阅读能力也能产生实质上的飞跃。实践升华阅读的过程，其实是实践检验书本内容和阅读水平的过程。书上说得对不对，实践自能检验；阅读方法行不行，阅读水平高不高，效果好不好，也能通过实践检验出来。实践使得阅读走向真实。阅读者通过经历实践的过程，辨伪去妄，去粗取精，而能够更有效地阅读。阅读延伸到实践之中，促进理解书本和创造新知。

顺便提一句，休闲阅读也是一种客观存在的、可以理解的阅读方式，但其目的是在消遣，实际上都与我们这里所说的阅读不是一回事。

2．培养灵活性思维

要努力养成学生灵活思考的习惯。

举一反三的发散习惯、融会贯通的综合习惯、从心所欲的转化习惯是思维灵活性的重要表现。

（1）举一反三的发散习惯。反，是类推的意思，举一反三本来是指由一件事情类推而知道其他许多事情，由某一事物的道理推出跟它同类的其他事物的道理、原理。在实际思维中，举一反三却往往不止于对同类事物的类推性思考。思维经过多层次的类推后，异类事物之间的深层次关联也被挖掘出来。这样，思维就不仅有了广度，而且有了深度。

A．类推的习惯。如由一个事实想到与之相同、相近的事实，由一个道理想到与之相同、相近的道理，由一个问题想到与之相同、相近的问题。

B．反向类推的习惯。如由一个事实想到与之相反的事实，由一个道理想到与之相反的道理，由一个问题想到与之相反的问题。

C．间接类推的习惯。如由一个事实想到与之并无明显关联的事实，由一个道理想到与之并无明显关联的道理，由一个问题想到与之并无明显关联的问题，并且努力通过多层次类推建立二者之间的联系。间接类推并不是一种思维游戏，它有利于发展思维的深刻性和敏锐性。

举一反三式的思考，不仅仅是从记忆中提取信息的过程，也是一个比较信息、分析信息、加工信息、创造信息的过程。在这个过程中，阅读者对当前问题的认识更加深入、全面，也由对当前问题的认识，加深了对同类问题的认识。举一反三的过程，是一个由此及彼的过程。

另外，我们也要注意到，举一反三也是一种积累和整理信息的方法。丰富的积累是举一反三的前提和基础。孤陋寡闻，思维自然局促，见多识广，思维自然丰富、灵活。

（2）融会贯通的综合习惯。思维的灵活性，表现在能打破当前条件的限制，从不同角度、不同领域、不同层面，自由地使用各种不同的方法思考问题，思维能够从一条途径轻松地转向另一条途径，能融会贯通，触类旁通。

与举一反三式的类比思维相比，融会贯通式的思维更强调融合领会、前后贯穿，把各方面的知识和道理融化汇合，力求得到对问题全面透彻的理解。

A. 归纳。归纳能力是融会贯通的重要标志。归纳的过程，不仅要求发现恰当的角度，找出不同事物间的共同点，而且要求由具体的事实中概括出一般规律、原理，归纳事物的过程，是思维的灵活性与深刻性高度融合的过程。归纳相同种类、相同性质的事物相对容易些，归纳不同种类、不同性质的事物就难得多，如果没有对事物充分的研究，就找不到归纳的切入口，因而归纳的习惯实际也是深入读书的习惯。

B. 统整。融会贯通的另一个标志是能够对阅读、研究对象进行一定程度的统整，既包括对同一个研究对象的各个部分、各个层次、各种因素、各个属性联结成　个统一的整体，也包括把不同种类、不同性质的事物根据某种标准或要求统整在一起。

C. 迁移。迁移能力的形成是融会贯通更为重要的标志。阅读者应当习惯于将对一个领域的某些理解转移到另外的领域当中，并且较好地理解新的领域。当这种思维迁移能够比较轻松地被完成时，阅读者的思维就有了相当好的灵活度。

融会贯通需要建立在大量、广泛阅读的基础之上。大量、广泛的阅读，本身即是一种良好的习惯，但大量、广泛的阅读本身并没有价值，只有在此基础上融会贯通式地思考，才能使阅读有效。

（3）从心所欲的转化习惯。从心所欲，就是按照自己的意愿思考。

按照自己的意愿思考，思维有最大的自由，这是思维灵活性的前提和保障。

按照自己的意愿思考是一个值得强调的问题吗？可能有人会问，谁不是按自己的意愿思考的呢？

事实上，在某种情况下，绝大多数人都无法按照自己的意愿思考。例如，由于特殊的教育造成的某种思维定式之下，阅读者自以为在按照自己的意愿思考，实际上是按照某种套路思考，"假读"状态下的思考即是这种情形。再如，信息占有不充分条件下的思考也是这样，阅读者表面上是按自己的意愿思考，实际上受到了客观条件的限制。培养思维的灵活性，必须打破思维过程中的种种限制，尤其是突破头脑内部的条条框框，从心所欲。

当然，我们也强调这种自由的思考是以"创造性转化"为目标和限度的，而不是漫无目的的胡思乱想，尽管本书并不认为胡思乱想有什么过错。

思维自由的较高层次表现，是能够用自己的思考方式思考自己关注的问题并得出属于自己的结论。

A. 思考自己关注的问题。在阅读课堂上，学生能不能获得思考自己所关注问题的时间和空间，是课堂上思维是否自由的表现。在生活中的常态阅读中，阅读者能否主动发现问题并以问题为思考内容，是其思维灵活程度和创造水平的表现。如果一个阅读者长期没有自己关注的问题，那么他（她）的思维可能不是自由的，而是随波逐流的或散漫的。

B. 用自己的方式思考。有主见的阅读者有自己的思维方式，他们在学习、研究的过程中，逐步地建立和完善自己的思考方式，并且用这种思考方式解决自己在阅读中遇到的问题。在他们自己的思维方式体系中，他们的创造性得到最大的发挥。事实上，每个人都有自己完整的思维方式体系，只不过大多数人的思维方式体系与其他人无限接近而已。

有些人的思维方式始终都没能得到公众、社会的认可，可能是由于其在成长的过程中，没能把握人类思维的基本规律，也可能是公众、社会没有发现其思维体系的独特之处是可贵的。

C. 独立得出自己的结论。在用自己的方式研究、思考的过程中，阅读者独立得出了自己的结论。这里我们重点谈论思维灵活性的问题，因而我们暂时不强调思维的结果是否独特的或有创造性的，而只关注这结论是不是阅读者在研究问题的过程中，通过独立地研究、思考问题得到的，我们希望这个结论的性质不是人云亦云，也不是莫名其妙地"飞"来的。我们也承认灵感和顿悟的存在，但在这本指导一般阅读者养成真实阅读习惯的书中，我们暂时不对那种因灵感或顿悟产生的创造发表意见。

我可以把思路引向何方？我可以创造什么？思维自由的阅读者要常常思考这样的问题，习惯于创造性地思考问题。

人头脑内部的条条框框并不一定是后天受了人为约束形成的，往往也来自于积累的单薄、思维体验的缺乏和创造意识的缺失。因而思维的灵活性在于养成，也能够养成，方法是用自由的思考过程养成灵活思维的习惯。

3. 培养复杂性思维

谁都希望能够用最简单的方法便捷地解决最简单的问题，例如"1+1=2"或"1×1=1"，但事实上，我们思考的问题往往不是单纯的、孤立的，而是置身在一个具有不可分割性的复杂的系统之中，非但不能用一个简单的方法解决，而且往往不会只有一种思考过程、一个思考结果。"复杂性或大

结
语

或小已经遍及真实存在的所有领域。复杂性也同样属于虚幻想象领域。"①

好的阅读者乐于让自己的思维由简单走向复杂，思考的问题由浅显走向艰难，并且享受这种复杂与艰难。

教师应该养成学生复杂思维的习惯，引导学生学会整体地思考问题，不断丰富思考的方法，享受思考的过程，直至他们能够独立地思考乃至解决比较复杂的问题。复杂性就是一种深刻性。

（1）整体思考问题。整体思考问题，包括以下多方面意思：

A. 借助背景思考问题。在我们阅读的过程中，有些问题是通过研读文本本身能够解决的，但有些问题是研读文本本身不能解决或不能深入解决的。任何一个文本都有其特殊的背景，离开了这个背景，问题可能是不成立的。阅读者应当习惯于在思考问题时了解问题所在的系统，知道问题在系统中的位置，以系统为背景展开思考，结合系统中各种相关因素思考问题。其实我们在这里想提醒阅读者，通过研究孤立的文本解决问题只是一种理想——除非阅读者愿意停留在既有文字的层面解决问题。

B. 全面思考问题。全面思考问题包括多方面的意思，一般来说，强调三个方面：一是系统思考问题，即思考问题的方方面面，从各个角度、各个层面、各个维度思考问题。各种文体系统都有其内部规律，把握住了文体的基本规律，阅读质量和效率都会得到提高。二是深入思考问题，即穷根究底，挖掘问题的本质，培养思维的深刻性。要善于把握问题本身到底是怎样的状态、程度、性质，要善于追问为什么是这样，还要善于研究还可能是怎样。三是辩证思考问题，即从正反两方面或可能的多方面辩证地思考问题。对于学习阅读的学生来说，也可以特别强化一下思维的批判性，作为自我训练的一种方法。

C. 开放思考问题。开放思考精骛八极，心游万仞，思维无限制。寻常说的发散性思考也是开放性思考。如联想式思考，由问题本身或问题中的某一因素，联想到很多直接相关和间接相关的问题；如想象式思考，超越问题本身，头脑中产生再造性或创造性的想象过程；又如，对比性思考，阅读者从共时性角度和历时性角度调动和丰富积累，展开思考；再如，逆向思考，阅读者努力打破个人经验和常规，从相反的角度、方向思考问题。钱钟书先生在读《拉奥孔》时，与之联系思考的作品达到上百部之多，人们称他这种读书方法是"对比联系法"。思维的开放性也是思维创造性的重要表现之一。

（2）丰富思维方法。思维方法之于阅读来说，算是一种"后台"自动

① 雷舍尔. 复杂性：一种哲学概观［M］. 吴彤，译. 上海：上海科技教育出版社，2007：9.

运行的程序。当阅读开始，思考已经开始，阅读者不知不觉。没有这些程序，阅读是不可能完成的。思维方法有三个层次——基本的思维方法、专业的思维方法和解决具体问题的思维方法。掌握了正确的思维方法，就像开门拿对了钥匙，"工欲善其事，必先利其器"。

A. 掌握一般的思维方法。一般的思维方法是指各门学科共有的思维方法，我们可以从多个层面上来理解这个问题。关于思维方法，研究者们从不同角度进行了整体上的分类，如直观动作思维、具体形象思维、抽象逻辑思维、归纳思维、演绎思维、类比思维，聚合思维、发散思维，纵向思维、横向思维，等等。而我们在日常的阅读中使用较多的则是一些具体的思考方法，例如分析、综合，联想、想象，发散、聚合，等等。另外，还要注意，对于阅读程序的理解所形成的程序思维，也有利于提高阅读质量。

B. 掌握专业的思维方法。不同学科的阅读者在阅读本专业的书籍时，要掌握本学科的思维方法，如数学与语文的思维方式、方法是不同的。在同一学科内，不同专业的书籍也有其专门的阅读方法，如阅读小说与阅读诗歌的思维方法是不同的，阅读古诗与阅读现代诗的思维方法是不同的，再细致地说，阅读唐诗与阅读宋词的思维方法也有一定的区别。掌握的专业阅读方法越多，思考就越是从容。

掌握专业的思维方法，这并不是"呓语"。例如，对于那些经常要阅读合同，或经常无意中把文学书当故事或新闻来读的人来说，掌握专业的思维方法显得非常重要。前者一定要知道合同的阅读规律，才能少犯或不犯错误，而后者则会读不出作品的文学意味，或把书中的故事当作真事来对待。

C. 掌握解决具体问题的思维方法。丰富思考方法的另一层意思是掌握解决具体问题的思考方法。文章的内容和形式是千变万化的，作者行文中使用的具体内容和语言方式也往往有具体的写作意图，同一文体、同一作家的不同书籍（文章），各有其独特性所在。阅读者在面临具体问题时，要能够具体问题具体思考。对于那些疑难的问题，还应努力为其开发具有针对性的思考方法。对于那些研究型、鉴赏型的阅读者来说，这种具体的思考方法更为重要。

有一些阅读者总是说书读不懂，其根本原因除了眼前的书没读进去，主要是没有掌握相应的思考方法。对于那些大师来说，他们成为学者的原因之一是他们掌握了正确的思考方法，并习惯于用正确的思考方法思考问题。他们往往也因此能在研究的过程中创造属于自己的思考方法。

（3）享受思考过程。向来有一种用简单的方法解决复杂问题的说法。作为一种解决问题的境界，这当然令人向往。但我们也应该意识到，所谓的"简单的方法"并不是凭空产生的，往往要经历复杂的思考过程去把握事物的本质与发展规律。只有意识到思维的复杂性和问题的复杂性，才能真正抽丝剥茧，求得思维的简单性，而不是把问题简单化。也只有这样产生出来的简单性，才是思维品质的真正表现。

好的阅读课，应该注重养成学生思考问题的习惯。在这样的课堂上，学生喜欢思考，沉迷于思考过程之中，而不只是希望得到一个关于"重点问题"的稳妥的"答案"。

A．不拘于一个思考起点。很多小朋友读"故事书"，喜欢先问一句谁是好人，谁是坏人，看《聊斋》是这样，看《三国演义》也是这样。有了这个思维起点，就可以接着想好人做的全是好事，坏人做的全是坏事。在成年人看来，这样的思维起点有点狭窄。要是想到了还有不好不坏的，先好后坏的，先坏后好的，又像好又像坏的，或者是有人指点一下，明白好的作品中的人物根本不能用"好—坏"这种模式来评价，那收获显然会更多。

享受复杂的思维过程，最重要的就是不要限定自己思维的起点，尤其是不能在读书之始就先在头脑中预定了某种思考方向、思维结果，而是应当完整地，客观地读下去，让自己在阅读中形成认识。小说是这样，其他书也是这样。

当然，真正的思考一定是建立在资料充分、信息丰富的基础之上的。拥有的有用资料越丰富，思考就越容易思路开阔，思考就越接近事物的本质，也就越容易取得丰富的思考成果。所以我们建议阅读者，如果你喜欢上了一本书，就应该花一点时间，收集更多与此书相关的资料、信息。

B．不拘于一种思考路线。第一层意思是，不拘于某一种固定的思维模式，或某一种固定的思考过程，享受复杂的思考过程。古今中外的优秀阅读者，积累下了丰富的阅读经验。今天我们学习和研究这些经验时发现，每个人都有自己的读书方式，每个人都有自己的阅读习惯，但是他们有一个重要的共同点，就是都能实事求是地思考，根据书本的实际特点思考实际的问题，在思考的过程中，善于从不同的维度、不同的层面、不同的角度去思考问题，而且能够随时根据需要变换思考的方法。

有些学生阅读文章，喜欢机械地使用教师在课堂上教学语体文时所采用的"要素法"。例如，读小说主要是概括情节、人物、环境并分析其特点、作用，读议论类的文章主要是找出论点、论据和分析论证方法，读说明类文章主要是研究说明对象有什么特征，然后依说明顺序研究说明内容，等等。这些训练帮助我们形成了基本的阅读能力，但在现实阅读中，我们接触的文章往往并没有"规则"的样式，阅读时就不一定要用这个模式去读，也不必尝试把所有的文章、书籍都纳入到这样简单的样式之中。书是怎样写的，就怎样读。这是我们所说的"不拘于一种思考路线"的一个方面的意思。

第二层意思是，针对同一本书，同一个问题，要学会从不同的角度，用不同的思路去反复思考。苏轼读《汉书》时，每读一遍都有一个明确的目的，如第一遍学治世之道，第二遍学用兵之法，第三遍研究人物和官治，多遍过后，便由生至熟，由熟而至精通。苏轼自己称这种专题式读书方法是"八面受敌"法。试想一下，如果我们只选择某一种思路读书，我们的收获可能就少多了。

第三层意思是阅读中的思考是开放性的。前面已有论述，这里不再重复。

我们前面提到了掌握专业的思维方法的问题，所以我们在这里要特别说上一句：掌握专业的思维方法，并不是限制思维的过程。

C. 不止于一个思考结果。对于那些习惯于复杂思考的阅读者来说，往往容易接受思考结果的不确定性、不可预测性。他们通过研究丰富的材料，不受外来的干扰或某种刻意的引导，得出符合事物自身规律的思考结果。这个结果或许与别人已经得出的结果相同，或许与之大相径庭，或与之同中有异、异中有同，而几者都令阅读者欣喜。真正的创造性，就表现在这结果的创新性上。对于那些一定要得出预期的某个结果的阅读者来说，这种快乐是不可思议的。

享受思考的复杂性，是一种客观地面对问题的态度，是一种真实的阅读要求。

习惯于思维的复杂性，并不是说思维没有条理性。繁简结合是一种客观的状态，该复杂时复杂，该简单时简单。而且，能够抽丝剥茧，化复杂为简单，或能够在简单中发现复杂。思维的复杂性，是高思维品质的重要表现。

4. 培养思维的创造性

培养创造力，要特别重视培养学生创造性思维的习惯。

创造力的培养，需要一个有效的培养过程，发现—钻研—创造性转化，这是实现创造的基本过程。

在这个过程中，培养学生发现的敏感性、刻苦钻研的耐性和实现创造性转化的灵性。

（1）发现。发现是指经过研究、探索，看到、找到前人没有看到、找到的事物或规律。对于阅读学习者，特别是中学生来说，看到或找到自己从前没有看到、找到的事物或规律，也是一种发现。

发现不仅仅是一个结果，更是一个过程、一种方法。布鲁纳认为："发现不限于寻求人类尚未知晓的事物，确切地说，它包括用自己的头脑亲自获得知识的一切方法。"发现的过程，就是创造的过程。

A. 发现精华。很多学生在学习阅读的过程中，忽略了对语文课本的精品细嚼。这种作风是有其浮躁性的，从深层次来看，这种作风表明学生缺乏对有价值的东西的发现能力和确认能力。对于课本中的经典的无视，其相对面不是对课外的经典的重视，而是同样的无视。如果学生能够在课本中发现经典，发现经典中的精华，并加以重视，对他们提高阅读能力是相当有帮助的。

同理，学生在日常阅读中，应该特别注重发现读物中有价值的东西，特别注重鉴别精品、精华，并培养倾心学习，努力加以吸收的习惯。

知道什么是有价值的，便为创造提供了知识背景。

B. 发现问题。培养学生在阅读中发现问题的能力是培养创造力至为重要的方面。能在阅读中发现问题，提出问题，评价问题的价值，是创造力的重要表现。

基于教师"教"的阅读，问题往往由教师提出，这固然能培养学生的问题意识和解决问题的能力，但是在这样的学习过程中，学生是被动的，创造力并没有被调动起来。而如果问题由学生提出，并由学生在解决的过程中对问题的价值加以评价，则大大有利于提高学生的认识能力，使得学生的创造力发展得到良好的契机。教师平常课堂上注重的发散思维、逆向思维活动，目的也主要在此。

发现了问题，就是发现了有研究价值、有发展潜力的东西，创造才有了可能，尽管这些东西可能仅仅对于当前发展阶段的学生个体有意义，但完善自己，发展自己，对于学生来说也是一种创造。

C. 发现自己。还要注意引导学生发现并接受自己感兴趣的东西。学生发现了自己感兴趣的东西，其实就是发现了自己的个性。宽容个性，培养个性，是培养创造力的内在品质。没有个性，就没有创造。

（2）钻研。钻研即深入细致地研究。培养学生阅读中的钻研习惯，是培养创造力的重中之重。一个没有研究能力的人，没有钻研精神的人，往往浮在知识的表面，是不可能拥有真正的创造力的。

A. 品味与吸纳精华。发现了精华，就要努力地吸纳精华。要培养学生反复地研究精华、品味精华、学习精华、灵活地运用精华的习惯，在深入的领会中，发现值得改造的地方，发现创造的空间。阅读教学最可怕的事情是跨过学习阶段，悬空地搞发散思维、逆向思维。没有对问题的正面的、深入的理解，哪能提出有价值的问题？哪能得出创新的成果？

B. 研究与解决问题。发现了问题，仅仅是为创造提供了一种可能，真正的创造，始于对问题的探索、研究。努力培养学生深入文本、穷根究底的习惯，培养学生为了解决问题查找资料、反复琢磨、多方求教的习惯，培养学生记录成果、验证成果、表达成果、肯定成果的习惯和信心。问题有大有小，有价值高低，但解决问题的过程对于学生来说，意义同样重大，都是在培养创造的习惯。

C. 完善与发展自我。培养学生尊重自我、完善自我、发展自我的习惯和信心。帮助学生建立起在读书学习的过程中不断认识自我，发展自己的长处，完善自己不足的意识和习惯。一个足够强大的创造主体才能引领自我找到属于自己的创造领域并有所作为。在学生学习阶段，就要特别注重培养学生发展自我的意识，引导学生发展自我的行动，创造不是明天的事。

（3）转化。本书中借用的"创造性转化"概念，源自林毓生先生。林毓生先生在《中国传统的创造性转化》一书中提出了中国传统文化的"创造性转化"问题。他说："把一些中国文化传统中的符号与价值系统加以改造，使经过创造地转化的符号与价值系统，变成有利于变迁的种子，同时在变迁过程中，继续保持文化的认同。"①

我们以此为理念探讨学生的创造性思维发展过程：把在阅读中钻研的成果加以改造，使之变成有利于创新的种子。

我们以"改造"的概念替换了"创造"的概念，把"创新"暂时表述在"变成有利于创新的种子"层面——这样看问题，并不是轻视了学生可能的创造力，否认学生当下即能够拿出创新的成果来，而只是考虑到学生是在成长中的人，有着无穷的发展可能性而已。

"精华""问题""自我"等角度上的问题，在经历了被发现、被研究的过程后，都面临着一个创造性转化的契机。很多学生和教师在得到了"研究成果"后，即止步不前了——如学生回答出了某个重要的问题之后，阅读探索就宣告结束了——这使得学生的创造力发展一次次失去了发展的机会，直到学生习惯并认可了"得到一个结果就止步"这种思想方法。

引导学生在钻研得到成果后把学习推进一步，实现钻研成果的创造性转化，是发展学生创造力的关键。可以说，引导学生尝试、实现创造性转化，是阅读课的重要目标之一。

A. 转化为有形成果。培养学生学以致用的习惯，把钻研成果转化为应用成果，在应用中超越学习成果，实现创新的愿望。这种运用的过程，即是创造的过程，是创造性转化的过程。例如，学习经典中的写作手法，实现写作能力的提高，写出好的作品，自己的作品能够不断超越自己，甚至有超越经典的地方。再如，把阅读经典中习得的阅读经验应用于日常阅读中，不断地提高阅读能力，能在阅读中提出有一定价值的问题，甚至有创新色彩的问

---

① 林毓生. 中国传统的创造性转化［M］. 北京：生活·读书·新知三联书店，1988：291.

题，等等。

在读、写领域内转化，只是转化中的一个方面，钻研成果的创造性转化往往于不自觉中发生于其他领域，如文学修养可以转化为设计能力，发现读物中的问题的能力有助于发现生活中、社会上的问题等，都很常见。

B．转化为创造行动。对于学生来说，并不是每一次转化都能得到创新成果，但每一次转化都是在创造。对钻研成果的应用尝试过程，也是培养创造力的重要方式。例如，学生在不同文体、不同语体、不同语域中尝试应用阅读学习中得到的成果，这个过程就是创造性转化的过程。

在反复的尝试中，学生会找到适合自己的转化环境、适合自己的转化方式，找到恰当的突破口。在本书的其他部分，我们特别强调阅读与实践相结合，阅读效果的融会贯通，也是这个意思。对学生尝试领域的限制和尝试行为的否定，对于创造力发展的打击是毁灭性的。

创造的愿望，是创造的内驱力。

C．转化为精神动力。教师和学生都要重视一种无形的转化，即把发现、钻研、转化的习惯和经验转化为一种创造精神，使学习者成为一种有创造意识、习惯于追求创造性转化的人。这样的人会永不停息、永不改悔地行走在创造的道路上，他们一定会获得创新成果。这种人，一般被称为创新型人才。

以上我们尝试着建构一种创造性思维习惯培养的路线，并提出了一个创造性思维培养的过程，明确了创造性思维培养的三个要素。在这里，我们要补充说明的是，根据现代认知心理学的研究成果，"发现—钻研—创造性转化"的过程，并不是一个单纯的线性过程，而是一个三者反复相互作用、互相推进的发展过程，而这个过程因为阅读者思维的开放性、灵活性、复杂性而表现出开放性、灵活性、复杂性，而它自己本身，也是一个需要创造性转化的过程。

三、引导学生掌握自读方法

1. 根据读物特点采用不同的阅读方法

有的书粗知大意即可，有的书需要完整地理解思想内容，有的则应该精品细嚼。不同的书要采取不同的阅读方法。

对于同一本书来说呢，有的部分只需略读，有的部分则要细读，而有的部分则必须精读。不同的内容采取不同的阅读方法。

在读书的不同阶段，读书的粗细程度也有区别。初读时可以稍为粗略些，粗知大意，能够大致判定书的价值即可；确认了一本书值得一读后，再读时则应该细致些，起码要做到抓住主要观点，理解主要内容，判定优劣高低；对于感兴趣的书和某些书中感兴趣的内容，则应该多角度深入研究，不尽得其精华不罢休。

好的阅读课，要引导学生在读书的不同阶段采取不同的阅读方法。

（1）略读。从字面意思上理解，略读就是大略地看。目的是"观其大意，求其大要"。人们平时说的翻阅、浏览等，都是略读的意思。

A. 观其大意，求其大要。略读要求快速抓住要点。从表面上看，略读者是在快速地翻动，实际上他们也在认真地思考。掌握略读的方法，有利于提高阅读效率。

整体了解。拿过一本书（或任意一份读物），有一些基本的东西必须尽快了解，包括书名、作者、目录、简介等；了解了这些内容，接下来应该研读一下序言，知道这本书的写作目的、写作背景和要解决的基本问题；这之后，就可以整体翻阅一下内容，也可以略微仔细地读一下主要章节，以便把握要点。

抓住要点。不同的文体，有其基本的写作思路；不同的作者，有其基本的思想倾向。略读的过程，一般就是顺着这些基本的东西，把握阅读内容要点的过程。例如，新闻要抓住标题、导语，小说要抓住主要人物、主要情节，论说性文章要抓住主要观点和重要论据，等等。

形成联结。高效率的略读，一般会令新信息与头脑中的旧知识迅速产生联结，对阅读对象的价值产生一个初步的判断，例如，该书在同类书中地位如何，对于阅读者来说是否有价值，等等。所以，略读也要求留下深刻的印象。

B. 略读也追求准确理解。作为细读和精读的准备阶段，略读要求准确把握阅读内容的关键信息，并对阅读内容形成正确的理解。而很多时候，略读是作为一种独立的阅读方式被运用的，这种情况对略读的要求就更高——没有一定专业修养或阅读经验的人，略读几乎实现不了。所以要明白，略读是一种方法，不是目的。略读的"略"字，是简洁、明快的意思，不是粗糙的意思。

C. 掌握泛读的方法。不是所有的书都要细读，天下那么多书，本本细读，也读不过来，略读就成了提高效率的好方法。略读是一种能力，能够高效率地略读是阅读水平高的表现。略读也是一种修养，真正的大师都有每天翻阅报纸，浏览本专业发展动态信息的习惯，鲁迅称之为"随便翻翻"。广泛地阅读打开了眼界，使得阅读者能够跟得上时代的步伐。

（2）通读。通读是指整体理解、整体把握阅读内容。

A. 整体理解思想内容。通读要求逐字、逐句、逐段、逐章，完整地读完一本书，知道全部内容，并且厘清内容之间的关系。简单地说，就是要求尽知其意，要完整地了解这本书写了什么，书的整体结构是怎样的——主要把握书的层次是怎样安排的，每个层次之间是什么关系，每个层次上都写了什么内容，内容的要点是什么。也包括初步理解为什么要写这本书，为什么要这么写。

B. 建立鉴赏、研究的具体背景。对于短篇的文字来说，略读、通读似乎都不需特别强调；但对于大部头的书来说，通读的作用就大了。

每一本书都有一个完整的构造，书的整体是理解书中每一个部分的背景。整体了解内容，能为正确理解书中的具体内容打下基础。例如，要想理解林黛玉的性格之美，必须结合小说的时代背景，把林黛玉的行为、思想与《红楼梦》中的其他人物比照着来看，离开对小说的整体理解来看林黛玉，非但不美，还有些令人讨厌。而对于那些逻辑性比较强的理论书籍来说，整体理解其论述框架，是深入理解书中具体论点的前提和基础。读课本也是这样，整体理解一个单元在一册书中的地位和作用，学习时就能够抓住这个单元的重点，整体理解单元的构造，就能够理解每篇课文的重点。

C. 通读需要耐心。自娱型的阅读者看书，往往只是看个大概，粗知大意后就不会再回头厘清一本书的整体构造，细品其意蕴。但对于有一定研究需要，或以读书为事业支持的人来说，读完一本书后，或在读书的过程中，及时厘清部分与部分之间的关系，部分与整体的关系，有目的地记忆书中的相关内容，是非常必要的。

通读的耐心，还表现在重视于阅读的过程中发现问题、记录问题。对于自己欣赏的东西、有疑问的内容要做好批注，以待下一步认真鉴赏、研究。（话说到这里，我们也要提醒阅读者，通读与精读没有明显的界线，当你在通读的过程中发现了问题时，如果不是时间特别紧迫，就应该耐住性子，先把整本书看完，建立实实在在的理解背景后，再回头做精细的研究。）耐心还表现在善于主动地在每一次阅读中积累经验。

（3）精读。精读是精细、深入地研究具体问题，或解决疑难，或在原来的基础之上创造发展，或鉴赏作品之美，是一种研究性、鉴赏性阅读。

A. 问题意识。为什么要精读？因为要研究问题。或者是阅读者在精读前已经发现了问题，此时要对文本做深入的研究，或者是了解了某段文字有特殊价值，此时要做深入的研究。所以精读要有问题意识。

强调问题意识，是因为真实的阅读是独立的，不可能像在课堂上那样，等着教师或同学提出问题，而是要阅读者自己在大量的阅读和阅历之中，自己发现问题，提出问题。提出问题后，要反复研究文本，解决问题。所以，精读往往是这样一种状态：深入挖掘文本，对文本详分细解，甚至"字求其训，句索其旨"，汲取文本精华。西方语义学派甚至将语义分析作为文学批评的最基本的方法和手段，"文本细读"是该学派对文本进行解读的重要方法和显著特征。如果文本内部的挖掘不足以解决问题，就以文本为导火线，研究更多的相关材料，以求得出合理结论，解决问题。即叶圣陶在《〈精读指导举隅〉前言》中所说的"把精读文章作为出发点，向四面八方发展开来，那么，精读了一篇文章，就可以带读许多书"。

B. 涵泳。精读不能全靠悟性、灵感，对文章、书籍的深入认识，一靠大量的积累，包括知识积累和思想积累，二靠汲取各种精读经验，掌握良好的精读方法。古今中外无数阅读大师总结了各种精读的经验和技巧，阅读学习者要善于学习和借鉴。

例如，中国读书人提倡的"涵泳"式阅读。"涵"是"沉浸"，"泳"是游于水中。"涵泳"即沉潜于文本之中，反复玩索或玩味，以求深入理解。宋代朱熹提倡"学者读书，须要致身正坐，缓视微吟，虚心涵泳，切己省察"，以求"使其言皆若出于吾之口，使其意皆若出于吾之心"。叶圣陶先生对涵泳也很重视，他说："就读的方面说，若不参考、分析、比较、演绎、归纳、涵泳、体味，哪里会有'真知'读，哪里会有'真能'读？"视涵泳为读书思考的基本方法。冯友兰把自己的读书经验概括为"精其选""解其言""知其意""明其理"四个要点，这也是一种涵泳式阅读。

C. 在大量的实践中提高精读水平。精读能力是在大量的阅读实践中形成和提高的。阅读者在阅读了大量的有精读价值的文章并进行了深入的研究后，精读的能力才会逐步提高。很多阅读者只喜欢初知大意，缺少深入研究的精神，他们更应该努力探索精读之道。

对于略读、通读和精读，名家们的称呼方法各有不同。例如：茅盾的三遍读书方法，第一遍是粗读，第二遍是精读，第三遍是重新温习最为精彩的部分；当代作家王汶石认为读书至少要读三遍，第一遍尽作艺术享受，第二遍仔细研究，第三遍再浏览求得一个完整的印象；冯友兰把该读的书分为翻阅书、泛读书和精读书三类。数学家王梓坤认为读书有略读、阅读与攻读之分；数学家苏步青读书也要读三遍：第一遍先看个大概，第二遍、第三遍逐步加深体会。称呼虽然不同，但都强调了两层意思：一是书分主次优劣，好的书、主要的书应深入研究，差一点的书和次要的书可以读得粗略些；二是读书有个由略到详，由浅入深的渐进过程。从这个角度说，是读三遍、读两遍，还是读一遍都不重要，重要的是阅读者内心有杆秤，能衡量阅读内容的主次轻重。

略读、通读、精读三者本身也是相对而言的。对于初学者来说，由于积累少，理解水平不高，其精读成果可能也只相当于阅读高手的略读水平。对于有丰富研究经验的学者来说，由于阅读经验极其丰富，通读一遍的成果，可能也超过了初学者很多。所以，阅读者不要在理解这三个概念上过分下什么功夫，只要记住针对不同的书采用合适的阅读方法就好了。

在本书中，我们是按照略读—细读—精读的顺序来构建阅读的程序的，但在实际运用中，这个程序也可能刚好相反。诚如叶圣陶先生所言："就教学而言，精读是主体，略读只是补充；但就效果而言，精读是准备，略读才是应用。"这种从教师教学角度出发的理解方式，也是有道理的。

2. 用感官帮助阅读

多数的书要默读，一些书适合诵读，有些书必须得"演"着读。

教师应当在阅读活动中灵活设计丰富多彩的阅读活动，充分调动学生的感官，使之敏锐，足以帮助学生提高阅读效率。

（1）默读。默读就是不出声地阅读，是最根本的、最为重要的阅读方法。

A. 进入默读的状态。默读是一种状态。默读时要求不发出声音、不动嘴唇、不用手指着读，读书的时候不摆头、不晃身。默读要求认清每一个字，尽量整体理解文章，并且有一定的速度。提高默读的速度，与提高理解力一样重要。默读讲究是"看"的功夫，锻炼的就是这双慧眼。

有一种"速读记忆"的阅读方式，追求"眼脑直映"，讲究在达到以上"五不"要求后，进一步做到舌、喉不动，克服"心读（内心自言自语）"，一目十行地阅读。不过按经验来说，一般对四年级以下的孩子，默读要求不必太高，免得伤了兴趣。

默读也是对读的一种仪态上的要求——安安静静地读书，深沉内敛地思考，给人一种成熟稳重的感觉。

B. 心到与手到。心到，即边读边思考。关于阅读与思考的问题，前面谈了很多，这里重点谈一谈阅读过程中思考的要点：一是能够把握住文章的关键或发现有价值的问题；二是能有效地调动头脑中已有的储备分析问题、解决问题；三是有意识地记忆一些内容。这就要求在默读的过程中能有效地调动所掌握的思维方法、记忆方法，有效地运用能够提高阅读效率的技巧。例如，有时阅读仅仅是为了收集某个主题的相关材料，那就不必对整本书进行详分细解，只需抓住相关章节浏览。明确阅读的性质，可以有效提高默读效率。

手到，即平常所说的"不动笔墨不读书"。从默读这个角度看问题，手到是心到的重要辅助方式、提高方式。胡适在《读书》一文中说："发表是吸收的利器；又可以说，手到是心到的法门。"

C. 提高默读的效率。默读的效率包括三个方面的指标：一是阅读的速度快；二是思维丰富，理解质量高；三是个人整体阅读能力得到提高。所以，提高默读的效率是一项综合性工作，不要简单地追求读得快，要以提高理解能力为核心，全面提高阅读者的阅读综合素质。

（2）诵读。诵读就是出声地读。这里所说的诵读，是作为一种阅读理解方式的诵读，不是一种表演方式的诵读。如夏丏尊、叶圣陶在《文心·十四》中所说的："……朝夕诵读，读到后来，文字也自然通顺了，文义也自然了解了。"

A. 读得字字响亮。关于诵读的要求，朱熹说："要读得字字响亮，不可误一字，不可少一字，不可多一字，不可倒一字，不可牵强暗记。"

"读得字字响亮"包含着这样几层意思：一是大声读，并且"舒缓不迫"。二是读得准确，做到"字字分明"。不误一字，不少一字，不多一字，不倒一字。三是注重理解。诵读过程中"不牵强暗记"，而是"逐句玩味"，"反复精详"，在全身心投入的反复诵读、揣摩中，深刻领会文章的意义。

朱熹认为："只要多诵数遍，自然上口，久远不忘。"

B. 讲究抑扬顿挫。诵读虽然是读给自己听的，却也要求读出抑扬顿挫，因为文章的内容、情感和语句形式的搭配，都决定了文章必然有着节奏上的高低起伏、轻重缓急、停顿转折等变化，读出节奏，也就是追求在诵读的过程中较好地理解文意、脉络、情韵。清代曾国藩说："非高声朗读则不能展其雄伟之概，非密咏恬吟则不能探其深远之韵。"可见，读出抑扬顿挫，是理解文章的重要方法。

诵读要力求自然。一方面，要品味到文章本身的节奏，声气上的抑扬顿挫要能够表现文章的内涵，文章的底蕴能够通过诵读逐步被理解，所谓"口发其声、心同其情、耳醉其音"。另一方面，要找到诵读者自己的特点，使得原文的节奏与自己的气息特点相合拍，诵读时能够自然地吐气开声，读什么像什么，而又有自己的风格。作为阅读方法的诵读，与作为艺术表演形式的诵读有所不同，所以我们更主张自然而然地形成诵读的个性。

C. 熟读。大声诵读能把文章读懂吗？这是有可能的。形象地说，诵读对文章的理解过程是这样的：诵读者看到的文字信息，由视觉中心传至说话中心，经发音器官转化成声音，声音传到听觉中心，再由听觉中心传至阅读中心，在阅读中心，文字的意义被理解。也就是说，正如"默读"不仅仅是"看"一样，"诵读"也不仅仅是"发出声音"，而是边诵读边理解。古人所说的"旧书不厌百回读，熟读深思子自知""熟读唐诗三百首，不会作诗也会吟""书读百遍，其义自见"等，"熟读"中都包含着"理解""深思"的意味。

诵读也不是任何时候对任何人任何书都管用。有一个古代笑话，说某读书人高声诵读到了半夜，房梁上的小偷都记住了，读书人还记不住。

不是所有的书都要诵读，也不是所有的时候都要诵读，但是诵读确实是一件很有情趣的事情。诵读时，阅读者在感受文章的节奏时，也在感受自己生命的节奏。

（3）演读。演读是一种表演式的阅读，它的特点是阅读者借助肢体动作、神态、语气等帮助自己加强身心体验，提高理解水平。

A. "演"是一种揣摩的方式。演读也是一种理解方式，"演"是揣摩的方式和过程，如理解内容、推敲词语、创造形象等。

对于记叙类的文章来说，演读一般是阅读者通过动作模拟、神态模仿、语气体味、心理外化等表演手段，使自己入情入境，达到感同身受、心领神会的目的。如读《孔乙己》，如何理解孔乙己"排"出九枚大钱？在没有提示的情况下，阅读者只能一次次比画，直到理解了该动作的样子。

议论性文章和说明性文章的理解也可以使用演读的方式，例如，通过揣摩、表现议论者的情绪可以加深对文章思想的理解，手势上的比画，有助于更好地理解说明文内容的逻辑关系。

演读之利，不仅在于通过联想、想象再现文中的形象，也往往因能通过身心体验使文章内容与阅读者的心灵融为一体而创造出新的内容来。只不过，这是一种"感性的"理解方式，思维方式属于动作思维的范畴。

B. 演给自己看。演读的发生，有两种情形：一种是阅读者主观上要借助演来帮助理解，如阅读课上的角色朗读和课本剧表演；另一种是阅读中不知不觉地沉浸于某种境界，不由自主地手舞足蹈。鲁迅先生在《从百草园到三味书屋》中这样描写先生读书的样子："读到这里，他总是微笑起来，而且将头仰起，摇着，向后面拗过去，拗过去。"先生读书的样子是后一种演读的情形。

所以，演读的"演"，不是表演给别人看的，而是演给自己看的——让阅读者自己看到书中的情形，形成自己的认识。阅读者如需借助演读的方式来理解文章，须有如入无人之境的心灵自由，害羞者应选择人少的地方自适其行——他们必须完全放开自己。

C. 表演与默演。"演读"也不是一定要落实在动作和声音上。随着年龄的增长和修为的加强，所有的"表演"都内化成了思想的动作——动作、情绪都发生在阅读者思想之中，其没有任何动作、表情，但是一切都在内心发生过了，是为"默演"。这时，演读又归为默读。

演读本来就不是一种独立的阅读方式，必须在默读、诵读中进行。因而我们谈论演读，也不能抛开对默读、诵读的认识。

不同的书应采用不同的阅读方法，不同的阅读方法适合不同的人，不同的阅读目标决定了不同的阅读方法。默读、诵读、演读的作用和效果，不分高下。三者互相配合，方能收到良好的效果。

3. 以写作促进阅读

以写促读，是提高阅读理解能力的重要方式，以写作为手段加强理解，以写作方法促进思维品质的提高，以写作为方式实现创造。

下面重点谈论三种通过与原文形成对比而加强理解的写作方式：仿写、改写、改编。

（1）仿写。仿写即模仿原文写作，可以模仿句子、段落，也可以模仿全篇。以民间流传的《陋室铭》仿作来说，多有得其句法和结构之妙的作品，这就说明了仿写有利于理解原文。不过，我们今天说的仿写，目的不在于提高写作能力的方面，而在于提高阅读能力的方面——在模仿写作的过程中加深对文章的理解。

A. 按照作者的思路做一遍。以阅读理解为目的的仿写过程，实际上是按照作者的写作思路做一遍。阅读者在自己写作的过程中，体会作者立意、选材、构思、行文的意图与效果，即所谓"做中学"。就像科学家为了研究金字塔的奥秘而按照当时的工艺仿造一座"金字塔"一样。

仿写作为一种理解文本的方式，有异于单纯地通过思考达到理解的妙处。妙处即在于它是一种操作过程。因为在操作，它就使得理解的过程变得"形象""生动"了，而因其是理解的过程，它又使得这个过程深入而严谨了。没有真实仿写经历的人，是不会体味到其中的妙处的。

B. 关注的焦点是写作意图。完成仿写，固然要充分理解原文的思想内容和语言形式等各个方面，但是作为一种阅读理解方式的仿写，其关注的焦点应该放在作者的写作意图上——充分理解"为什么要这样写"，这样的仿写才有品味。就像科学家仿造金字塔的目的并不是为了建造一座类似的建筑，而是为了研究金字塔的建造过程一样。

C. 鉴赏的姿态。作为一种阅读理解的方式，仿写的过程应该是一个鉴赏的过程，而不是一个被动接受的过程，即在仿写的过程中，阅读者能发现作品的妙处、独特处，也能发现它的平凡之处、不足之处。例如，王勃仿写庾信"落花与芝盖齐飞，杨柳共春旗一色"的诗句，写出来的句子却是"落霞与孤鹜齐飞，秋水共长天一色"（见王应麟《困学记闻》卷十七），而人们对后者的评价高于前者，这说明王勃在阅读中发现了原作的不足之处。

（2）改写。改写即变换另一种写法。从阅读理解的角度看，改写指的是通过改换写法理解原文的一种阅读方法。这种改写可以发生在笔头上，也可以发生在脑海之中。

A. 基本的改写方法。改写一般指在保证原意不变的情况下，变换写作形式和写法。阅读者可以改写原文整体，也可以改写局部。整体改写如改变文体、改变语体、改变结构、改变表达方式、改变人称等，局部改写如对词语、句子的增、删、调、换等。从阅读理解的角度看，改写没有什么特定的规矩，只要改写文能与原文形成对比，帮助理解原文就可采用。

B. 与原文比较。作为阅读方法的改写，其目的并不是得到新的文章，而是通过改写文与原文的比较，帮助阅读者发现原文的某些特点，深入鉴赏原文。

比较的起点应该是表达效果。通过比较两种写法表达效果的不同，分析造成不同的原因，发现作者的写作匠心。历史上有名的改写公案如"推敲"，即是通过比较"推门"与"敲门"的不同艺术效果，发现了作诗中选词的技巧。

C. 开阔的思维。"如果不是这样写，还能怎样写呢？"阅读者应该多问这样的问题。阅读中改写的目的，就是发现另外的写作方法的合理性或不合理性，进而领会作者的写作艺术。原文在很大程度上给阅读者形成了一种心理压迫——文章已经是这样了，就只能这样思考了，其实不是这样的。比如，有的研究者通过对比《三国志》与《三国演义》中的曹操形象的不同，发现了《三国演义》的写作艺术与思想倾向。一个自由的阅读者，不应该自己拘束自己。

（3）改编。改写侧重于写作形式和写作手法的改变，改编则侧重于对原文内容的改造。通过改编文与原文的对比，深入理解原文。

A. 改编的几种类型。现代意义上的改编超越了"改换体裁"这层意思，更倾向于对原作品的内容进行重新编写这个方面，甚至对人物、人物行为、故事情节和其他各种材料的含量增加、减少、改变，对环境、背景的改造也能够被接受。常见的方式有扩写、缩写、续写、故事新编等。

扩写与缩写作为传统的改编方式，广为大家所熟悉。扩写的阅读作用是帮助阅读者充分展开思维，而缩写的阅读作用是提纲挈领，把握精华。

续写的方式也有很多种，有的是在结尾续写，有的是在原文的某个情节、话头上引申出情节，也有以原文的主要人物和情节为背景，另起炉灶的。续写的"阅读作用"在于要求阅读者仔细研究原文的方方面面，以力求续写的内容和续写文的风格与原文尽量贴合。续写作为一种提高阅读能力的训练方式，在中学也经常被用到，如基于《皇帝的新装》《我的叔叔于勒》的续写活动等。

故事新编是一种重构新文本的改编方式。故事新编有很多类型，有的是通过合理改造原文情节，表现全新的主题，有的只是借助原文的人物和基本故事，而另作发挥。在新编的过程中，一般会加入新的人物、新的故事情书，有时会赋予故事新的背景，以求表现新的主题。从阅读理解的角度看，无论作者怎样求新，这种"新"，都要脱胎于原文的"旧"，两者的对比越是鲜明，就越是能令阅读者发现原文的特点。

B. "读了再写，写了再读"。对于一个阅读者来说，改编的目的并不是求得新的作品，而是为了一次次回到原文，不断地追问"作者为什么选这样的材料，不选那样的材料；为什么这样写，不那样写"。在追问中，对原文的理解一次比一次深入。茅盾重视读写的相互促进作用，说过"读了再写，写了再读"的话，是至理名言。读得多了，自然会写，写得多了，也自然会读。古语说："涉浅水者见虾，其颇深者察鱼鳖，其尤甚者观蚊龙。"改编其实就是这样一种涉深水的思考方式。

C. 巧思妙想。读书是阅读者个人的事，读书中的思考是没有禁忌的。研究作者是怎样想的，固然是紧要的事情，研究自己可以怎样想，也颇为重要，甚至更重要。改编的阅读方法使阅读者的思维跳出樊篱，其结果往往是在没有问题的地方发现问题，在没有创造空间的地方展开了创造性思考。改编的过程也融会阅读者新接受的信息与旧日的知识，使阅读者的思想得到贯通，形成个性化的认识。从某种意义上说，改编的过程是一个发现与创造之旅。

本篇中所谓的"写"，主要是作为阅读中一种理解、推敲的方式，概括地说，其主要行为方式是改造原文，其主要思维方法是对比。

我们也可以从读写结合的另一个角度，即以读促写的角度考察问题，即从"读书破万卷，下笔如有神""退笔如山未足珍，读书万卷始通神""劳于读书，逸于作文"的角度考察阅读与写作的关系，但那不是本书的重点。

4. 阅读写作相结合

阅读与写作，是语文不可分割的两部分，我们甚至可以说，它们是语文这枚硬币的两面。读写结合，应该是阅读活动的常态。写作激励阅读，不动笔墨不读书。

认识性写作是指阅读者根据对阅读内容的认识进行的写作，目的是通过有条理地思考，形成对阅读内容的理性认识。下面重点谈论三种认识性写作的方式：批注、读后感、读书随笔。

（1）批注。批注是一种常用的读书方法。在读书过程中，阅读者思如泉涌，等不及条条系统整理，唯恐精思转瞬即逝，随手记在书页旁边，这种行为即是批注，这种行为的结果也称为批注。批注不拘一格，但为了方便大家理解，我们从批注的类型、作用和写法三个角度谈一谈相关的问题。

A. 批注的类型。这里提出了批注的类型，只是为了给初学批注者一个入门的台阶。实际上，批注没有任何约束，希望大家的思想不要受到限制。

位置。从批注的位置上看，批注有眉批、旁批、尾批三种类型。批在书眉上的叫眉批，批在字、词、句的旁边的叫旁批，批在一段或全文之后的叫尾批。

内容。从批注的内容上看，批注有注释、内容提要、阅读感思、自警语等多种类型。注释主要是指注音、释义。内容提要主要是指整理文章脉络、概括主要内容、分析中心思想等。阅读感思主要是指阅读中产生的各种思想、见解、感受、疑问等。具体来说包括赏析语言特色、剖析写法、评点人物、质疑问难、记录联想、补充内容等，针对原文的方方面面，内容没有限制。自警语主要是指提醒阅读者自己注意的语言。例如，有人喜欢在重要的内容旁边批上"多加注意""特别重要""做好笔记"等字样。

字符。从批注所用的字符上看，分为文字型批注和符号型批注两类。

B. 批注的作用。批注是写给阅读者自己看的，作用是便捷地记录思绪，积累思想。

如果一定要强调一点批注的独特作用，那就是帮助阅读者打破一切约束，在自己私密的田园里袒露襟抱，用自己的眼光看问题，用自己的头脑想问题，用自己喜欢的笔法记录完全属于自己的思想情怀。

C. 批注的写法。因为是写给阅读者自己看的，所以批注也应该按照阅读者自己习惯阅读的语言方式来写，自己看得懂、看得舒畅就好，外人不好干预。但总体上要求直达思想，简洁明了，方便过后回顾、理解、整理。

内容。信笔由思，思来笔到，汪洋恣肆，不拘一格。

篇幅。从中国流传下来的传统的批注来看，有繁有简，短的三词两句，点到即止，长的针对某个问题通透论述的也有，但以精短类型为主。

语言。一般直入文本，切中肯綮，言简意赅。

批注的另一种形式是读书笔记，其载体可以是阅读者某个专用的笔记本，也可以是读书卡片。

（2）读后感。作为一种文体的读后感，是阐释阅读后所形成的某种观点、感受的文章。阅读的内容可以是一本书、一篇文章、一个段落，或一句话。读后感虽然是表达阅读者主观思想的文章，但一般都会针对具体的现实问题，给人以启发、指导。读后感有特定的文体结构。这里从读后感的作用、基本结构、写作要求三个方面谈一谈读后感写作的相关问题。

A. 读后感的作用。读后感感由书发，却是针对社会现实，因而它的作用是多重的。

写读后感基本的作用是"逼迫"着我们认真阅读原书，努力思考，力求发现书中有价值的道理，或期望阅读中能引发某种强烈的感受。

读后感通过独特的"引—议—联—结"结构，把书本、阅读者和社会现实紧密地联系在一起，能够帮助阅读者跳出书本，关注现实，在广阔的现实空间里思考问题，使阅读者的思维更加宽广，思想认识更加深刻，实现了阅读与实践相结合。从这个角度看，读后感是一种能够加强读书人责任感的文体，值得特别重视。

B. 读后感的基本结构。读后感的基本的结构形式是"引—议—联—结"。

引。引述原文，引出观点、感受。

议。论证、说明自己的观点，令读者容易接受。

联。联系现实中的具体现象、具体问题。

结。提出解决的办法。

这个结构提醒阅读者注意养成阅读时及时形成思想认识、不断整合新旧知识、读书不忘关注现实的习惯。

C. 读后感的写作要求。写作经验较少的阅读者大多有一种感觉，写读后感看似简单，其实有时比写其他类文章还要难些。这种感觉是正常的。

为什么呢？正如我们在上面的结构中看到的，写读后感有三个关键：一是恰当地引述原文，引出观点；二是论述由原文中引发的观点；三是描述与观点相联系的现实现象。而其背后的思维则是深入理解原文、产生有价值的观点、发现社会现实中的问题并与自己的观点相关联，提出解决的办法，这就涉及多种思维方式、表达方式、写作技巧的综合运用。看似一篇小文章，却要求读思结合、读写结合、读行结合，怎能没有难度呢？

清楚表达观点、感受。写读后感一定要先把自己在阅读中产生的观点、感受表达清楚，让人一看即明。

明白阐释。要能够用简明的语言把自己的观点解释明白，令读者和自己都能接受。阐释得清楚，也是读得明白的一种标志。

解决现实问题。要把阅读过程中形成的观点与现实紧密结合，利用阅读所得解决现实中的重要问题。没有这种情怀和眼界，也写不出有价值的读后感。读书不是一件独立于社会现实之外的事，古来即有"学以致用"的传统，在现实中读书，边读书边发展，才是真实地读书。

（3）读书随笔。随笔是散文的一种，一般篇幅短小，表现形式灵活自由，可以抒情、叙事或评论。读书随笔是指以与读书相关的内容为题材的随笔。本篇就读书随笔的特点、类型和写作要求谈一些相关的问题。

A. 读书随笔的特点。"随笔"二字，即让人感受到率性而为的意味。所谓"随笔"，大体上有这么几层意思：

一是随手下笔。随思随写，不受题材和写法的限制，灵活多变，个性色彩浓厚，富有机趣。

二是灵活随便的笔记。因是笔记，故行文中旁征博引，信手拈来，有强烈的知识性，富有知趣。

三是有感而发，意在笔先。即洪迈所言之"意之所之，随即纪录"（《〈容斋随笔〉序》），因而深入浅出，富有理趣。

机趣、知趣、理趣三个词当然说不尽随笔的所有特点，随笔的特点是等着大家来发展和充实的。你想让它有什么特点，它就有什么特点。

B. 读书随笔的类型。这里从写作内容的角度，提出几种随笔的类型，供大家参考。

知识性随笔。这一类随笔以介绍文史知识为题材，行文中往往笔意纵横，旁征博引，钩玄索隐，发前人之所未发，言今人之所未知，在介绍知识的过程中，让人感受到读书的趣味，领会到某种学理。

感受性随笔。这一类随笔以个人的读书经历、读书体验、治学心得为题材，行文中注重抒写个人的情感体验，表现个人的心路历程，传达对人生世事的认识感想，固作者之见多识广，随笔涂抹中往往略有深意，有很多唤起读者共鸣的优秀篇章。

研究性随笔。这一类随笔以作者的某些研究经历为题材，"感性"地表达作者对某些学术问题的看法，行文中往往形象生动，深入浅出地介绍些学术知识、研究方法、学术争议等内容。

随笔的题材有多少，随笔的类型就有多少，随笔是等着大家来发展的。书读得多了，读得好了，头脑充实了，是能够创造出自己的随笔类型的。

C. 读书随笔的写作要求。随笔是率性之作，不是任性之作。随笔在文体上来说没有僵死的章法要求，但具体到每篇文章，仍各有构思之妙。

安排线索。短小的随笔一事一议，一感一发，靠的是作者的认识水平和语言功力。长篇的随笔则因其内容丰富，材料众多而需要安排线索，方便读者阅读。线索要求单纯、明晰。看似信马由缰，其实结构严谨。

讲好故事。随笔大多带有叙事色彩，讲好故事可以增强随笔的趣味性。随笔中的故事要求真实、新鲜、典型、亲切、有趣，是很考验阅读者的见识的。对于阅读习惯良好的人来说，聚材工作在日常阅读中已经进行了，写作是水到渠成的事情。

渗透旨趣。有完全追求情趣的随笔，也有看似随意但有感而发的随笔。但无论哪一种，其旨趣都是在行文中自然流露出来的，于不经意间给人以某种启迪，所谓言简意丰。

以上谈到了批注、读后感和读书随笔写作的相关问题，目的仍然是希望帮助阅读者品味以写促读的好处，养成以写促读的习惯。当然，我们也鼓励有兴趣的同学创作文学作品，或写一些"研究性"的文章。

参 考 文 献

[1] 刘国正. 叶圣陶教育文集 ［M］. 北京：人民教育出版社，1994.

[2] 顾黄初. 顾黄初语文教育文集：上 ［M］. 北京：人民教育出版社，2002.

[3] 胡晓风，等. 陶行知教育文集 ［M］. 2 版. 成都：四川教育出版社，2007.

[4] 曾祥芹，韩雪屏. 国外阅读研究 ［M］. 郑州：河南教育出版社，1992.

[5] 童庆炳. 文体与文体的创造 ［M］. 昆明：云南人民出版社，1994.

[6] 韩雪屏. 中国当代阅读理论与阅读教学 ［M］. 成都：四川教育出版社，1998.

[7] 童庆炳. 文学概论 ［M］. 武汉：武汉大学出版社，2000.

[8] 张隆华，曾仲珊. 中国古代语文教育史 ［M］. 2 版. 成都：四川教育出版社，2000.

[9] 李杏保，顾黄初. 中国现代语文教育史 ［M］. 成都：四川教育出版社，2001.

[10] 郭思乐. 教育走向生本 ［M］. 北京：人民教育出版社，2001.

[11] 钱理群. 语文教育门外谈 ［M］. 桂林：广西师范大学出版社，2003.

[12] 王荣生. 新课标与"语文教学内容" ［M］. 南宁：广西教育出版社，2004.

[13] 张必隐. 阅读心理学 ［M］. 3 版. 北京：北京师范大学出版社，2004.

[14] 李海林. 语文教育研究大系（1978—2005）：理论卷 ［M］. 上海：上海教育出版社，2005.

[15] 曾祥芹. 阅读学新论 ［M］. 北京：语文出版社，1999.

[16] 李大圣. 百年反思：语文育人功能检视 ［M］. 桂林：广西师范大学出版社，2006.

［17］董蓓菲. 语文教育心理学［M］. 上海：上海教育出版社，2006.

［18］郑桂华，王荣生. 语文教育研究大系（1978—2005）：中学教学卷［M］. 上海：上海教育出版社，2007.

［19］王荣生，等. 语文教学内容重构［M］. 上海：上海教育出版社，2007.

［20］王尚文. 走进语文教学之门［M］. 上海：上海教育出版社，2007.

［21］李镇西. 民主与教育：一个中学教师对民主教育的思考［M］. 桂林：漓江出版社，2007.

［22］王鉴. 教学论热点问题研究［M］. 桂林：广西师范大学出版社，2008.

［23］王鉴. 课程论热点问题研究［M］. 桂林：广西师范大学出版社，2008.

［24］潘新和. 语文：回望与沉思：走近大师［M］. 福州：福建人民出版社，2008.

［25］倪文锦，王荣生. 人文·语感·对话：王尚文语文教育论集［M］. 上海：上海教育出版社，2010.

［26］赖瑞云. 混沌阅读［M］. 福州：福建教育出版社，2010.

［27］赖瑞云. 文本解读与语文教学新论［M］. 北京：北京师范大学出版社，2013.

［28］朱绍禹. 中学语文教育概说［M］. 呼和浩特：内蒙古人民出版社，1983.

［29］董味甘. 阅读学［M］. 重庆：重庆出版社，1989.

［30］王继坤. 现代阅读学教程［M］. 青岛：青岛海洋大学出版社，1999.

［31］钱威，徐越化. 中学语文教学法［M］. 2版. 上海：华东师范大学出版社，2000.

［32］王文彦，蔡明. 语文课程与教学论［M］. 北京：高等教育出版社，2002.

［33］潘纪平. 语文教育新论［M］. 北京：开明出版社，2002.

［34］倪文锦. 初中语文新课程教学法［M］. 北京：高等教育出版社，2003.

［35］潘新和. 新课程语文教学论［M］. 北京：人民教育出版社，2005.

［36］余文森，郑金洲. 新课程语文教与学［M］. 福州：福建教育出版社，2005.

［37］刘淼. 当代语文教育学［M］. 北京：高等教育出版社，2005.

［38］韦志成. 语文课程教育学［M］. 2版. 武汉：华中师范大学出版社，2005.

［39］王世堪. 中学语文教学法［M］. 2版. 北京：高等教育出版社，2005.

［40］刘永康. 语文教育学［M］. 北京：高等教育出版社，2005.

［41］李新宇. 语文教育学新论［M］. 南京：南京师范大学出版社，2006.

［42］倪文锦，谢锡金. 新编语文课程与教学论［M］. 上海：华东师范大学出版社，2006.

［43］朱绍禹，傅永安，刘淼. 语文课程与教学论［M］. 北京：中国社会科学出版社，2007.

［44］王松泉，韩雪屏，王相文. 语文课程教学概论［M］. 北京：高等教育出版社，2007.

［45］蔡伟. 语文课程与教学研究［M］ 杭州·浙江大学出版社，2008.

［46］陈建伟. 中学语文课程与教学论［M］. 2 版. 广州：暨南大学出版社，2008.

［47］黄淑琴，桑志军. 语文课程与教学论［M］. 广州：广东高等教育出版社，2013.

［48］钟德赣，吴惟粤，冯起德. 钟德赣中学语文反刍式单元教学法［M］. 济南：山东教育出版社，1999.

［49］魏书生. 语文教学［M］. 沈阳：沈阳出版社，2000.

［50］张国生，丁之凤. 大语文教育论集［M］. 北京：人民教育出版社，2002.

［51］于漪. 我和语文教学［M］. 北京：人民教育出版社，2003.

［52］蔡澄清. 中学语文点拨教学法［M］. 北京：人民教育出版社，2004.

［53］李元功. 语文教学艺术与思想［M］. 北京：人民教育出版社，2004.

［54］钱梦龙. 我和语文导读法［M］. 北京：人民教育出版社，2005.

［55］张大文. 中学语文教学体系新探：在积累中实践［M］. 北京：人民教育出版社，2005.

［56］李镇西. 听李镇西老师讲课［M］. 上海：华东师范大学出版社，2005.

［57］于漪. 于漪与教育教学求索［M］. 北京：北京师范大学出版社，2006.

［58］魏书生. 魏书生与民主教育［M］. 北京：北京师范大学出版社，2006.

［59］钱梦龙. 钱梦龙与导读艺术［M］. 北京：北京师范大学出版社，2006.

［60］丁有宽. 丁有宽与读写导练［M］. 北京：北京师范大学出版社，2006.

［61］李镇西. 李镇西与语文民主教育［M］. 北京：北京师范大学出版社，2006.

［62］韩军. 韩军与新语文教育［M］. 北京：北京师范大学出版社，2006.

［63］郑逸农. "非指示性"语文教育初探［M］. 杭州：浙江教育出版社，2006.

［64］于漪，刘远. 李卫东讲语文［M］. 北京：语文出版社，2007.

［65］于漪，刘远. 余映潮讲语文［M］. 北京：语文出版社，2008.

［66］于漪，刘远. 黄厚江讲语文［M］. 北京：语文出版社，2008.

［67］于漪，刘远. 程少堂讲语文［M］. 北京：语文出版社，2008.

［68］于漪，刘远. 陈军讲语文［M］. 北京：语文出版社，2008.

［69］南美英. 会阅读的孩子更成功［M］. 宁莉，译. 南昌：江西美术出版社，2007.

［70］钱伯斯. 打造儿童阅读环境［M］. 许慧贞，蔡宜容，译. 海口：南海出版公司，2007.

［71］崔利斯. 朗读手册［M］. 沙永玲，麦奇美，麦倩宜，译. 海口：南海出版公司，2009.

［72］艾德勒，范多伦. 如何阅读一本书［M］. 郝明义，朱衣，译. 北京：商务印书馆，2010.

［73］曼古埃尔. 阅读史［M］. 吴昌杰，译. 北京：商务印书馆，2011.

［74］中华人民共和国教育部. 义务教育语文课程标准（2011 年版）［S］. 北京：北京师范大学出版社，2011.